快速看盘

看清趋势的108种图谱

刘文杰——编著

图解版

中国铁道出版社有限公司
CHINA RAILWAY PUBLISHING HOUSE CO., LTD.

内 容 简 介

　　本书以图解为主，文字描述为辅，通过真实的股价走势案例，为读者介绍了各种趋势研判的相关知识和对应的实战操作策略。全书共7章，主要内容包括趋势线、轨道线、道氏理论、波浪理论、上升趋势实战、下降趋势实战以及水平趋势实战等相关知识。每个知识点包括一图展示、要点剖析、操盘精髓和分析实例4个部分，深入讲解了具体用法，让读者能够快速理解知识点含义并应用到实战中。

　　本书适用于初入股市的新股民和希望通过投资股票实现理财的广大读者，既可作为趋势炒股的入门参考书，也可作为有一定炒股经验但对于趋势分析把握较弱的老股民完善自己的趋势炒股知识和操盘技术的辅导用书。

图书在版编目（CIP）数据

快速看盘 . 看清趋势的 108 种图谱：图解版 / 刘文杰编著 . —北京：中国铁道出版社有限公司，2020.6

ISBN 978-7-113-26853-4

Ⅰ . ①快… Ⅱ . ①刘… Ⅲ . ①股票投资－图解 Ⅳ . ① F830.91-64

中国版本图书馆 CIP 数据核字（2020）第 073502 号

书　　名：快速看盘：看清趋势的 108 种图谱（图解版）
作　　者：刘文杰

责任编辑：张亚慧　　　　　　　读者热线：（010）63560056
责任印制：赵星辰　　　　　　　封面设计：宿　萌

出版发行：中国铁道出版社有限公司（100054，北京市西城区右安门西街 8 号）
印　　刷：三河市兴博印务有限公司
版　　次：2020 年 6 月第 1 版　2020 年 6 月第 1 次印刷
开　　本：700 mm×1 000 mm　1/16　印张：16　字数：228 千
书　　号：ISBN 978-7-113-26853-4
定　　价：59.00 元

俗话说，"炒股就是炒趋势"。在变化莫测的股海中，要想乘风破浪，斩获收益，一定要做到顺势而为，只有像流水一样顺势而行，才是股市投资交易之道。

投资者都希望在上升趋势之初买入股票，在下降趋势之初卖出股票，以此获得最大投资收益。但看清趋势，做到顺势而为、趁势投资却不是每个投资者能够把握好的。

为了让更多的投资者做到"审势"投资，特意精心编制了本书，以帮助投资者通过技术分析研判股票的运行趋势，从而制定有效的低买高卖投资策略，并最终顺势获取利润。

精彩内容

本书共分7个章节，包含108项技术，全部通过图解方式向读者展示各种趋势研判的技术，并讲解具体的实战应用手段。

第1章 一图掌握趋势线　　No.001-No.028
主要从外观效果、绘制、不同周期、不同运行速度等方面介绍上升趋势线、下降趋势线和水平趋势线的相关知识。

第2章 一图掌握轨道线　　No.029-No.049
从整个轨道线图谱的展示开始，从外观效果、绘制方法、不同周期、不同运行速度等方面介绍轨道线相关知识。

第3章 一图掌握道氏理论　　No.050-No.059
对道氏理论的趋势分析进行全面的图谱展示，包括道氏不同周期的上升趋势、下降趋势、道氏牛市图谱、道氏熊市图谱等内容。

第4章 一图掌握波浪理论　　No.060-No.083
从波浪的整体走势图谱开始，逐步展示波浪理论的各个知识要点及其对应的分析方法，包括波浪五浪上升趋势、浪1启动上升趋势等。

第5章 一图掌握上升趋势实战　　No.084-No.091
用图谱展示的方式，向投资者讲解怎样掌握上升趋势的实战技巧，包括上升趋势线的买入图谱、上升轨道线的买入图谱等。

第6章 一图掌握下降趋势实战　　No.092-No.099
从下降趋势弱势图谱开始，逐步展示股价下降趋势的各种态势和实战信号，包括下降趋势弱势图谱、下降轨道弱势图谱等。

第7章 一图掌握水平趋势实战　　No.100-No.108
集中展示股价水平趋势下的各种走势及其对应的操作方案，包括长期震荡后的保障行情、底部水平震荡孕育牛股等。

内容特点

本书的主要特点是突破了传统股票类书籍以文字叙述为主的讲解方式，通过具体案例，在实盘中研析各种趋势分析技术与股价走势的关系，并指导投资者进行实战操作。本书包含108个知识点，各知识点均包含"一图展示""要点剖析""操盘精髓"和"分析实例"4个部分，对各种趋势的相关知识进行深入分析。

一图展示
一张截图，充分展示了当前知识点下股价的运行趋势。

一图展示

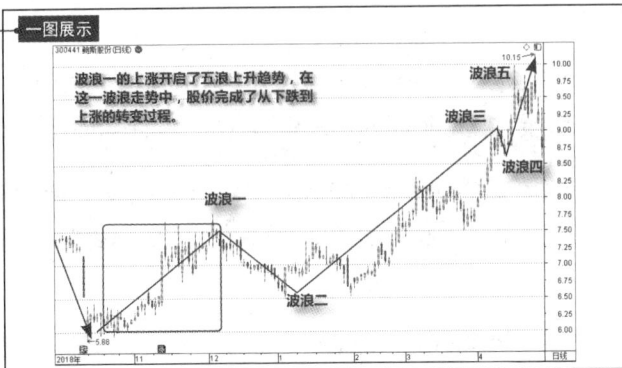

波浪一的上涨开启了五浪上升趋势，在这一波浪走势中，股价完成了从下跌到上涨的转变过程。

要点剖析
简洁明了，摈弃模糊概念，直指当前知识点关键所在。

要点剖析

波浪一开启上升趋势的意义？
◆ 波浪一的上涨促使股价从底部走出，展开了新的上涨走势。
◆ 波浪一的上涨走势扭转了股价之前的下降趋势，显示着股价在根本性上得到了改变。
◆ 整个波浪一的上涨为五浪上升趋势奠定了坚实的基础。

操盘精髓

波浪一扭转股价的趋势，将下降趋势转变成了上升趋势，为了达到这一目的，波浪肯定会出现一定幅度的上涨，由此投资者可以适当关注波浪一存在的操作机会。

操盘精髓
点睛之笔，用浅显易懂的语言明确指出如何操作可获利。

分析实例 沃施股份（300483）波浪一操作分析

沃施股份在2018年4月至11月的走势如下图所示。

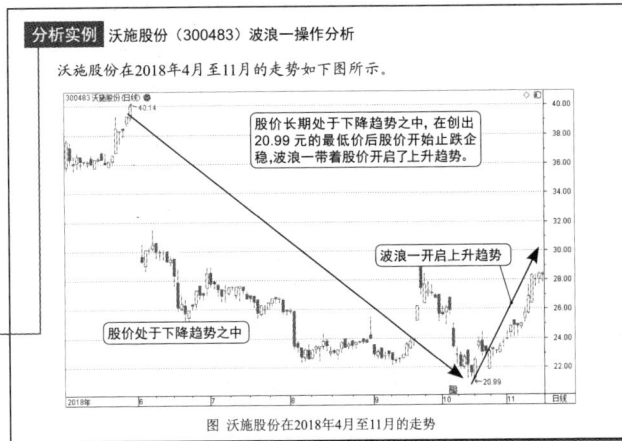

股价长期处于下降趋势之中，在创出20.99元的最低价后股价开始止跌企稳，波浪一带着股价开启了上升趋势。

波浪一开启上升趋势

股价处于下降趋势之中

图 沃施股份在2018年4月至11月的走势

分析实例
实战例证，用真实股价走势进一步印证理论，杜绝纸上谈兵。

读者对象

　　本书适用于初入股市的新股民和希望通过投资股票实现理财的读者，既可作为看趋势炒股的入门参考书，也可作为有一定炒股经验但对于趋势分析把握较弱的老股民，来完善自己的看趋势炒股知识和操盘技术的辅导用书。

　　股市有风险，投资需谨慎。

编　者

2020年3月

目录
CONTENTS

第1章 一图掌握趋势线 1

NO.001 趋势线整体图谱展示 2

NO.002 上升趋势线图谱 3

NO.003 上升趋势线图谱的绘制 5

NO.004 长期上升趋势线图谱 8

NO.005 中期上升趋势线图谱 11

NO.006 短期上升趋势线 13

NO.007 快速上升趋势线图谱 16

NO.008 慢速上升趋势线图谱 19

NO.009 慢速—快速上升趋势线图谱 22

NO.010 快速—慢速上升趋势线图谱 23

NO.011 上升趋势线向上修正图谱 24

NO.012 上升趋势线向下修正图谱 25

NO.013 下降趋势线图谱 26

NO.014 下降趋势线图谱的绘制 29

NO.015 长期下降趋势线图谱 31

NO.016 中期下降趋势线图谱 33

NO.017 短期下降趋势线图谱 35

NO.018 快速下降趋势线图谱 37

NO.019 慢速下降趋势线图谱 39

NO.020　慢速—快速下降趋势线图谱...42

NO.021　快速—慢速下降趋势线图谱...44

NO.022　下降趋势线向上修正图谱...45

NO.023　下降趋势线向下修正图谱...46

NO.024　水平趋势线图谱...47

NO.025　水平趋势线图谱的绘制...49

NO.026　长期水平趋势线图谱...51

NO.027　中期水平趋势线图谱...54

NO.028　短期水平趋势线图谱...56

第2章　一图掌握轨道线.................................59

NO.029　轨道线整体图谱展示...60

NO.030　上升轨道线图谱...61

NO.031　上升轨道线图谱的绘制...64

NO.032　快速上升轨道线图谱...67

NO.033　慢速上升轨道线图谱...69

NO.034　下降轨道线图谱...72

NO.035　下降轨道线图谱的绘制...75

NO.036　快速下降轨道线图谱...77

NO.037　慢速下降轨道线图谱...81

NO.038　水平震荡轨道线图谱...83

NO.039　水平震荡轨道线图谱的绘制...85

NO.040　上升轨道线助涨图谱 87

NO.041　下降轨道线引跌图谱 88

NO.042　一级上升轨道线图谱 89

NO.043　二级上升轨道线图谱 90

NO.044　三级上升轨道线图谱 91

NO.045　三级上升轨道线整体图谱 93

NO.046　一级下降轨道线图谱 94

NO.047　二级下降轨道线图谱 95

NO.048　三级下降轨道线图谱 96

NO.049　三级下降轨道线整体图谱 98

第3章　一图掌握道氏理论 **99**

NO.050　道氏长期上升趋势图谱 100

NO.051　道氏中期上升趋势图谱 103

NO.052　道氏短期上升趋势图谱 105

NO.053　道氏上升趋势整体图谱 107

NO.054　道氏长期下降趋势图谱 108

NO.055　道氏中期下降趋势图谱 111

NO.056　道氏短期下降趋势图谱 114

NO.057　道氏下降趋势整体图谱 117

NO.058　道氏牛市图谱 119

NO.059　道氏熊市图谱 120

第4章 一图掌握波浪理论.................................121

NO.060 波浪八浪运行整体图谱....................................122

NO.061 波浪五浪上升趋势图谱....................................123

NO.062 波浪三浪下降趋势图谱....................................125

NO.063 波浪级别正确划分图谱....................................128

NO.064 波浪规律之波浪二不破波浪一底部图谱........131

NO.065 波浪规律之波浪三不是最短波浪图谱............133

NO.066 波浪规律之波浪四不破波浪一顶部图谱........136

NO.067 波浪一启动上升趋势图谱................................138

NO.068 波浪一延长走势图谱..142

NO.069 波浪二轻度回调走势图谱................................143

NO.070 波浪二重度回调走势图谱................................145

NO.071 波浪三劲升走势图谱..148

NO.072 波浪三延长走势图谱..150

NO.073 波浪四轻度下跌回调走势图谱........................152

NO.074 波浪四重度回调走势图谱................................154

NO.075 波浪五尾声的快速拉升图谱............................158

NO.076 波浪五延长走势图谱..160

NO.077 波浪A下跌走势图谱..161

NO.078 波浪A的快速下跌走势图谱............................162

NO.079 波浪A的慢速下跌走势图谱............................164

NO.080 波浪B的小幅反弹走势图谱 ························· 165

NO.081 波浪B的大幅反弹走势图谱 ························· 167

NO.082 波浪C的急速下跌走势图谱 ························· 170

NO.083 波浪C的延长走势图谱 ···························· 171

第5章 一图掌握上升趋势实战 ··················173

NO.084 上升趋势线上买入图谱 ···························· 174

NO.085 上升轨道线中的买入图谱 ························· 177

NO.086 长期上升趋势线支撑位图谱 ····················· 180

NO.087 长期上升轨道线内重仓买入图谱 ··············· 182

NO.088 中期上升趋势线支撑位买入图谱 ··············· 185

NO.089 中期上升轨道线内波段操作图谱 ··············· 188

NO.090 短期上升趋势线上的积极追涨图谱 ············ 191

NO.091 短期上升轨道线操作图谱 ························· 194

第6章 一图掌握下降趋势实战 ··················197

NO.092 下降趋势弱势图谱 ································· 198

NO.093 下降轨道弱势图谱 ································· 200

NO.094 长期下降趋势线操作图谱 ························· 203

NO.095 长期下降轨道线破位操作图谱 ·················· 206

NO.096 中期下降趋势线操作图谱 ························· 209

NO.097　中期下降轨道线破位操作图谱 ⋯⋯⋯⋯⋯⋯⋯⋯⋯⋯⋯⋯ 212

NO.098　短期下降趋势线操作图谱 ⋯⋯⋯⋯⋯⋯⋯⋯⋯⋯⋯⋯⋯ 214

NO.099　短期下降轨道线破位操作图谱 ⋯⋯⋯⋯⋯⋯⋯⋯⋯⋯⋯⋯ 218

第7章　一图掌握水平趋势实战 ⋯⋯⋯⋯⋯⋯⋯⋯⋯⋯⋯ 221

NO.100　长期震荡后的暴涨行情走势图谱 ⋯⋯⋯⋯⋯⋯⋯⋯⋯⋯ 222

NO.101　中期震荡后的中线买入操作图谱 ⋯⋯⋯⋯⋯⋯⋯⋯⋯⋯ 225

NO.102　短期水平震荡后的短线买入操作图谱 ⋯⋯⋯⋯⋯⋯⋯⋯ 227

NO.103　底部水平震荡孕育牛股图谱 ⋯⋯⋯⋯⋯⋯⋯⋯⋯⋯⋯⋯ 230

NO.104　上升趋势中途水平震荡整理图谱 ⋯⋯⋯⋯⋯⋯⋯⋯⋯⋯ 232

NO.105　股价顶部水平震荡卖出图谱 ⋯⋯⋯⋯⋯⋯⋯⋯⋯⋯⋯⋯ 235

NO.106　水平轨道线破位操作图谱 ⋯⋯⋯⋯⋯⋯⋯⋯⋯⋯⋯⋯⋯ 237

NO.107　宽幅水平轨道线操作图谱 ⋯⋯⋯⋯⋯⋯⋯⋯⋯⋯⋯⋯⋯ 239

NO.108　窄幅水平轨道线快速整理图谱 ⋯⋯⋯⋯⋯⋯⋯⋯⋯⋯⋯ 242

第 **1** 章

一图掌握趋势线

趋势线是分析股价运行趋势的重要工具之一，掌握趋势线有利于我们判断股价的运行趋势，从而指导我们的操作。本章从趋势线的整体图谱展示开始，对内容层层细化，把趋势线的知识用一张张图谱展示给读者，使读者掌握用趋势线分析股价运行趋势的方法，进而提升在股票实战中的获利能力。

NO.001 趋势线整体图谱展示

NO.002 上升趋势线图谱

NO.003 上升趋势线图谱的绘制

NO.004 长期上升趋势线图谱

NO.005 中期上升趋势线图谱

NO.006 短期上升趋势线

NO.007 快速上升趋势线图谱

NO.008 慢速上升趋势线图谱

....

NO.001
趋势线整体图谱展示

趋势线是重要的趋势分析工具之一，掌握趋势线有利于分析股价的运行趋势，从而提升实战的能力。

一图展示

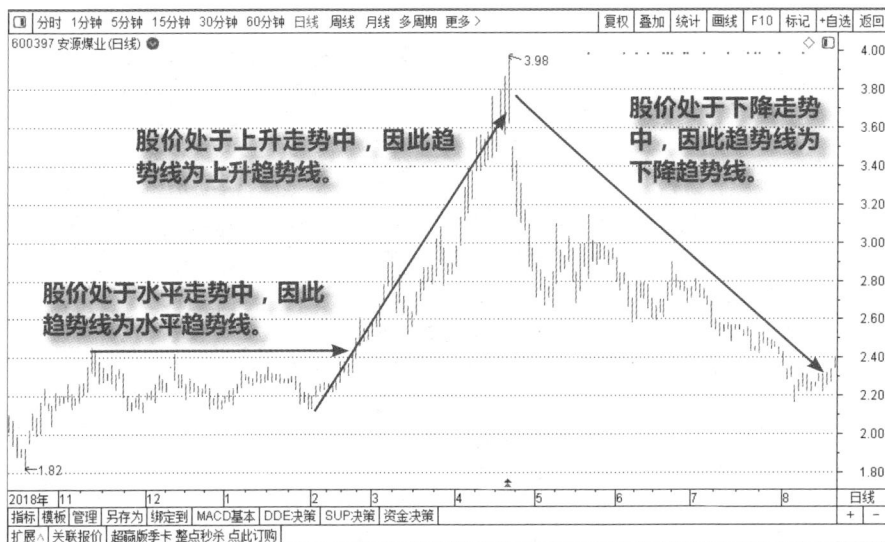

要点剖析

从图中可以看出，股价的运行走势分为3种：上升趋势、水平趋势和下降趋势。这里我们仅对于趋势的种类进行介绍，之后会对每一种走势进行详细阐释。

根据股价的3种趋势，我们可以得到3种不同的趋势线，即上升趋势线、水平趋势线和下降趋势线。

◆ 上升趋势线引导股价向上运行，使得股价不断创出新高。

◆ 水平趋势线引导股价展开水平震荡走势，使得股价进行横盘整理。

◆ 下降趋势线引导股价向下运行，使得股价不断创出新低。

准确把握上述 3 种不同的趋势线，投资者就可以从容地掌握股价的运行奥秘，并根据股价的运行轨迹展开合理、有效的实战操作。

NO.002
上升趋势线图谱

顾名思义，上升趋势线即是股价处于上升阶段中的趋势线，上升趋势线的作用就是不断地引导股价向上运行。

一图展示

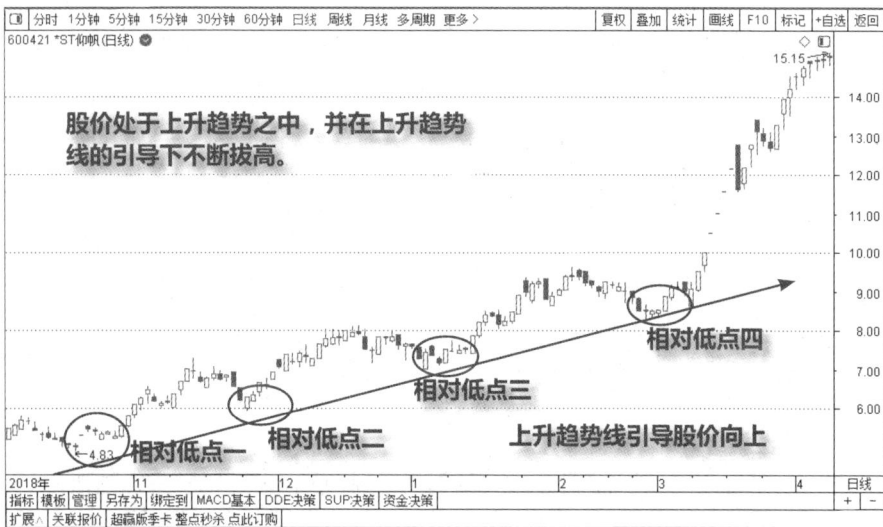

要点剖析

上升趋势线只可能出现在股价的上升阶段，为股价的每一次下跌回调提供强有力的支撑，由此保证股价不断上涨，不断创出新高。

同时上升趋势线对于股价的运行也具有引导作用，这种引导作用会延续股价的上升趋势。

操盘精髓

在股价运行的上升阶段中，股价只会在上升趋势线的上方运行。当股价每次回调至上升趋势线附近时，就会得到上升趋势线的支撑，这些支撑位置就是我们理想的买入位置。

这种机会一旦得到上升趋势线的确认，就会十分可信，投资者可以大胆地进行买入操作。

分析实例　通威股份（600438）上升趋势线附近买入

通威股份在2018年9月至2019年5月的走势如下图所示。

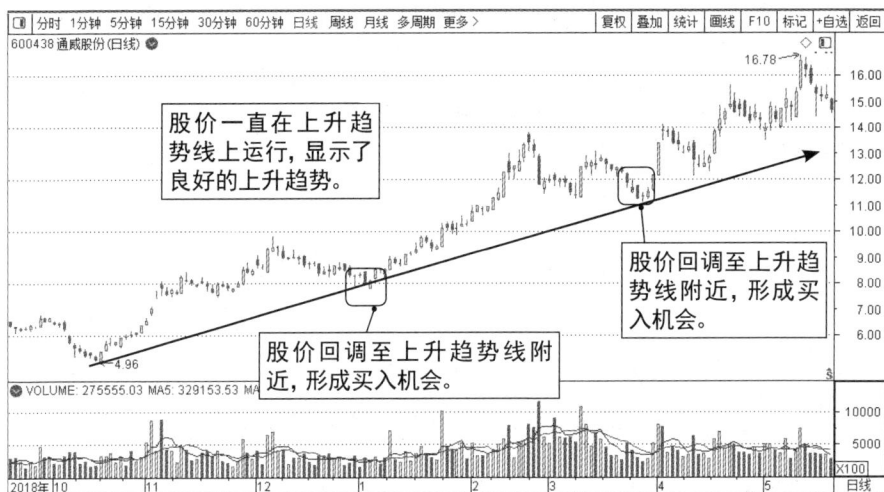

通威股份在2018年9月至2019年5月的走势

从图中可以看到，该股下跌到2018年10月中旬创出4.96元的最低价后止跌，股价企稳回升步入上涨行情。

2018年12月初，股价在运行到9.5元的价位线附近阶段性见顶，随后股价进入了长达1个多月的回调整理，在整个回调整理过程中，成交量都没有明显的变化。

在回调末期放量大涨显示回调结束的信息，上升力度强大，投资者应及时逢低吸纳追涨杀入，持股一段时间后卖出便可以获得不错的收益。

NO.003
上升趋势线图谱的绘制

根据前面的内容，我们可以初步感受到上升趋势线对于股价上升趋势的准确预测，以及对于上升趋势的有效支撑。因此在进行实战操作中，投资者必须要掌握上升趋势线的用法。

虽然上升趋势线具有巨大的实战运用价值，但如果不能够准确绘制出上升趋势线，那所有的上升趋势分析都会变成空谈，当然也就不能用作实战分析的有力工具了。

所以，上升趋势线绘制是否正确，关系到投资者是否可以运用上升趋势线准确地分析股价的上升趋势。

一图展示

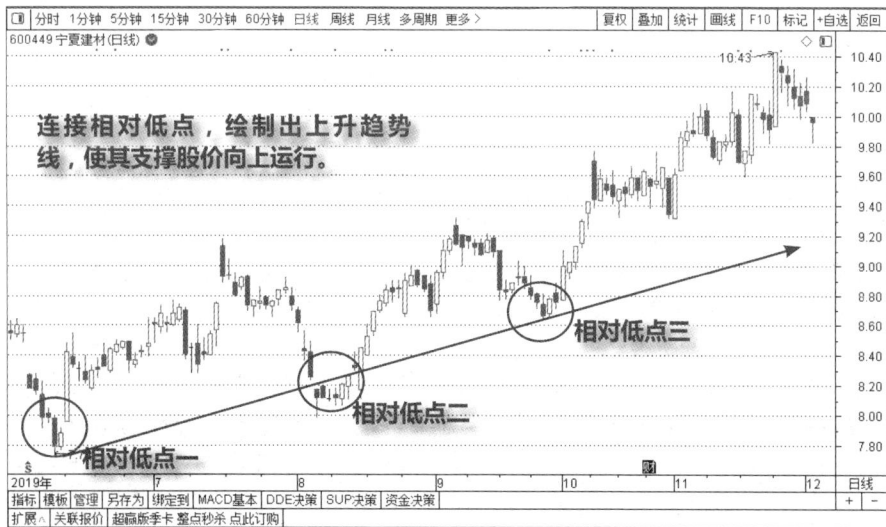

要点剖析

上升趋势线的绘制步骤如下。

- ◆ 确认股价处于向上运行的行情之中，即确定股价的大环境。
- ◆ 寻找到股价上行的两个相对低点，如上图中的相对低点一和相对低点二。
- ◆ 根据找到的两个相对低点绘制出一条直线，该直线有可能就是上升趋势线。
- ◆ 根据后面的相对低点检验所绘制上升趋势线的真实性，要是股价在直线处止跌反弹，则趋势线是正确的，如图中相对低点三。这样的相对低点出现的越多，越能够证明所绘制趋势线的准确性。

操盘精髓

由以上绘制过程，我们可以得到如下的操盘精髓。

- ◆ 趋势线需要通过第3个相对低点来确认其有效性。
- ◆ 一旦趋势线得到有效的确立，股价之后的每一次回调都是良好的买进机会。
- ◆ 相对低点可能小幅跌破趋势线，造成破位假象，如图中相对低点三的破位。

要点提示 *股价为何跌破上升趋势线*

从前面的内容中，我们可以很清楚地发现，股价有时候会跌破上升趋势线，呈现出破位下行的走势特点，那么为什么会出现这样的走势特点呢？

其实这里的破位走势并不可怕，原因在于这里的破位不是真正意义上的破位，之所以会出现这样暂时跌破上升趋势线的情况，是因为庄家在此故意打压股价，欲达到洗盘的目的。

分析实例 福能股份（600483）上升趋势线确认后的买入机会

福能股份在2018年7月至12月的走势如下图所示。

福能股份2018年7月至12月的走势

从图中可以看出该直线就是上升趋势线，那么当股价再次回调至趋势线附近时，就是较好的买入机会了，如下图所示。

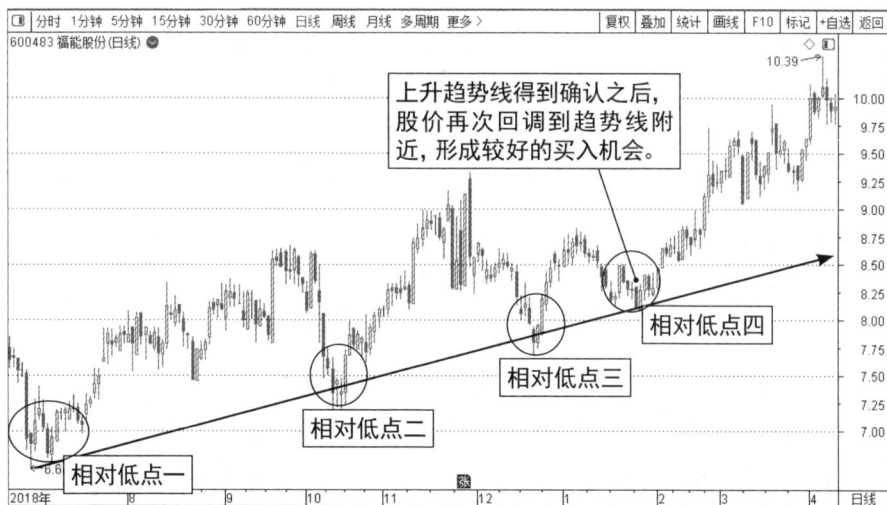

福能股份2018年7月至2019年4月的走势

从图中可以看出，当股价再次回调到上升趋势线时，出现了很好的买入机会。在相对低点四买入后，股价从8元上涨到了10.39元左右，股价出现了29%的涨幅。

NO.004
长期上升趋势线图谱

长期上升趋势线引导股价长期向上运行，利用长期上升趋势线，投资者可以抓住股价的长期走势方向，正确把握长线操作的时机。

一图展示

要点剖析

长期上升趋势线图谱告诉了我们以下 2 个重要信息。

◆ 长期上升趋势线是分析股价长期运行趋势的重要工具，具有十分准确的预测作用。

◆ 只要趋势没有改变，股价就会在长期上升趋势线上方走出一轮牛市行情。

操盘精髓

长期上升趋势线可以比较准确地预测股价的长期运行趋势，因此给投资者提供了重要的操盘信息。

◆ 长期趋势线引导股价展开一轮牛市行情，能给投资者带来牛市赚钱的机会。

◆ 在整个行情走势中，每一次股价回调到趋势线位置时，都可以认为是较好的长线买入机会。

◆ 当股价大幅跌破长期上升趋势线，且呈现出明显的破位迹象时，投资者不能进行长线买入操作，应以持币观望为主。

分析实例 中兴通讯（000063）长线买入操作

中兴通讯在2016年12月至2017年12月的走势如下图所示。

中兴通讯2016年12月至2017年12月的走势

从图中可以看出，中兴通讯在这1年多的时间中，走出了一轮大牛市行情，股价从开始时的14.46元左右，上涨到了41.39元以上，涨幅超过186%。

抓住长期上升趋势线不难看出，股价主要是在趋势线的上方运行，只有3个位置出现了股价触及或者小幅跌破趋势线的情况，即图中的相对低点一、相对低点二和相对低点三。

在股价触及趋势线时，表明股价经过回调整理下探到了支撑位置，投资者可以在此顺势入场。

上图中趋势线很明朗，股价在小幅跌破趋势线后被迅速拉起，这显示了股价运行趋势的良好。但是，当股价真正跌破长期上升趋势线时，就预示着股价的趋势将改变，投资者就得做好充足的准备。

在中兴通讯出现如此巨大的涨幅后股价见顶，之后该股出现了较大幅度的下跌走势特点，如下图所示。

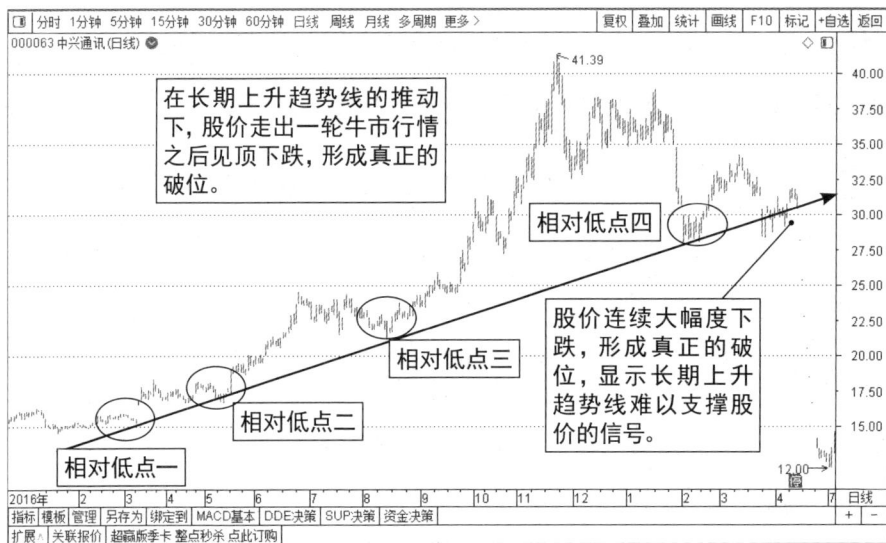

中兴通讯2016年12月至2018年7月的走势

从图中可以看出，中兴通讯经过大幅度上涨之后，股价出现了明显的下跌走势。在相对低点四之后，股价再一次向长期上升趋势线靠拢，此次股价直线下跌破位，形成趋势线破位走势。

股价破位之后连续出现一字跌停的暴跌走势特点，从30元左右下跌到了12元上下，跌幅达到60%。当这样的破位走势特点出现时，投资者应该赶紧卖出手中的股票，不能进行买入操作。

要点提示 *股价跌破长期上升趋势线*

从上面的例子可以看出，股价在跌破长期上升趋势线之后出现了较大幅度的下跌。从整个运动过程来看，股价是否跌破长期上升趋势线决定了股价长期趋势是否改变。股价依托长期上升趋势线以正常的上升趋势发展，然后股价回调跌破长期上升趋势线，显示股价长期上升趋势结束，转向长期下跌趋势之中。

NO.005
中期上升趋势线图谱

中期上升趋势线支撑股价中期以上升的趋势发展，并形成了中期的操作机会。根据中期上升趋势线，投资者可以展开中线投资操作。

一图展示

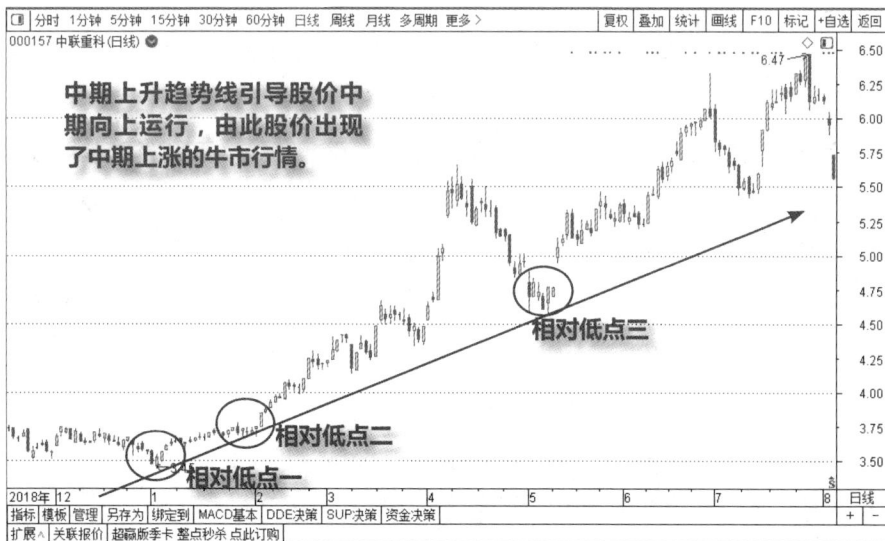

要点剖析

中期上升趋势线是很重要的中期趋势研判工具，在使用过程中需要注意以下 2 个要点。

◆ 确保股价处于中期上升趋势之中，保证了股价上涨的大环境。

◆ 中期上升趋势线相对于长期上升趋势线而言，在时间跨度上，往往以几个月时间为主；而长期上升趋势线在时间跨度上，主要以几年为主。

操盘精髓

中期上升趋势线决定了我们操作上以中线操作为主。在确知股价运行于中期上升趋势线之上时，投资者要抓住中期上升趋势线对股价继续上涨的支撑，在股价受支撑明显企稳的时候，合理地进行买入操作。由此可知，在相对低点进行买入是比较好的策略。

分析实例 冀东水泥（000401）中线买入操作

冀东水泥在2018年10月至2019年4月的走势如下图所示。

从图中可以看出，该股出现了涨幅巨大的上涨行情，股价从9.74元左右上涨到了20.3元左右，涨幅达到了108%以上。

该股在此轮中期走势中处于上升趋势，股价始终是在中期趋势线之上运行，展现出了良好的趋势形态。在该轮中期上升趋势之中，股价步步为营，逐步上涨。因此只要有足够的耐心，那么在整个趋势中的任何位置买入都可能盈利。

在股价回调至相对低点位置时，即图中的相对低点一、二、三和四位置，是此轮中期上升趋势之中最佳的买入点了。

在4个相对低点中，特别是最后的相对低点四，是最好的买入机会。股价在相对低点四处受到中期上升趋势线的支撑，迅速展开上涨走势，从13.5元左右，上升到了20.3元左右，涨幅达到了50%以上。

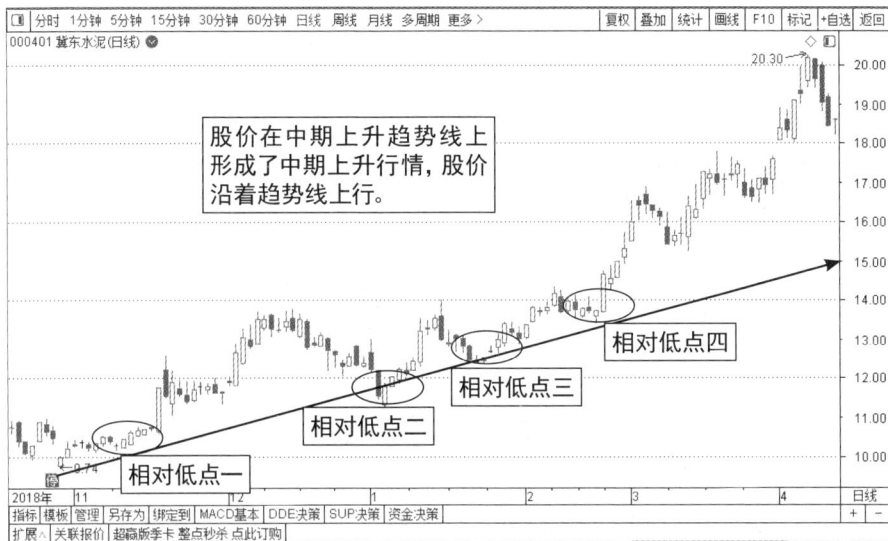

冀东水泥在2018年10月至2019年4月的走势

要点提示 *中期上升趋势中的较好买入点*

要在中期上涨趋势的行情中博取好的收益，关键是要找准中期的上涨趋势，确定正确的趋势线以便找到股价回调的支撑点。

在确定好股价的中期上涨趋势后，每次股价回调到趋势线时，只要不强势跌破趋势线，就是很好的买入时机。

NO.006
短期上升趋势线

顾名思义，短期上升趋势线指的是股价短期运动的趋势线，主要目的和作用是帮助投资者对股价短期上升趋势进行研判。

一图展示

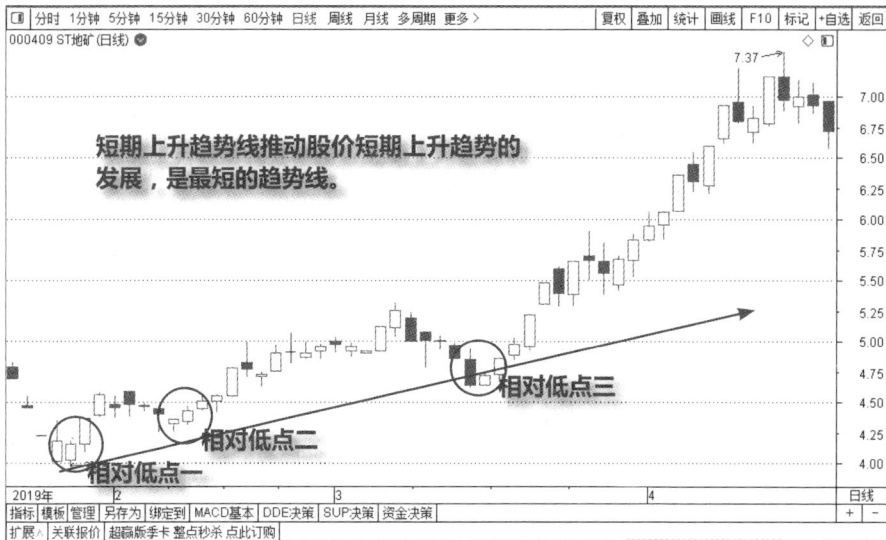

要点剖析

　　短期上升趋势线是判断和预测股价短期上升趋势的一个重要工具，在使用过程中需要掌握以下要点。

　　◆　短期上升趋势线能确保股价处于短期上升的趋势之中。

　　◆　短期上升趋势线相对于中期上升趋势线而言同期较短，时间跨度上以一到两个月为主，而中期上升趋势线在时间跨度上以几个月为主。

　　◆　在短期上升趋势线的帮助下，投资者应选择短线操作。

操盘精髓

　　由于短期上升趋势线研究的是股价短时间内的上升趋势，所以比较适合作为短线操作的分析工具。

　　从上图中可以看出，股价每一次触到趋势线后，就自然进行反弹，且每一次的反弹是以大阳线或者是几根连续阳线构成的，由此可见在运用短期上升趋势线时，抓住时机就变得十分重要了。

要抓住正确的买卖时机，关键就是要抓住股价回调至趋势线位置（即图中的相对低点位置）时的机会。

分析实例 南京公用（000421）短线买入分析

南京公用在2018年12月至2019年4月的走势如下图所示。

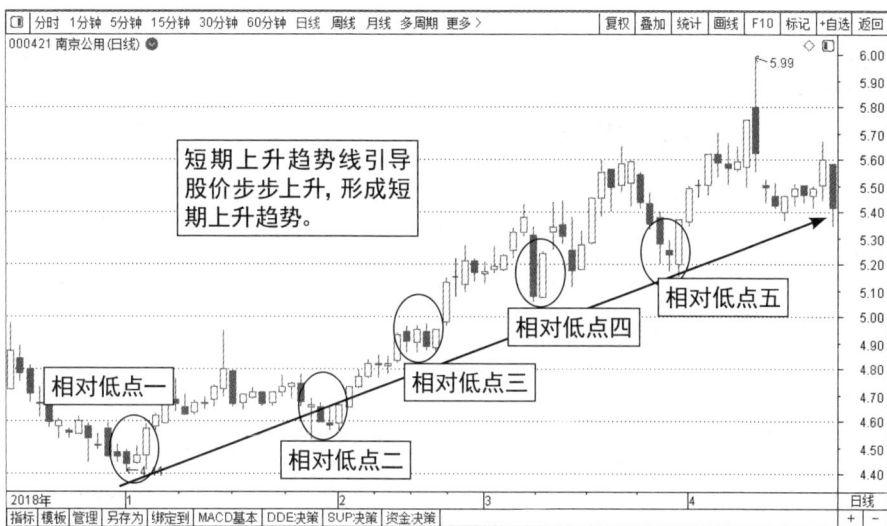

南京公用2018年12月至2019年4月的走势

从图中可以看出，整体上该股呈现出上升的趋势，股价从4.41元左右上升到了5.99元左右。

把股价运行过程中的几个相对低点连接起来，不难看出，该股出现了短期上升趋势特点，而这条连接相对低点的直线就是短期上升趋势线。

股价的每一次小幅回调都获得了短期上升趋势线的支撑，股价又重新回到了短期的上升趋势之中，如此往复，在此阶段中出现了五个相对低点。

短期上升趋势线要求的短线操作必须以快、准为主要操作原则，因此利用短期上升趋势线投资，抓住每一次低点机会就比在其他上升趋势线中显得重要许多。

> **要点提示** *短线操作为何以快、准为主要操作原则*
>
> 短线操作中时间就是生命，一般的短线买卖机会会在第二天消失，当然具体卖出时间会根据个人操作的不同而存在差异。但是不可否认的是短线操作的精髓就是以快速反应，和累积多次利润来达到利润的最大化。由此快、准就毫无疑问地成为主要原则，快具体指选股快、买入和卖出都要快；准具体指选股准、买入和卖出的时机准。

NO.007
快速上升趋势线图谱

上升趋势线不仅在时间上有长期、中期和短期的区别，而且在上升速度上也存在着差别。引导股价快速上升的趋势线称为快速上升趋势线，引导股价缓慢上升的趋势线称为慢速上升趋势线。

一图展示

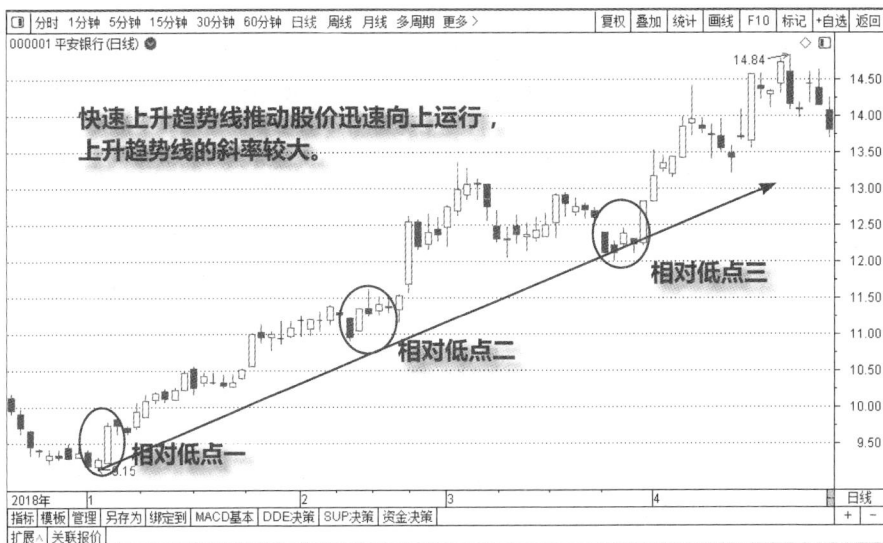

要点剖析

快速上升趋势线具有以下 2 个突出的特点。

◆ 上升趋势线的斜率较大。

◆ 在快速上升趋势线的带动下，股价常常会在短时间内大幅度上涨。

操盘精髓

在使用快速上升趋势线的时候，重点要注意以下 2 点。

◆ 抓住快速上升阶段，快速追涨。

◆ 利用回调机会，准确介入快速上升趋势之中。

分析实例 华联控股（000036）快速上升趋势线操作

华联控股在2018年10月至2019年5月的走势如下图所示。

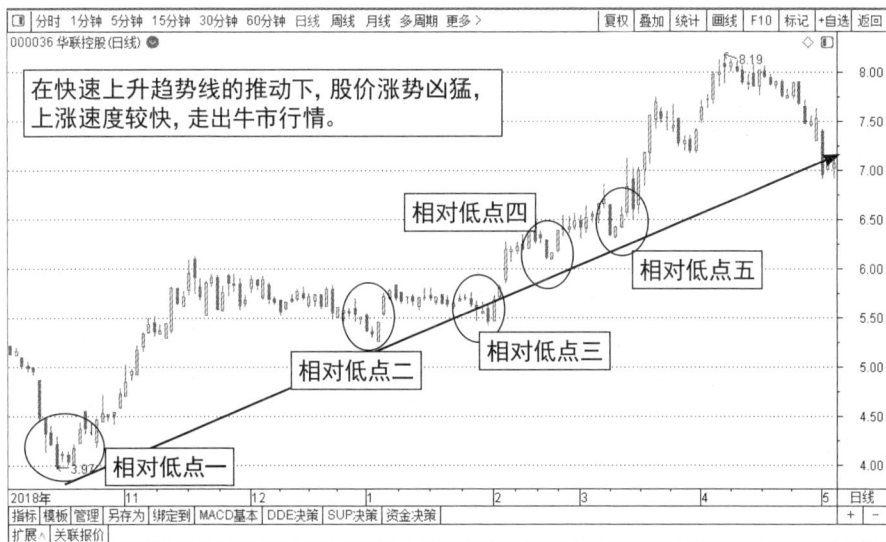

华联控股2018年10月至2019年5月的走势

从图中可以看出，该股在2018年10月中旬企稳回升，随后股价快速上涨，爆发力惊人，从开始的3.97元左右，经过几个月左右的时间，迅速上涨到了8.19元，出现106%的涨幅。

纵观整个趋势，我们可以感受到快速上升趋势线的强大推动力，股价从3.97元上涨到8.19元就是一个最好的证明。

针对该股的快速上升趋势，投资者要分段展开不同的操作，股价在前半部分的上升趋势中，呈现出强劲的上升态势，股价上涨的速度是惊人的，如下图所示。

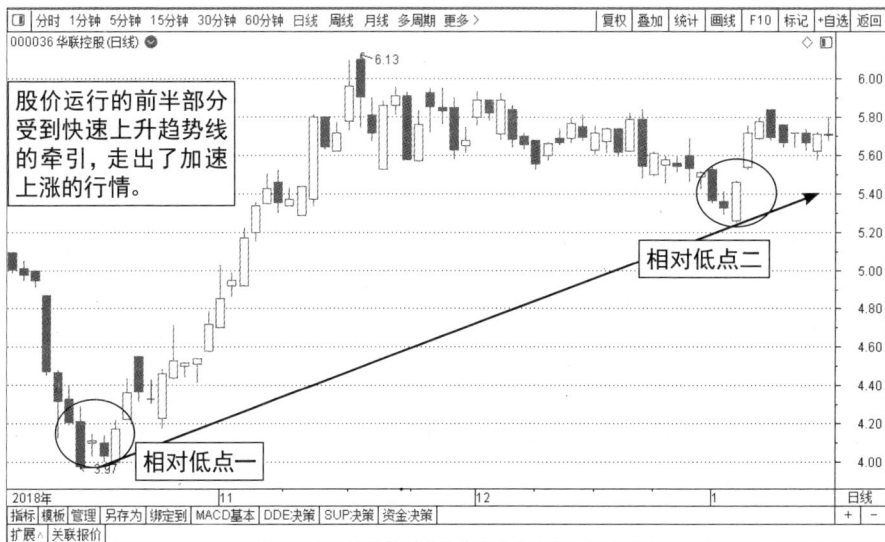

华联控股2018年10月至2019年1月的走势

股价在相对低点一之后迅速摆脱下跌趋势，进而展开了加速上涨趋势，所以我们应该在此坚决追涨，该股后半段走势如下图所示。

由于股价涨速已经趋缓，同时出现了较多的回调整理迹象，所以前面的追涨操作已经不适合此阶段。

所以投资者要抓住股价回调的相对低点进行操作，从而增加成功率，获得更大的利润。

从图中可以看出，相对低点三、相对低点四和相对低点五都是较好的买入位置。但是，由于前期该股累计涨幅已经较大了，所以此时一定要谨慎追涨，一旦跌破趋势线，就要立即出局。

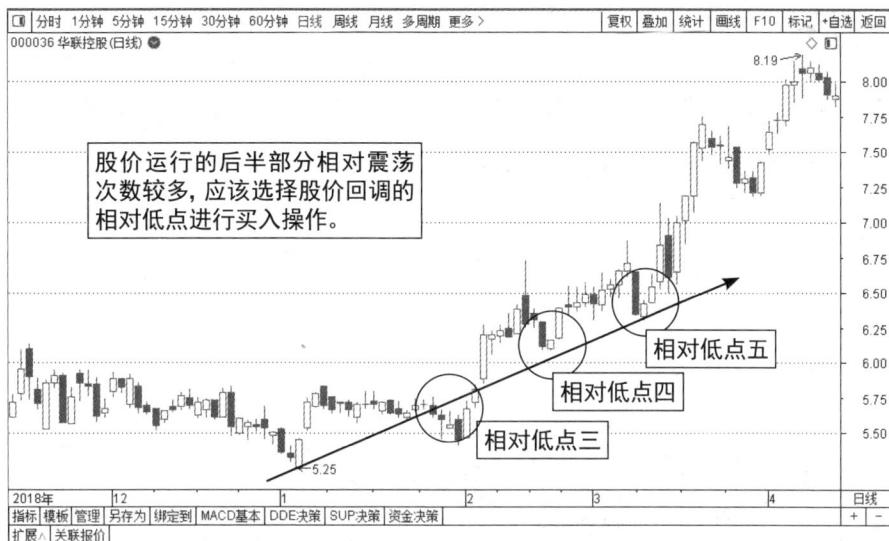

华联控股2018年11月至2019年4月的走势

要点提示 *上升趋势线的斜率*

斜率指的是一条直线相对于水平面的倾斜程度，上升趋势线的斜率就是其与水平线的倾斜程度。良好上升趋势的存在必须得到上升趋势线斜率的保证。

上升趋势线的斜率越大，则越显示股价上涨的动力十足，后市足够看好；反之，如果上升趋势线的斜率越小，越表示股价上涨比较乏力，后市仍然存在不确定因素。

NO.008
慢速上升趋势线图谱

与前面快速上升趋势线相反，慢速上升趋势线指的是斜率较小的趋势线。慢速上升趋势线对股价的推动作用较小，因此股价上涨速度缓慢，形成的上升趋势也比较温和。

一图展示

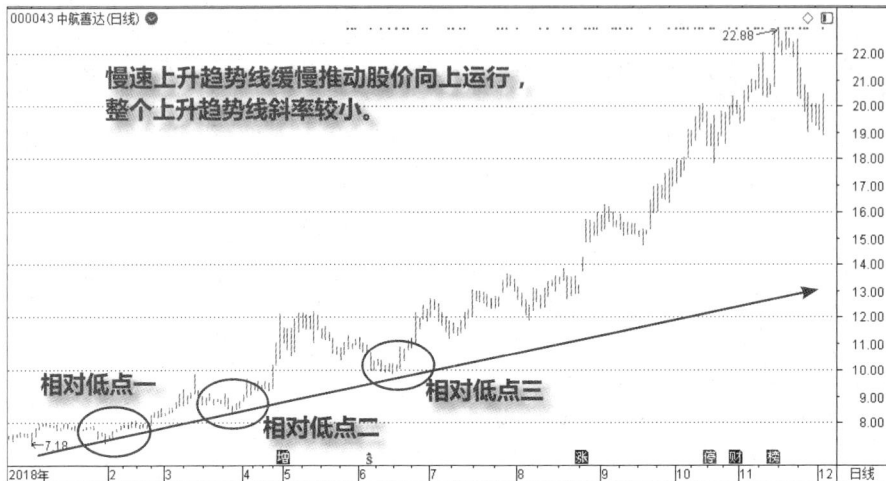

慢速上升趋势线缓慢推动股价向上运行，
整个上升趋势线斜率较小。

相对低点一

相对低点二

相对低点三

要点剖析

慢速上升趋势线具有以下特点。

◆ 上升趋势线斜率较小，带动股价缓慢向上运行，其形态走势显得比较温和。

◆ 在慢速上升趋势线的带动下，股价上涨的速度相对于快速上升趋势线而言就显得比较小。

操盘精髓

慢速上升趋势线显示的是股价缓慢向上的运动趋势，这种趋势的爆发力不是特别强。

针对这样的上升趋势，投资者应该把重点放在中长期操作上，应根据趋势线所示的方向顺势而为，并结合趋势线找准股价的相对低点，在股价回踩趋势线之后进行买入操作。

分析实例 横店东磁（002056）慢速上升趋势线中期买入操作

横店东磁在2018年10月至2019年6月的走势如下图所示。

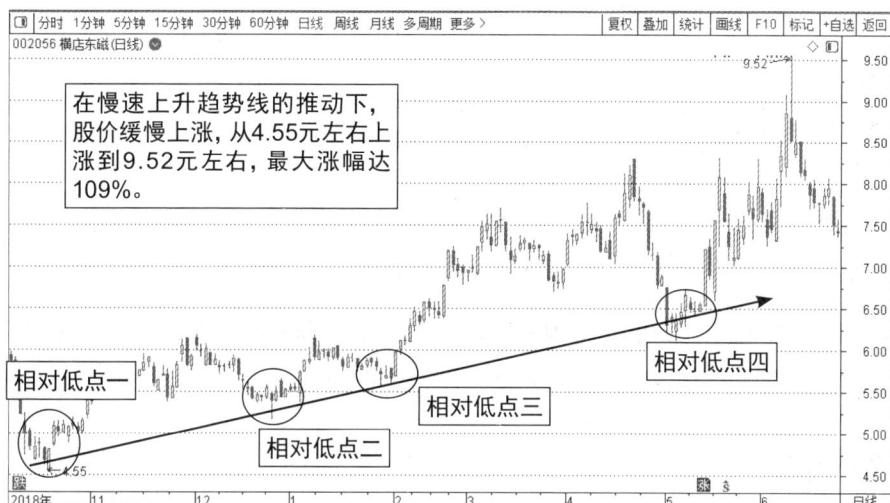

在慢速上升趋势线的推动下，股价缓慢上涨，从4.55元左右上涨到9.52元左右，最大涨幅达109%。

相对低点一
相对低点二
相对低点三
相对低点四

横店东磁2018年10月至2019年6月的走势

从上图可以发现，该股在此阶段的整体涨幅超过109%。那么在这种情况下，投资者就应该抓住相对低点进行中线操作，如下图所示。

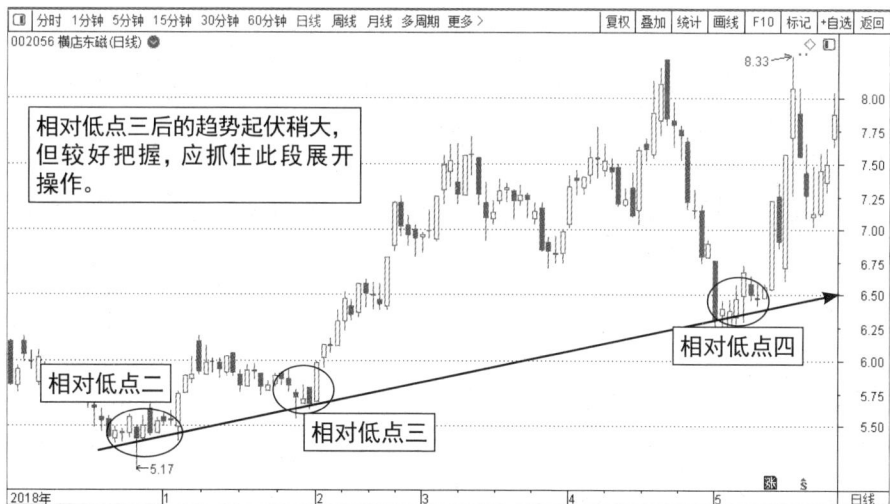

相对低点三后的趋势起伏稍大，但较好把握，应抓住此段展开操作。

相对低点二
相对低点三
相对低点四

横店东磁2018年12月至2019年5月的走势

相对低点三回踩慢速上升趋势线，在获得趋势线的支撑后转换方向，开启了整个趋势中的主波段行情。此时投资者应抓住相对低点三后的主行情进行操作，那么相对低点三就无疑是最好的买入机会了。

NO.009
慢速—快速上升趋势线图谱

前面就慢速、快速上升趋势线进行了详细的图谱展示，从中可以明显看出两种上升趋势线的区别。

但在实战中，股价上升的趋势也常表现出上述两种趋势相结合的特点，这就是这里所讲到的慢速—快速上升趋势线显示的走势特点。

一图展示

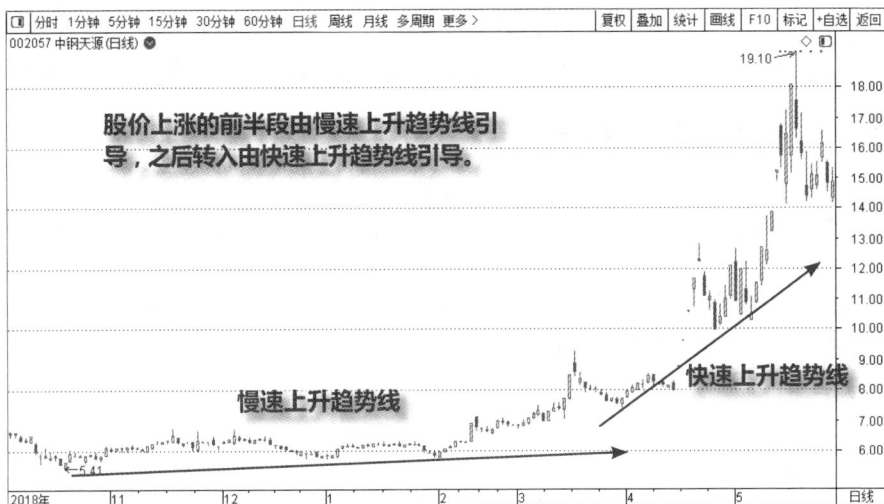

要点剖析

慢速—快速上升趋势线引导的股价上涨速度是不一样的，二者相比较，自然是快速上升趋势线更具有操作价值。

在实战应用中，出现慢速—快速上升趋势线接替运行的情况主要有以下2点原因。

◆ 慢速上升趋势线引导股价缓慢向上运行，这与庄家低位缓慢建仓的操作是分不开的。庄家低位建仓，并不希望股价过快上涨，但是庄家资金不断进入市场，股价自然上涨，于是形成前期的慢速上升趋势线。

◆ 快速上升趋势线引导股价加速向上运行，这与庄家快速拉升股价的行为是分不开的。经过前期的长期缓慢建仓，庄家掌握了足够的筹码，随即加速拉升，于是形成了后期的快速上升趋势线。

NO.010
快速—慢速上升趋势线图谱

与前面慢速—快速上升趋势线相反，快速—慢速上升趋势线前半部分为快速上升趋势线，后半部分为慢速上升趋势线。

一图展示

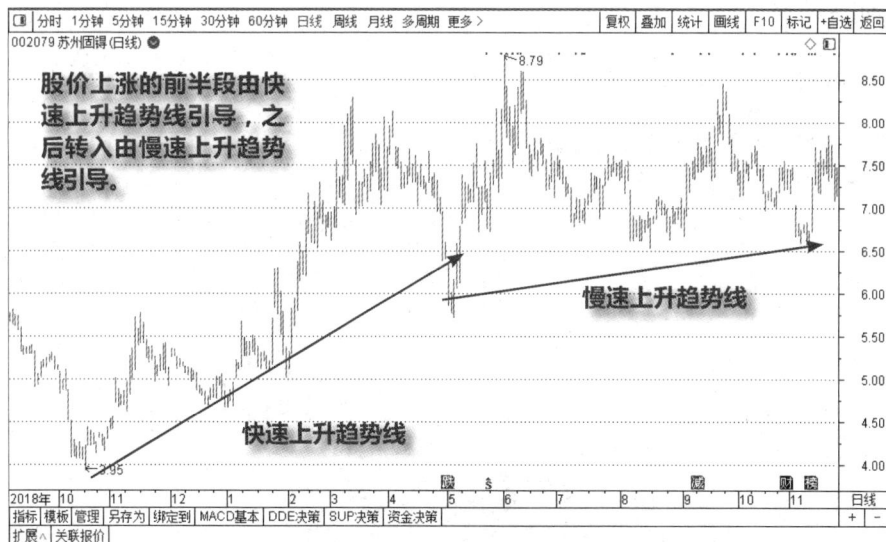

要点剖析

与慢速—快速上升趋势线一样，这里的快速上升趋势线也更具有操作价值，它带动股价快速向上运行，涨幅比较大，这种趋势线组合的形成原因如下。

◆ 快速上升趋势线引导股价呈爆发型态势上涨，使股价出现大幅度的上行空间，其原因在于前期股价超跌或者市场巨大利好突然出现。

◆ 慢速上升趋势线引导股价呈缓慢态势温和上涨，由此导致上涨幅度偏小，其原因在于前期上涨动力减弱或者市场回归理性。

NO.011
上升趋势线向上修正图谱

从前面的内容，我们知道股价上涨速度不同，上升趋势线就会不一样，因此在实战分析中，我们就要根据股价上涨速度的不同及时修正上升趋势线。这里上升趋势线向上修正指的是股价上涨速度加快后，修正原来趋缓的上升趋势线，使之更符合当前股价的上涨速度。

一图展示

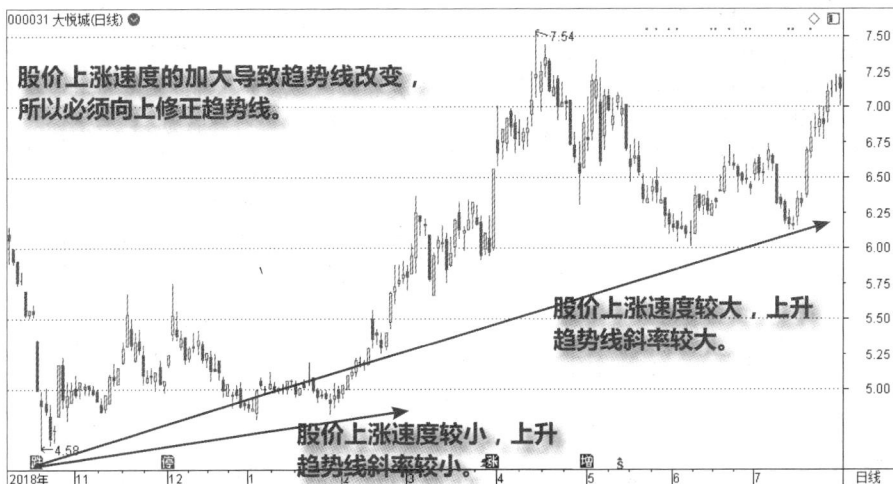

要点剖析

上升趋势线向上修正图谱揭示出以下 3 个问题。

◆ 由于股价上涨速度的加快才引起趋势线的变化。

◆ 斜率较小的上升趋势线刻画的是股价缓慢向上运行的状态，斜率较大的趋势线刻画的是股价加速向上运行的状态。

◆ 从趋势长短而言，修正前的趋势一般为短期趋势，修正后的趋势一般为中长期趋势。

NO.012
上升趋势线向下修正图谱

上升趋势线向下修正指的是股价上涨速度变缓，向下修正原来的趋势线，使之更符合当前股价涨速减缓后的运行趋势。

一图展示

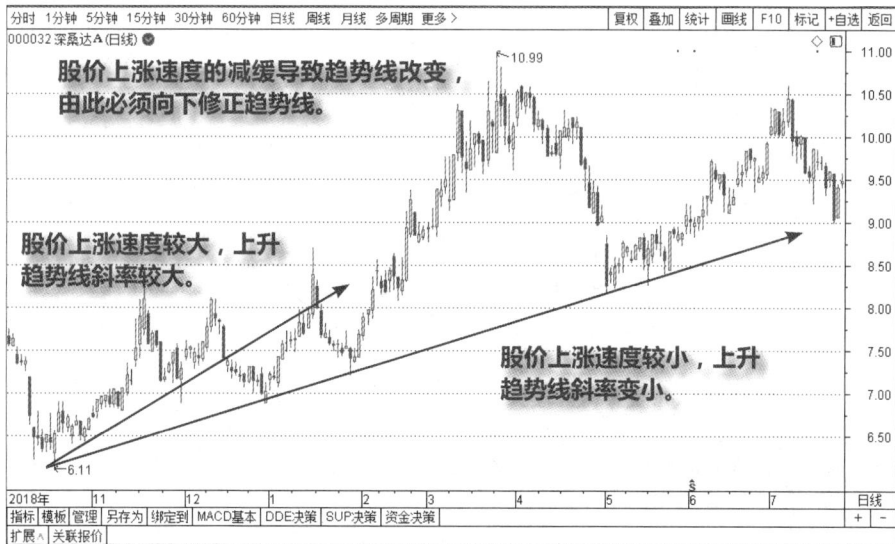

要点剖析

上升趋势线向下修正图谱揭示出以下 3 个问题。

◆ 由于股价上涨的速度减缓，导致趋势线斜率的改变，因此必须及时对趋势线进行必要的修正。

◆ 时间较短的趋势线刻画的是股价加速上升的趋势，时间较长的趋势线刻画的是股价上涨速度减缓的趋势。

◆ 从趋势线的周期来看，斜率较大的上升趋势线时间周期较短，斜率较小的上升趋势线时间周期较长。

NO.013
下降趋势线图谱

前面的内容都是围绕着上升趋势线展开的，从这里开始将围绕下降趋势线的一系列图谱进行展示。

一图展示

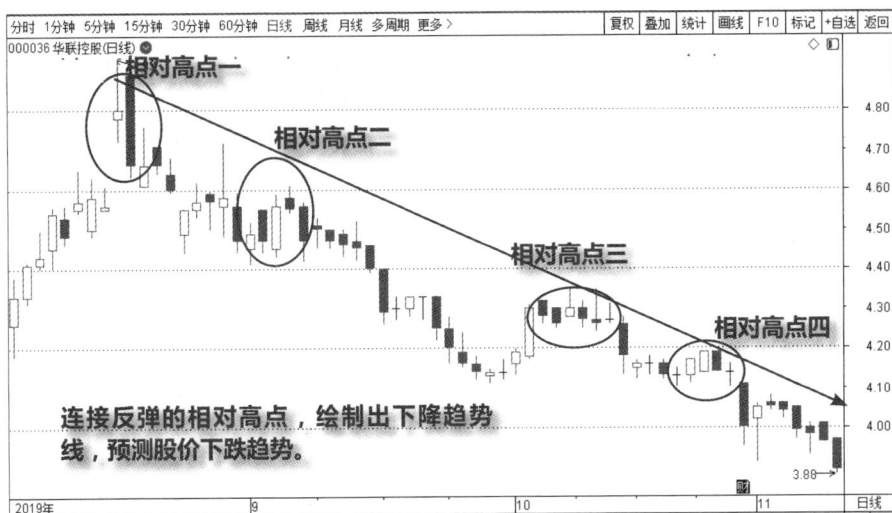

要点剖析

下降趋势线只可能出现在股价的下跌过程中，对股价每一次反弹形成压力，长期压制股价向下运行，不断出现新低。正如上升趋势线一样，下降趋势线对于股价的下跌有引导作用，这种引导力会延长下跌趋势。

操盘精髓

在下降趋势线的压制下，股价不会很快摆脱下跌走势，相反会在一定时间内继续保持下降趋势。

在下降趋势线引导的下跌趋势中不能进行中、长线操作，应以持币观望为主。在合适的情况下，可以抓住反弹机会进行短线操作，但是这样的操作风险很大，不适用于一般投资者。

分析实例 北方国际（000065）下降趋势分析

北方国际在2019年9月至11月的走势如下图所示。

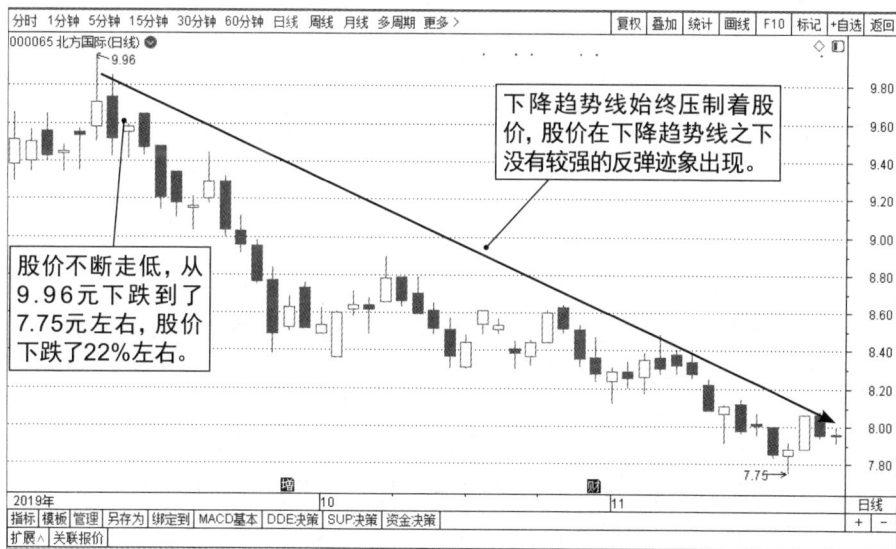

北方国际2019年9月至11月的走势

从上图可以看出，该股的此轮下跌趋势中没有形成有效的反弹走势，由此看来，投资者只能尽快清仓或者是持币观望。

分析实例 国际实业（000159）反弹适当买入操作

国际实业在2019年5月至11月的走势如下图所示。

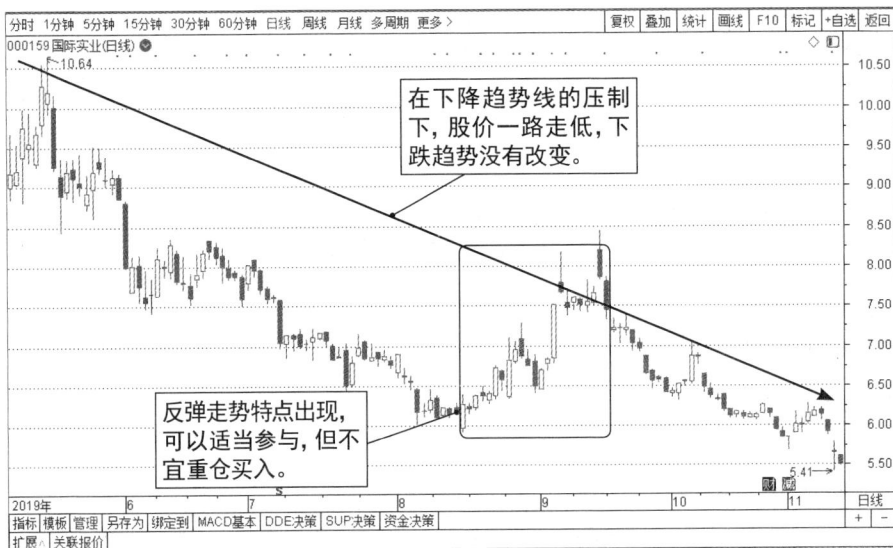

国际实业2019年5月至11月的走势

从上图可以看出，该股出现了幅度较大的反弹走势特点，对于比较激进的投资者来说可以适当参与反弹。

要点提示 *两原则抓反弹*

原则一：反弹走势不能改变股价下跌的整体趋势，因此不能重仓买入股票，否则可能导致巨大的亏损。

原则二：反弹走势的强度有限，因此在密切注意股价变化的前提下，当股价触及下降趋势线时必须进行离场操作，否则会出现不应该有的亏损。

NO.014
下降趋势线图谱的绘制

根据前面的内容，投资者可以很清楚地看到下降趋势线对股价下跌趋势的预测效果，以及下降趋势线对于股价上行的压制。但是，只有绘制出正确的下降趋势线，才能获得这些准确的预测信息。

绘制下降趋势线和绘制上升趋势线有相同的地方，即寻找重要的 2 个点。这里的点不是相对低点，而是股价反弹的高点。

一图展示

要点剖析

虽然下降趋势线和上升趋势线的绘制方法有很多共同点，但是投资者要注意两者之间的区别，并注意以下下降趋势线绘制的基本步骤。

◆ 确认股价转入下跌趋势之中。

◆ 寻找股价下跌过程中的两个相对高点，如图中的相对高点一和相对高点二。

◆ 连接这两个相对高点，形成的直线就有可能是下降趋势线。

◆ 根据后面股价的走势判断所绘制下降趋势线的真实性，当股价反弹至此直线时，如果掉头向下，显示出了直线对股价的压制，如图中的相对高点三。这样的相对高点出现的次数越多，所绘制的下降趋势线越准确。

操盘精髓

正确绘制下降趋势线是准确预测股价下跌趋势的首要条件。在股价反弹至下降趋势线附近时，就会遇到下降趋势线的压制，转而重新进入下跌趋势之中。

分析实例 新金路（000510）下降趋势线绘制

新金路在2019年2月至10月的走势如下图所示。

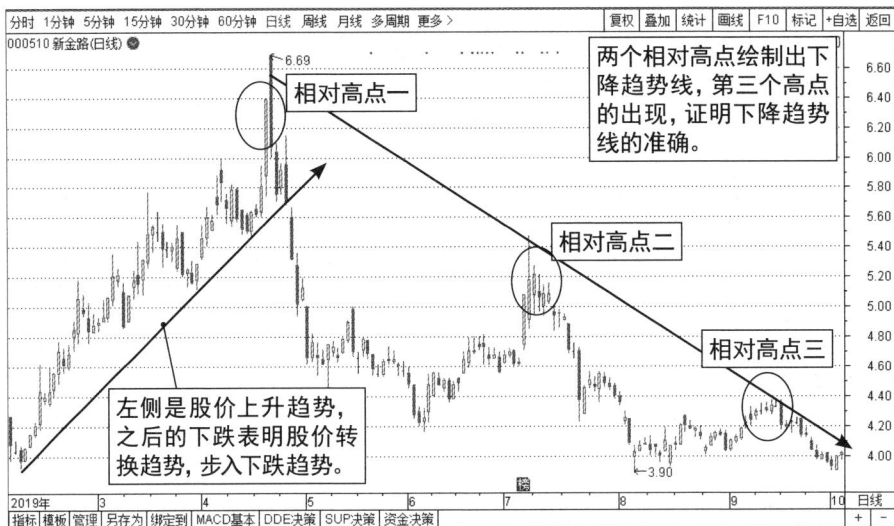

新金路2019年2月至10月的走势

从上图可以看出，股价由上升转入下跌，显示了趋势的转变，根据股价开始下跌的第一个高点和第二个高点，绘制出一条直线，当第三个相对高点出现后，证明此直线就是要找的下降趋势线。

NO.015
长期下降趋势线图谱

长期下降趋势线压制股价使其长期处于下跌趋势之中，利用长期下降趋势线，投资者可以清楚地判断股价的下行趋势。

一图展示

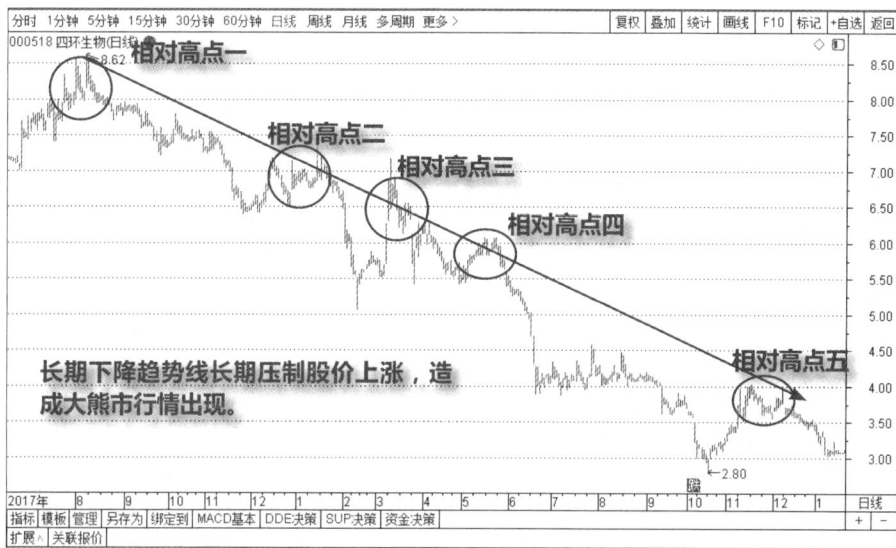

要点剖析

长期下降趋势线是分析和预测股价长期下跌趋势的重要工具，对投资者的实战操作具有重大意义。长期下降趋势线告诉我们以下 2 个信息。

◆ 当出现长期下降趋势线时，股价很难出现根本性的改变，会在长期下降趋势线的作用下走出大熊市行情。

◆ 长期下降趋势线可以十分准确地预测出股价的反弹高点位置，具有
很强的可操作性。

操盘精髓

长期下降趋势线对于股价的长期下跌趋势具有很强的预测作用，因此能
给投资者带来以下重要操盘信息。

◆ 长期下降趋势线压制股价展开大熊市行情，给投资者带来并不理想
的市场大环境，不宜入市操作。

◆ 在整体下跌趋势之中，股价会出现相应的反弹走势特点，那么这些
下跌过程中的反弹走势就是投资者可以操作的机会。

◆ 当股价很明显地突破长期下降趋势线的压制时，则表示股价趋势的
转换。

分析实例 万泽股份（000534）反弹买入机会

万泽股份在2017年10月至2019年11月的走势如下图所示。

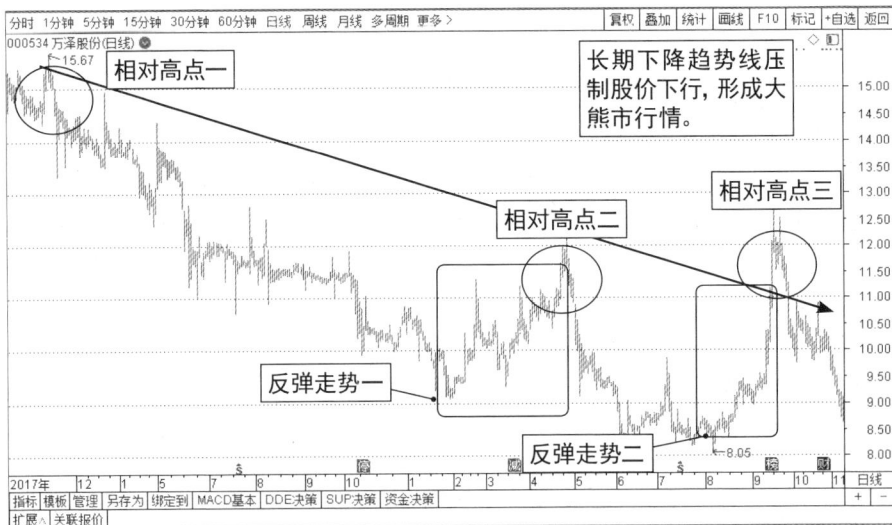

万泽股份2017年10月至2019年11月的走势

从上图可以看出，该股在一年多的时间中始终处于下跌趋势之中，股价从15.67元最低下跌至8.05元，下跌幅度达到了48%左右。

但是在整体下跌趋势中，该股也形成了两次可操作的反弹行情走势，即是图中的反弹走势一和反弹走势二。

虽然可以借助反弹走势进行中、短线操作，但就整个趋势来看，股价始终处于下跌趋势之中，所以不能进行长线操作，否则会出现不必要的亏损。

NO.016
中期下降趋势线图谱

中期下降趋势线压制股价出现中期下跌趋势，利用中期下降趋势线可以清楚分辨股价的中期下跌趋势。

一图展示

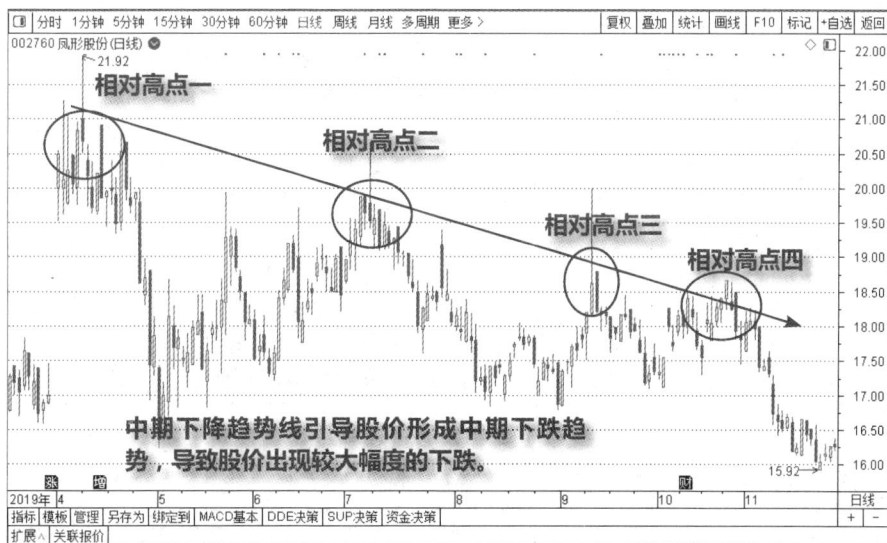

要点剖析

中期下降趋势线是很重要的中期下跌趋势研判工具，在判断和预测股价中期下跌趋势上有巨大的意义，在使用过程中需要明确以下 3 点。

◆ 中期下降趋势线引导股价进行中期回调，释放市场风险。

◆ 中期下降趋势线相对于长期下降趋势线而言，时间跨度上以几个月为主；而长期下降趋势线时间跨度上以一年或者几年为主。

◆ 中期下降趋势线限定了此状态下不能进行中、长线操作。

操盘精髓

中期下降趋势线的操作思路和长期下降趋势线一样，整体上不能进行中、长线操作，主要以看跌走势为主，但是在整体趋势之中，仍然存在着反弹走势特点，可以适当参与买入。

分析实例 同为股份（002835）中期下降趋势线分析

同为股份在2018年4月至2019年1月的走势如下图所示。

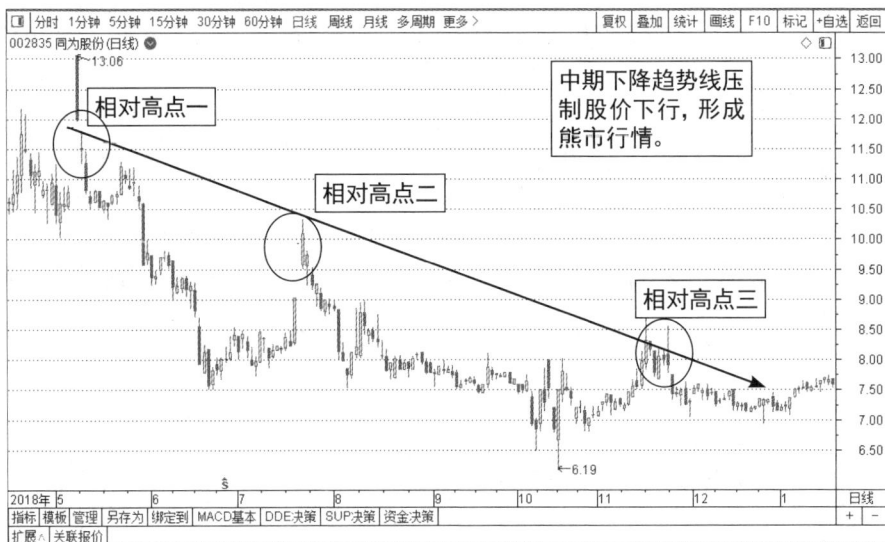

同为股份2018年4月至2019年1月的走势

从图中可以看出，该股整体处于中期下跌趋势之中，股价不断跌出新低，显示了当前市场整体向下发展的信息，因此不宜展开中、长线操作，持币观望为宜。

在持续下跌的状态中，激进的投资者可以抓住反弹机会适当买入，如下图所示。

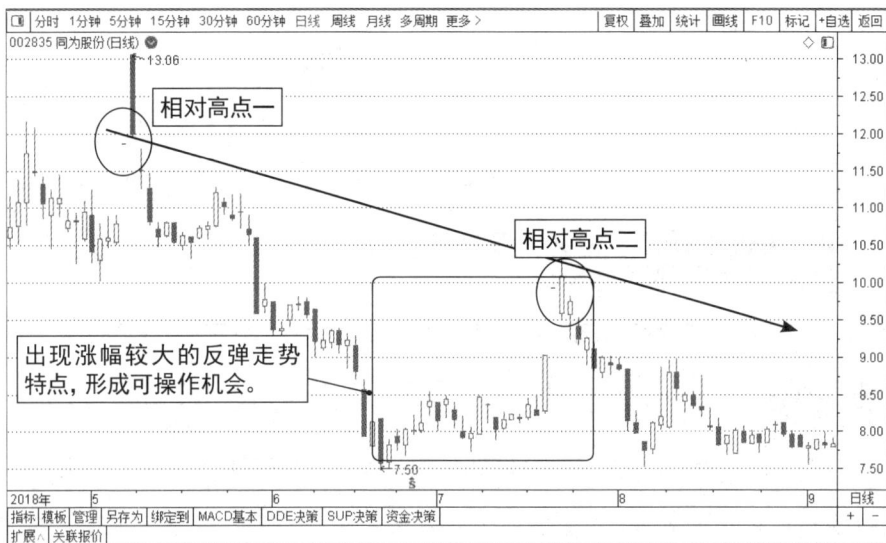

同为股份2018年4月至9月的走势

在该股大幅度下跌之后，股价止跌，并开始反弹，形成了整体下跌中的反弹行情，那么投资者可以在此阶段适当买入。

NO.017
短期下降趋势线图谱

短期下降趋势线刻画的是股价短时间内的下跌趋势，其主要作用和意义也在于对股价短时间下跌趋势进行研判。

一图展示

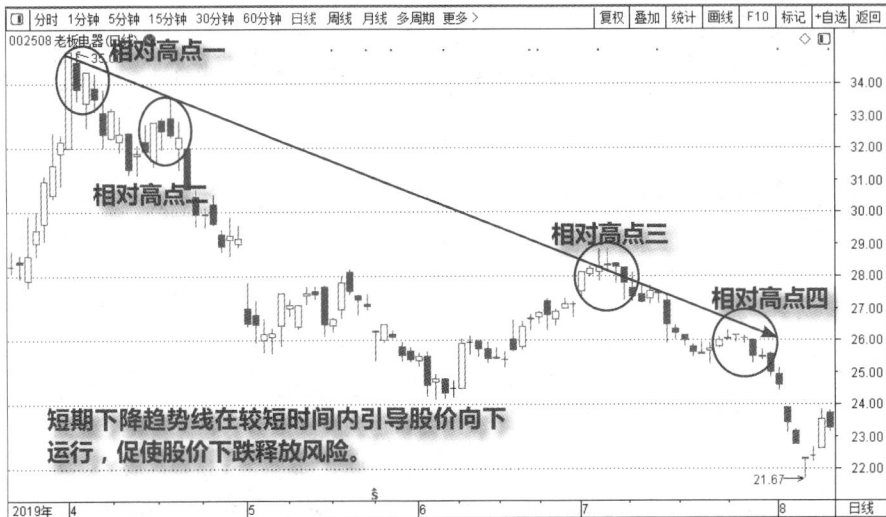

要点剖析

短期下降趋势线是研判股价短期下跌走势的重要工具，对于短线操作具有重要的意义，使用中需要了解以下 3 点。

◆ 该趋势线能准确刻画出股价短期下跌方向。

◆ 短期下降趋势线相对于中期下降趋势线而言，时间跨度上主要以一至两个月为主；中期下降趋势线时间跨度上主要以几个月为主。

◆ 在短期下降趋势线的指导下，投资者可以从容判断出股价的短期走势特点，并可以根据这些特点做出相应的操作计划。

操盘精髓

由于短期下降趋势线确定的是股价短时间内的趋势，所以适合作为短线操作的分析工具。

从上图中可以看见股价短期反弹触及下降趋势线后，随即扭头向下，这充分显示了下降趋势线对于股价上行的压制，由此可以判断趋势线附近位置就是绝佳的投资者离场机会或者是短线卖出机会。

分析实例 春兴精工（002547）短期下降趋势线实战

春兴精工在2019年4月至7月的走势如下图所示。

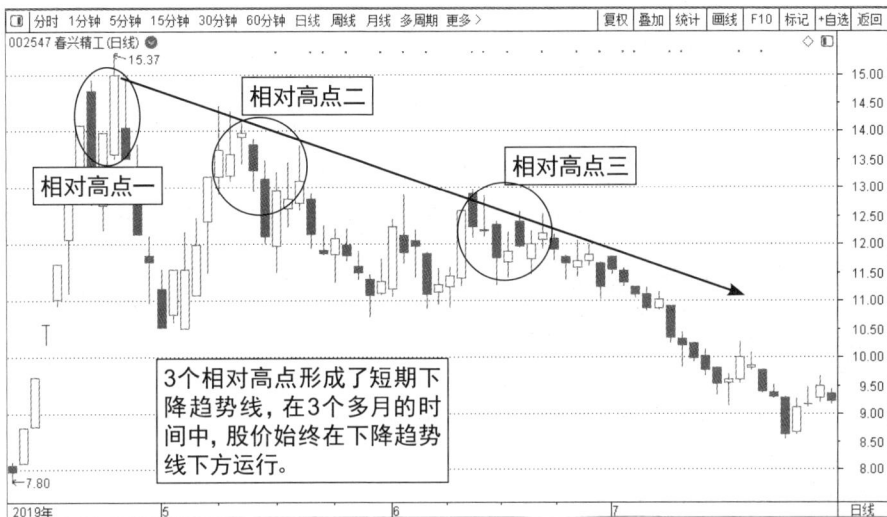

春兴精工2019年4月至7月的走势

短期下降趋势线主导股价整体下跌，在2019年4月底至7月这段时间内，股价没有对下降趋势线形成有效突破。

无论是从趋势上分析，还是从K线走势来看，该股在此阶段中都处于相当弱势的状态。

由此投资者不能进行重仓位的买入操作，应该以观望为主，同时持有该股的投资者应该在相对高点附近卖出股票。

NO.018
快速下降趋势线图谱

下降趋势线和上升趋势线一样，都有长、中、短期之分，同时也有快速、慢速之分。压制股价快速向下运行的趋势线为快速下降趋势线。

一图展示

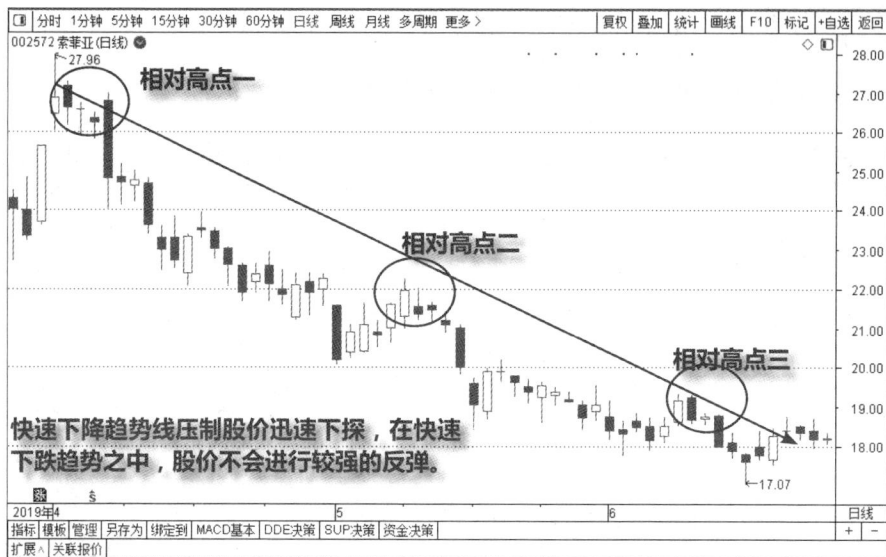

要点剖析

快速下降趋势线具有以下 3 个特征。

- ◆ 趋势线与水平线的夹角较大，且这一夹角越大，下降趋势线的速度就越快。

- ◆ 快速下降趋势线始终给股价造成巨大压力，迫使股价一路大跌，且下跌速度极快，让投资者猝不及防。

- ◆ 在快速下降趋势线的作用下，股价一般会在较短的时间内出现大幅度下跌的走势特点。

操盘精髓

一旦快速下降趋势线形成，就意味着股价大跌的开始，股价下跌速度快、幅度大，常常令投资者没有时间反应。

因此在面对这样的下跌状况时，最重要的就是回避，切忌参与其中，否则将会造成巨大的损失。

分析实例 奥佳华（002614）大跌分析

奥佳华在2019年4月至6月的走势如下图所示。

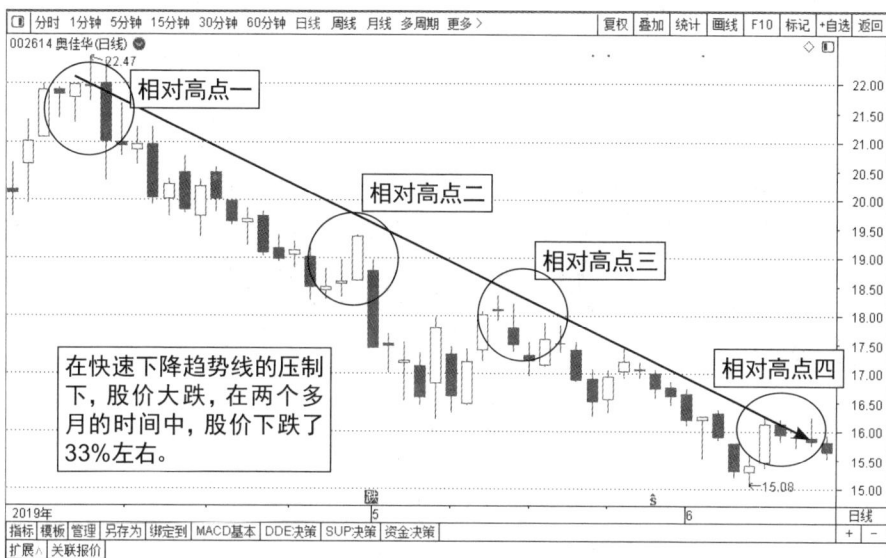

奥佳华2019年4月至6月的走势

从图中可以看出，股价在快速下降趋势线的压制下一路下行，且下跌趋势较猛，速度较快，在近4个多月的时间里，跌幅达到了33%左右。

在整个下跌趋势中没有形成较强走势的反弹，观察4个相对高点，可以知道股价下跌动力十足，反弹幅度极为有限。

面对快速下降趋势线的作用，股价只会快速、大幅度地下跌，因此不能对此种趋势抱有希望，应尽量回避。

NO.019
慢速下降趋势线图谱

慢速下降趋势线是和快速下降趋势线相对的下降趋势线，它刻画的是股价在下降趋势线作用下缓慢地向下运行的状况。

慢速下降趋势线对股价下行的压力较小，不会像快速下降趋势线一样，导致股价在短时间内出现大幅度的下跌。

虽然慢速下降趋势线不会压制股价出现暴跌走势特点，但是往往会长期压制股价，使股价长期处于熊市中。

一图展示

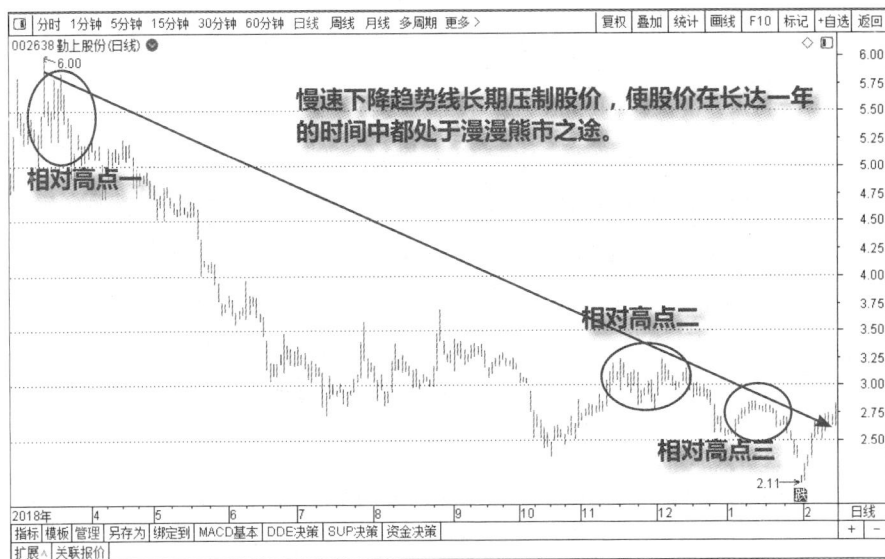

要点剖析

在使用慢速下降趋势线分析股价行情时，需要注意以下 2 点。

◆ 慢速下降趋势线相对于快速下降趋势线而言，其对股价的下行压力较小，因此股价在慢速下降趋势线的作用下，一般不会出现短时间、大幅度下跌的走势特点。

◆ 从时间跨度上来看，慢速下降趋势线的时间跨度大于快速下降趋势线，且在慢速下降趋势线的压力下，股价常常处于漫漫熊市之途，使得股价不会出现根本性的趋势转变。

操盘精髓

慢速下降趋势线显示的趋势一般时间周期较长，因此在慢速下降趋势线的作用下，投资者不宜进行中、长线操作，最好选择回避。

在整个趋势中不能进行中、长线操作，但是短时间的操作还是可以择机进行的。原因在于，慢速下降趋势线的下行压力较小，股价在超跌后会出现一定幅度的反弹，在反弹的起点位置就是较好的介入时机。

分析实例　桂发祥（002820）反弹分析

桂发祥在2019年3月至11月的走势如下图所示。

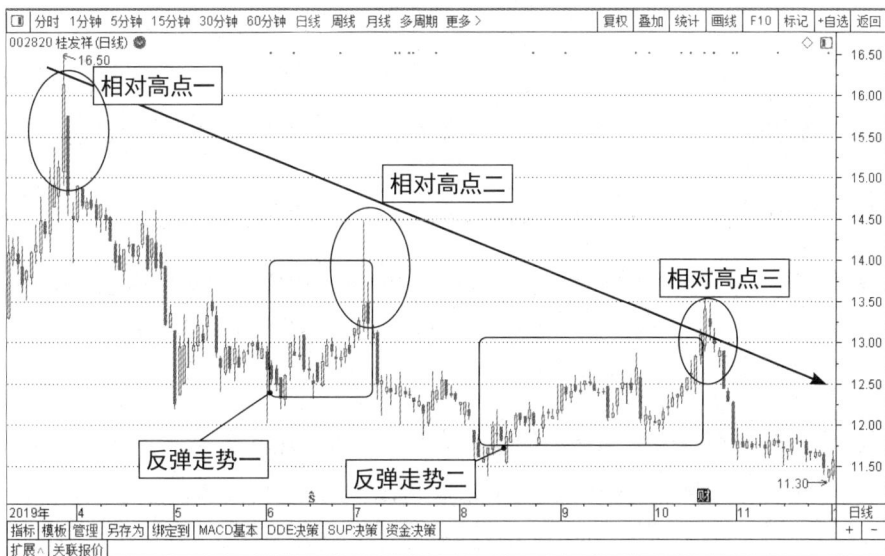

桂发祥2019年3月至11月的走势

从图中可以发现，股价一直处于慢速下降趋势线的压制之下，股价逐步走低。但是在个别区间，该股却出现了明显的反弹迹象，即图中所示的反弹走势一和反弹走势二之处。根据反弹走势，激进的投资者可以进行适当的操作，如下图所示。

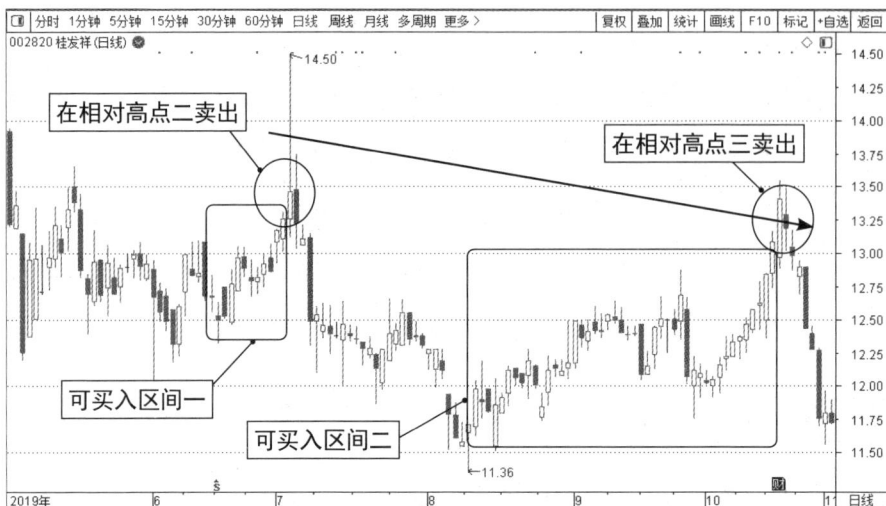

桂发祥2019年5月至11月的走势

在此阶段的下跌趋势中出现了两个较好的买入区间，那么投资者就可以在此区间进行买入操作，然后在股价触及下降趋势线附近时卖出。

要点提示 *如何在慢速下降趋势线下抓反弹*

反弹走势有强有弱，投资者只能在较强的反弹状态中适当参与。在快速下降趋势线和慢速下降趋势线中，较好的反弹操作机会大多出现在慢速下降趋势线之中。

原因在于虽然慢速下降趋势线压制股价形成长期下跌趋势，但带给股价下行的压力较小，往往会有一定力度的反弹，从而形成可操作区间。

NO.020
慢速—快速下降趋势线图谱

前面分别对慢速、快速下降趋势线做了详细的图谱展示，从图谱中可清楚地理解两种不同速度、不同力量的下降趋势线。但在实战中，往往会出现两种趋势线叠加的趋势形态，即慢速—快速下降趋势线和快速—慢速下降趋势线表现出的综合形态。

慢速—快速下降趋势线指的是慢速下降趋势线向快速下降趋势线的转换，二者先慢后快地引导股价形成下跌趋势。

一图展示

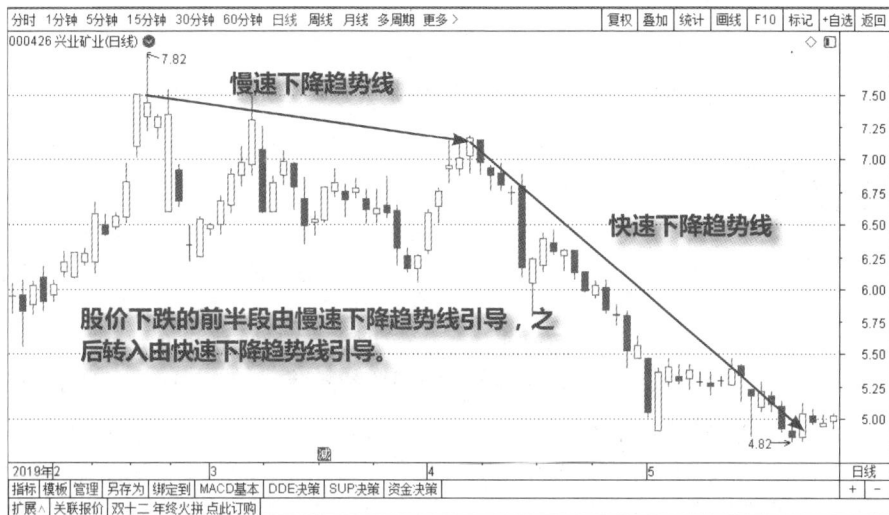

要点剖析

慢速下降趋势线和快速下降趋势线对股价的下压力量是不一样的，在慢速下降趋势线引导之下，股价整体下跌幅度较小；在快速下降趋势线引导之下，股价整体下降幅度较大。

同时从反弹走势上看，慢速下降趋势线之下，股价会出现较大幅度的反弹，这样的反弹迹象的出现使得股价整体下跌幅度不会太大；但是在快速下降趋势线之下，股价不会出现较大幅度的反弹，由此整体下跌幅度较大。

在慢速下降趋势线之后形成快速下降趋势线的原因是前期股价下行压力较小，市场情绪趋于平淡；后期股价下行压力陡增，市场悲观情绪浓厚，所以大量抛盘，形成快速下跌趋势。

慢速下降趋势线转化为快速下降趋势线之后，即显示股价真正大跌趋势线的开端，预示大熊市的到来，投资者要回避这样的个股。

NO.021
快速—慢速下降趋势线图谱

快速—慢速下降趋势线和慢速—快速下降趋势线刚好相反，反映股价下跌的前半部分受快速下降趋势线的引导，下跌的后半部分受慢速下降趋势线的引导。

一图展示

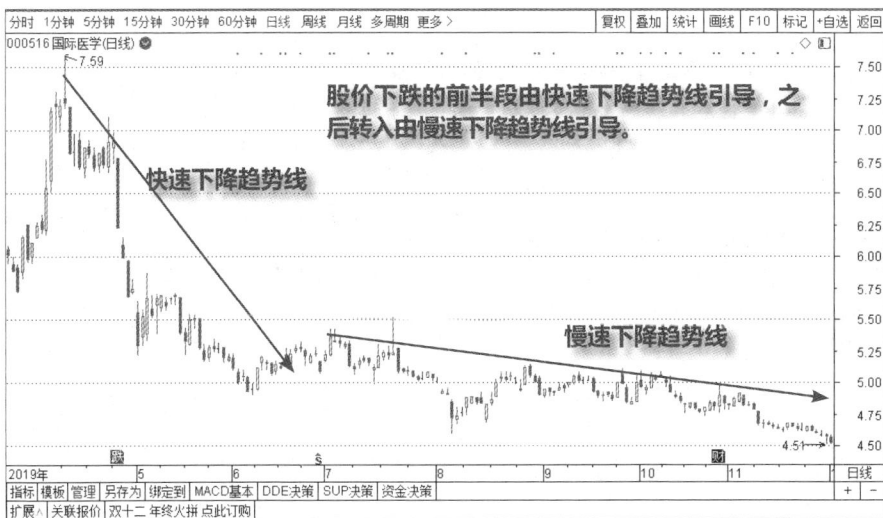

要点剖析

与慢速—快速下降趋势线相比，这里的快速—慢速下降趋势线有着不一样的意义。

◆ 趋势从快速向慢速的转变，这也是快速——慢速下降趋势线的本质概念。

◆ 显示股价由快速下跌转入慢速下跌趋势之中，说明股价下跌回归理性。

◆ 由快速下降趋势线转变为慢速下降趋势线显示了股价下跌动力减弱
的信息，之后股价可能形成底部。

为什么在快速下降趋势线之后出现慢速下降趋势线呢？

这是因为，前期股价见顶或者不利消息传出，导致股价迅速下跌，经过
一轮暴跌后，市场重新回归理性，股价下跌速度减缓。

NO.022
下降趋势线向上修正图谱

由快速、慢速下降趋势线可知，股价的下跌有快、慢之分，在实战分析中，投资
者就必须根据股价下跌的快、慢做出下降趋势线的修正。下降趋势线向上修正指
的是股价下跌趋势减缓，因此必须修正之前的快速下跌趋势线。

一图展示

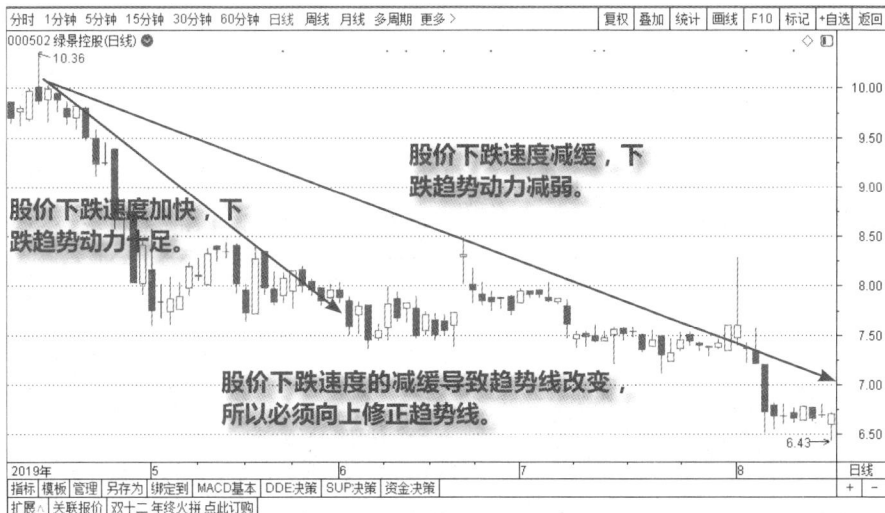

要点剖析

　　下降趋势线向上修正的根本原因是股价下跌的趋势转变，具体来说就是由快速下跌转变为慢速下跌，这样的修正具有更多的意义。

- 由快到慢的转换，显示了股价下跌动力的减弱。
- 快速下跌转变为慢速下跌，显示了股价长期下跌趋势的确立，要以此为前提进行分析。
- 长期下跌趋势的确立，表明漫漫熊市之途的到来。

NO.023
下降趋势线向下修正图谱

下降趋势线向下修正指的是股价下跌速度加快，向下修正原来的趋势线，使之更符合当前的下跌趋势。

一图展示

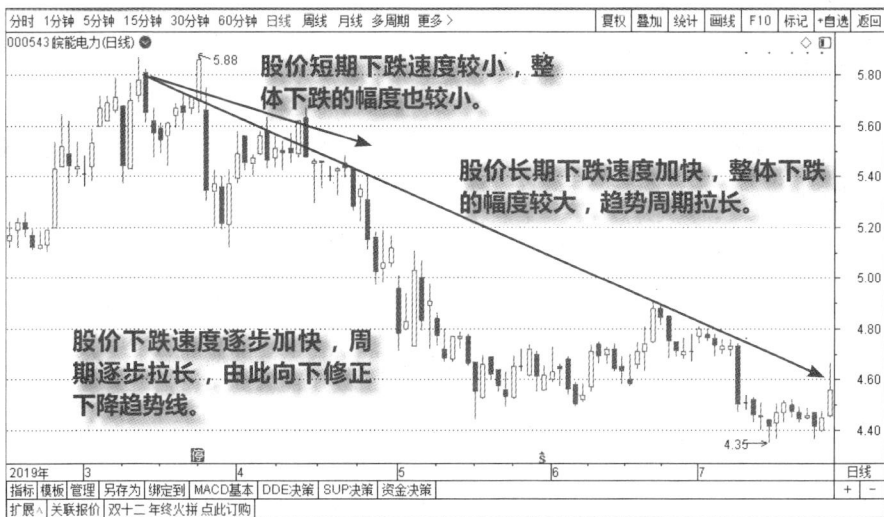

要点剖析

下降趋势线向下修正图谱展示的是下降趋势线向下修正的状态，它透露出了以下 2 个信息。

◆ 形成原因是股价下跌速度发生了改变，加速下跌致使趋势改变，由慢速下降趋势转化为快速下降趋势。

◆ 下跌速度较缓的趋势线刻画了短期股价下跌的趋势，下跌速度加快后，长期下降趋势线刻画了股价长期下跌的趋势。

NO.024
水平趋势线图谱

水平趋势线与上升趋势线和下降趋势线都不相同，最显著的区别就在于刻画股价运行的方向上，水平趋势线刻画的是股价水平运动方向。

一图展示

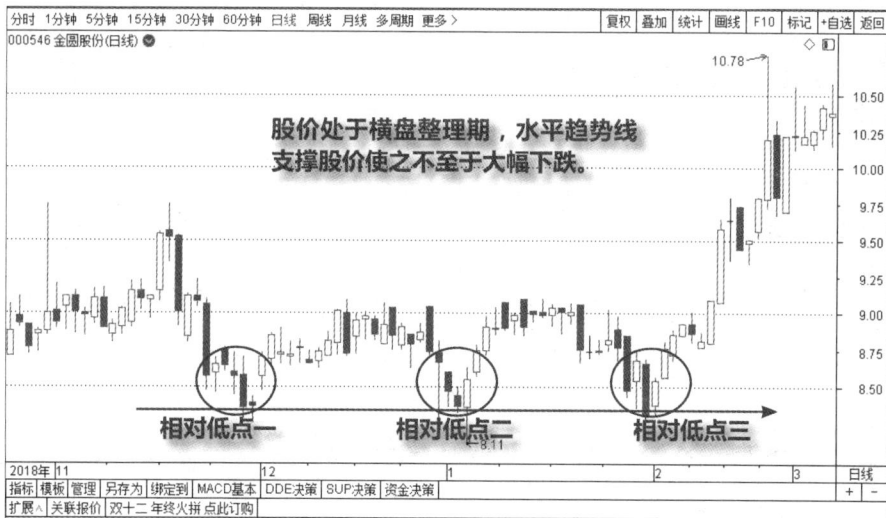

要点剖析

水平趋势线是对股价进行水平整理趋势的刻画，它为股价的上下运行起到了支撑作用，确保股价在一个相对固定的价格区间内进行整理。

水平趋势线不仅仅对股价有支撑作用，而且对股价具有吸引作用，当股价受到水平趋势线的支撑逐步走高时，水平趋势线对于股价就产生吸引作用，吸引股价再次回踩水平趋势线，从而获得再一次的支撑，如此形成股价的水平整理趋势。

这种支撑、吸引发生的次数越多，表明股价进行水平整理的时间周期就越长。

要点提示 *上升、下降和水平三种趋势线主要作用辨析*

上升、下降、水平三种趋势线具有各自的形态，它们对股价的趋势变化有着不一样的作用，具体如下。

①上升趋势线主要是支撑股价向上运行，使股价形成上升趋势。

②下降趋势线主要是压制股价上涨，使股价形成下降趋势线。

③水平趋势线主要是支撑和吸引股价，使股价在水平趋势线的上方进行水平整理。

操盘精髓

水平趋势线对于股价具有支撑作用，因此投资者可以根据这样的特点，在水平趋势线位置进行买入操作。

分析实例 航天发展（000547）以水平趋势线为支撑

航天发展在2019年4月至8月的走势如下图所示。

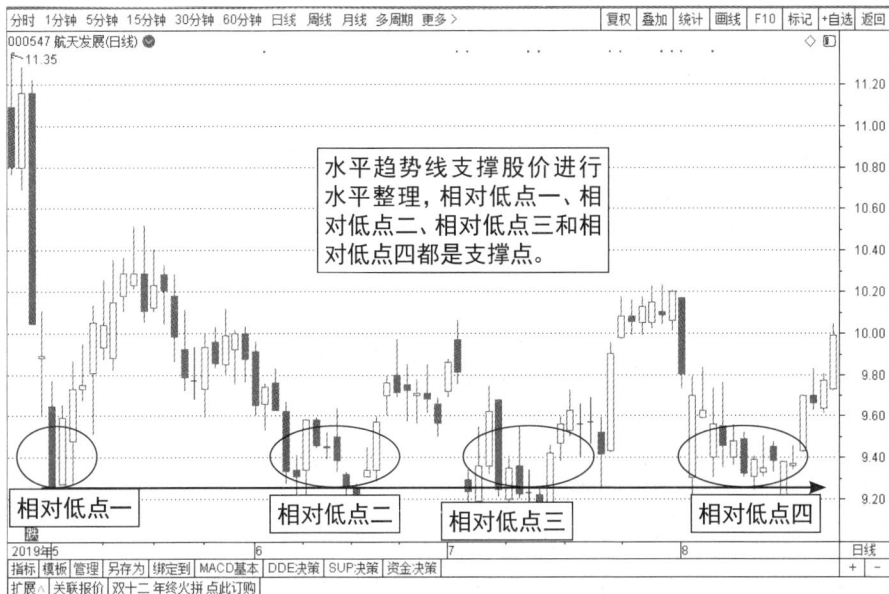

航天发展2019年4月至8月的走势

从图中可以看出，股价在近4个月时间内始终保持在水平趋势线上运行，且出现了4个股价相对低点。

在水平趋势线附近的位置，投资者可以进行适度的买入操作，因为股价得到水平趋势线的支撑，转入上涨走势之中，形成短线买入机会。

但是根据这里的水平趋势线执行买入操作时，必须坚决遵守适度原则。这体现在以下两个方面。

一是要找准买入仓位，不能在重仓位买入。

二是持有时间要适度，不能长时间持有，应以短线操作为主。

NO.025
水平趋势线图谱的绘制

在运用水平趋势线研判股价水平运行趋势之前，投资者必须掌握绘制水平趋势线的方法。

绘制水平趋势线与绘制上升、下降趋势线一样，最重要的就是找到几个点，这里具体指的是股价的低点。

一图展示

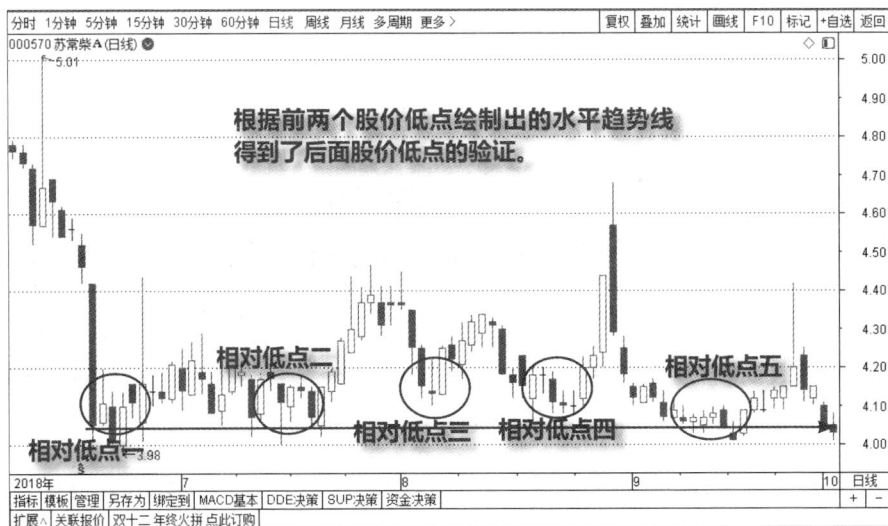

要点剖析

水平趋势线绘制的基本步骤和上升、下降趋势线的绘制步骤一样。

◆ 确认股价处于整理趋势，这是绘制前的大前提判断。

◆ 连接两个低点绘制出水平趋势线，这条直线还需要检验。

◆ 当第三个低点出现在所绘制直线的附近时，就验证了此条直线就是要找的水平趋势线。

操盘精髓

分析股价水平趋势的关键在于能否绘制出正确的水平趋势线。在正确的水平趋势线指导下，当股价回踩水平趋势线时就是较好的买入机会，投资者可以适当进行买入操作。

分析实例 渤海股份（000605）水平趋势线绘制

渤海股份在2018年11月至2019年2月的走势如下图所示。

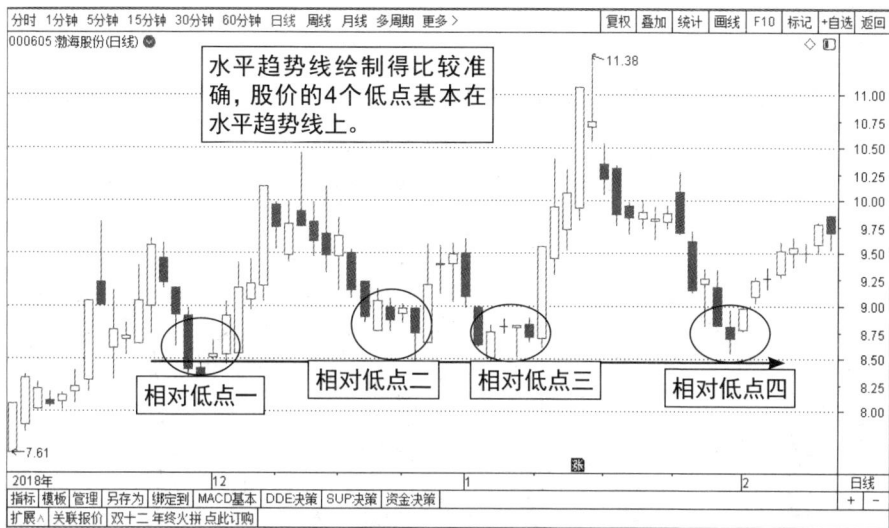

渤海股份2018年11月至2019年2月的走势

从图中可以看出，水平趋势线绘制得比较准确，股价得到了水平趋势线的有效支撑，如图中的4个相对低点。

4个相对低点的出现为投资者提供了较好的买入机会，特别是低点三和低点四，这2个买入机会都可以运用水平趋势线来进行判断。

从整个水平趋势的运行过程来看，水平趋势线正确地刻画出了该股在此阶段的水平趋势，由此可以看出一条正确的水平趋势线对于股价分析的重要作用。

NO.026
长期水平趋势线图谱

长期水平趋势线准确地刻画出了股价长期水平趋势的运行轨迹，是分析股价长期整理走势的重要工具。

运用长期水平趋势线，投资者可以很容易辨别出股价的长期整理趋势，进而提高投资者对股价运行情况分析的准确性。

一图展示

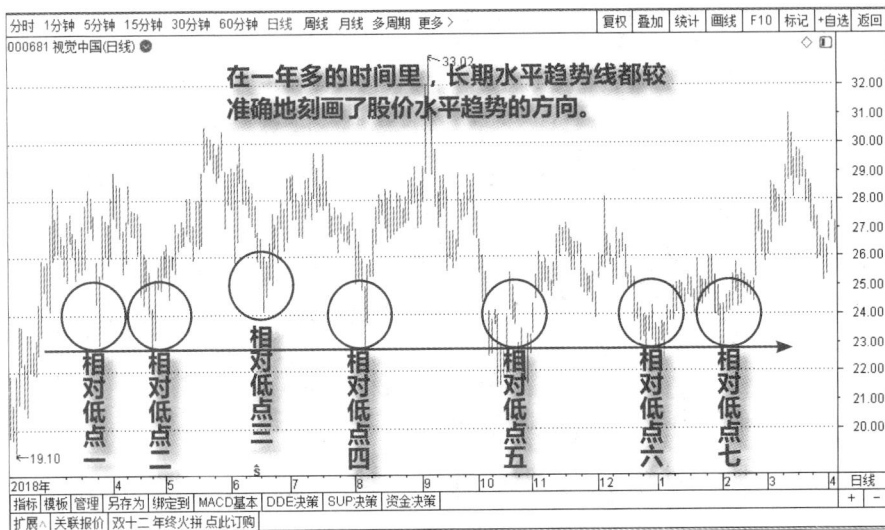

要点剖析

长期水平趋势线为我们的分析提供了以下 3 个重要信息。

◆ 就时间周期而言，长期水平趋势线刻画的是股价的长期趋势，具体来讲就是长期水平趋势。

◆ 就走势形态而言，股价受到长期水平趋势线的支撑和吸引，走出了往复多次的上升和下跌行情，这样的上下运行使股价长期处于整理状态。

◆ 就预测趋势方向而言，只要股价趋势不发生根本性的改变，那么长期水平趋势线就能准确预测股价的方向以及下一个低点位置。

操盘精髓

长期水平趋势线给投资者操作带来如下 4 点启示。

- 长期水平趋势线刻画的是股价长期水平趋势，尽管这种趋势线运行的时间较长，但是在此期间内，股价都不会出现较大幅度的涨幅，所以投资者不宜进行长线操作。

- 就整体水平趋势中的各个区间走势来看，投资者又可以进行必要的中、短线波段操作。

- 当股价受长期水平趋势线支撑上涨到前次高位时，由于长期趋势线对于股价的吸引作用，很可能在前次高位附近重新下跌，所以应该在前次高位附近逢高卖出。

- 在长期水平趋势线引导下，股价展开长期水平趋势，这一长期水平整理往往会带来大牛市行情。

分析实例　*ST西发（000752）波段中线买入操作

*ST西发在2018年6月至2019年4月的走势如下图所示。

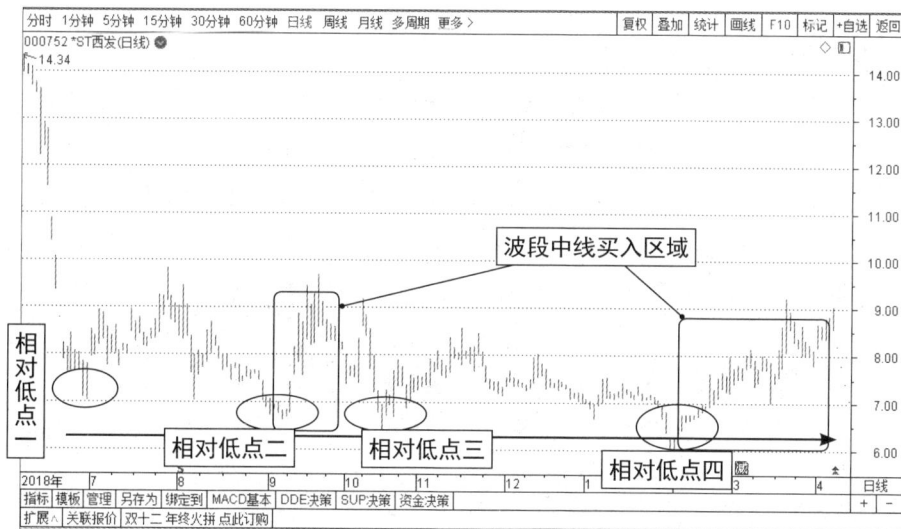

*ST西发2018年6月至2019年4月的走势

从上图可以看出，股价整个区间都处于长期水平趋势之中，股价在长期水平趋势线上进行上下震荡。

　　就整个趋势而言，该股并没有多少可操作性，特别是整体还处于小幅下跌状态的情况下。但是水平趋势之中还是存在可操作区域的，该区域即图中的波段中线买入区域，想要较好地抓住这样的波段中线机会，就必须借助长期水平趋势线进行分析。

NO.027
中期水平趋势线图谱

中期水平趋势线刻画的是股价中期水平趋势的运行轨迹，它是分析股价中期整理走势的重要工具。投资者可以运用中期水平趋势线研判和分析股价的中期变化，为中线操作提供参考。

一图展示

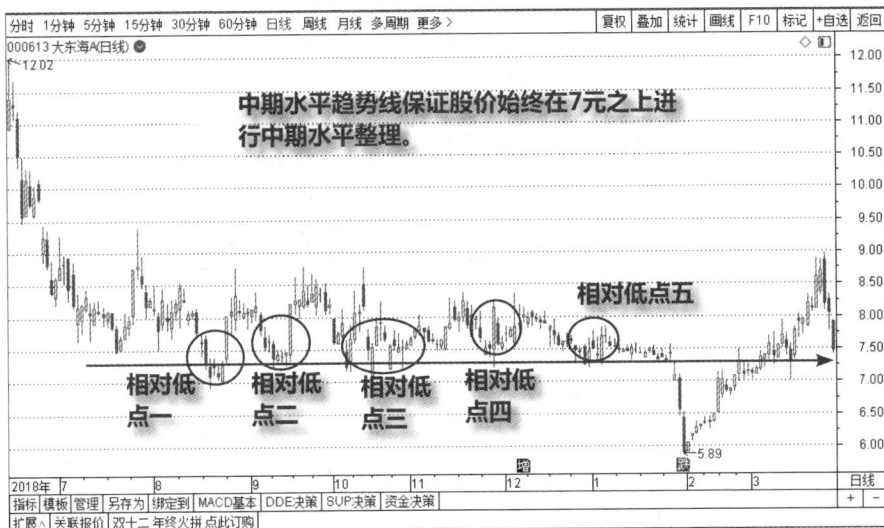

要点剖析

　　中期水平趋势线是很重要的股价中期水平趋势研判和分析工具，使用中需要了解以下 3 点。

◆ 它的支撑作用和吸引力确保了股价的中期水平趋势。

◆ 中期水平趋势线相对于长期水平趋势线而言，时间跨度上以几个月为主；长期水平趋势线时间跨度以一年或者几年为主。

◆ 中期水平趋势线刻画的中期水平趋势也是股价的整理趋势。

操盘精髓

中期水平趋势线操作意义与长期水平趋势线一样，整体上不能进行长线操作，因为整体趋势没有较大涨幅，但是整个趋势中的波段，还是有可操作的价值。

在操作中要适当跟进，不能盲目地买入，同时卖出位置也要和长期水平趋势线一样，处于股价前期的高位附近。

分析实例 徐工机械（000425）中线买入操作

徐工机械在2018年10月至2019年2月的走势如下图所示。

徐工机械2018年10月至2019年2月的走势

用直线连接相对低点一和相对低点二得到中期水平趋势线，之后相对低点三出现，验证了中期水平趋势线的准确性，由此可以根据中期水平趋势线进行趋势内的中线买入操作，如下图所示。

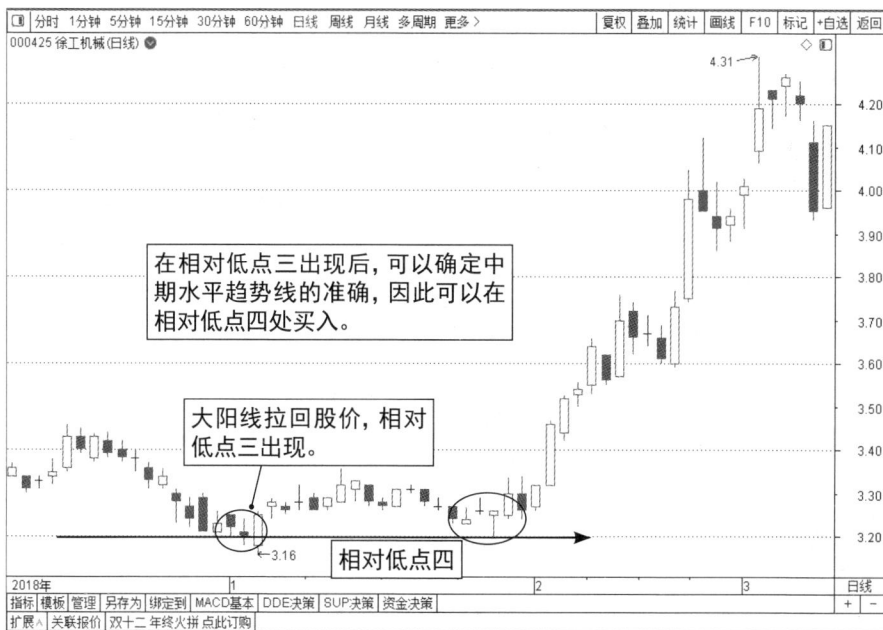

徐工机械2018年12月至2019年3月的走势

从上图可知，第三个低点出现后证明了中期水平趋势线的准确性，在大幅下跌的低位，此时投资者可以逢低买入，尤其在第四个低点出现后，投资者就可以大胆买入。买入之后可以中线持股，享受股价上涨。

NO.028
短期水平趋势线图谱

短期水平趋势线是刻画股价短期水平趋势的趋势线，其主要作用和意义是对股价短时间内的水平趋势进行分析。

一图展示

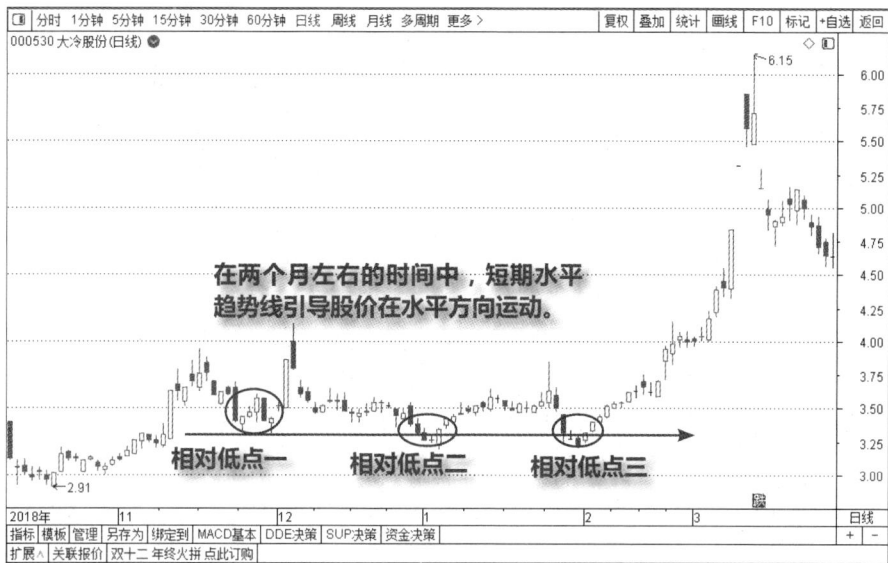

要点剖析

短期水平趋势线是预测股价短时间段内水平趋势发展的重要工具，具有以下 3 点特征。

◆ 准确刻画股价短期水平趋势发展的方向。

◆ 短期水平趋势线相比中期水平趋势线而言，时间跨度上以一至两个月为主；中期水平趋势线时间跨度上以几个月为主。

◆ 正确的短期水平趋势线可以准确预测出股价的低点位置。

操盘精髓

由于短期水平趋势线刻画的是股价短时间内的水平趋势，所以适合作为短线分析工具使用。

在实战操作过程中，投资者可以在低点位置处进行短线操作，但要遵循适当原则和快进快出原则。

分析实例 漳州发展（000753）短线操作

漳州发展2018年11月至2019年3月的走势如下图所示。

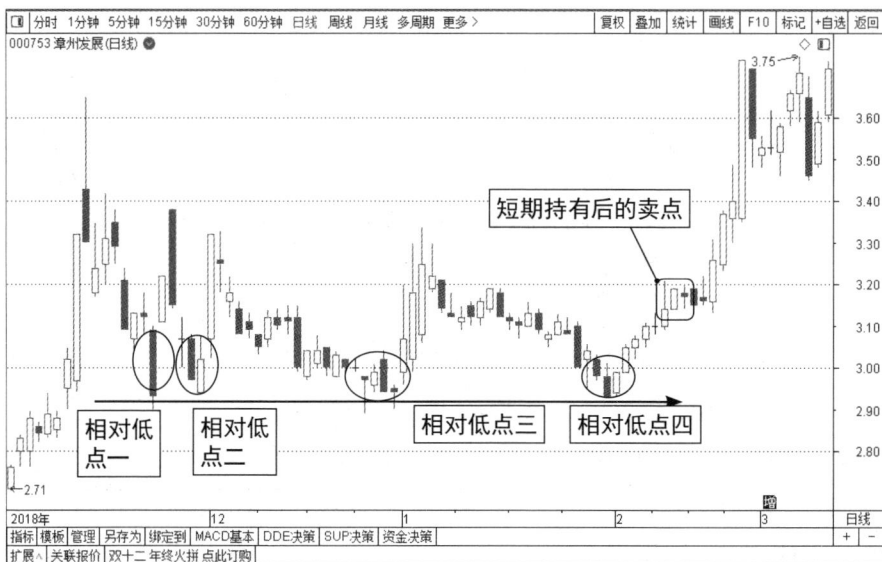

漳州发展2018年11月至2019年3月的走势

从图中可以看出，短期水平趋势线预测出了股价回调的低点位置，即相对低点三和相对低点四的位置。由于短期趋势线对于股价有支撑作用，所以投资者可以在这两个位置进行短线买入操作。

又因为短期水平趋势线对于远离趋势线的股价具有吸引作用，所以在股价上涨到了前面高点位置时会出现下跌迹象，而短线卖出位置就在前期高位附近。

第 2 章
一图掌握轨道线

轨道线又称为通道线或管道线，是趋势线的衍生品。与趋势线一样，轨道线也是预测和分析股价运行趋势的重要工具，掌握轨道线有利于投资者更加全面地分析股价趋势，从而更好地指导实战操作。本章从整个轨道线图谱展示开始，将轨道线的各个知识点用图谱展示给投资者，使之易学、易懂和易用。

NO.029 轨道线整体图谱展示
NO.030 上升轨道线图谱
NO.031 上升轨道线图谱的绘制
NO.032 快速上升轨道线图谱
NO.033 慢速上升轨道线图谱
NO.034 下降轨道线图谱
NO.035 下降轨道线图谱的绘制
NO.036 快速下降轨道线图谱
…………

NO.029
轨道线整体图谱展示

轨道线由两条平行的直线组成，是股市实战分析中重要的趋势分析工具之一，掌握轨道线有利于分析股价的运行趋势。

一图展示

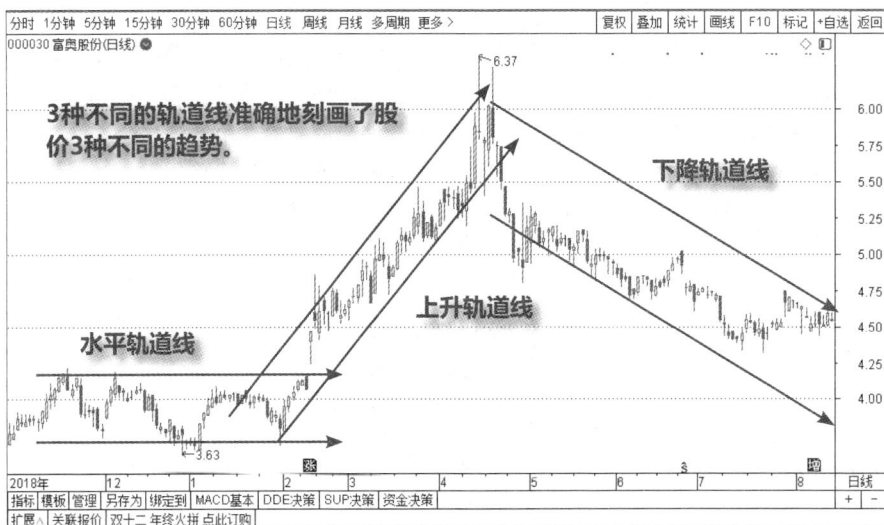

要点剖析

轨道线给投资者的 3 点重要信息如下。

◆ **轨道线的性质**：是趋势线的衍生品，在趋势线的基础上，通过股价的第一个相对高点或者相对低点可以作出趋势线的平行线，这样就可以得到轨道线。

◆ **轨道线的分类**：轨道线一般分为3类，即是上升轨道线、下降轨道线和水平轨道线。

◆ **轨道线的作用**：预测和分析股价运行的趋势，限制股价变动范围。

NO.030
上升轨道线图谱

上升轨道线刻画的是股价向上运行的趋势，在上升轨道线的作用下，股价会在轨道中不断向上运行，形成牛市行情趋势。同时上升轨道线会约束股价的上行方向和上涨的具体范围。

一图展示

要点剖析

正确理解上升轨道线需要注意以下 4 个要点。

◆ 上升轨道线由两条直线组成，且两条直线是一组向上的平行线。

◆ 两条平行线中的一条是上升趋势线，即连接相对低点的直线；另一条直线则是平行于上升趋势线的直线，且该直线必须经过股价运行的相对高点。

◆ 轨道对于股价的上升趋势具有限制作用，具体是指股价基本在轨道规定范围之内攀升。

◆ 股价要继续保持上升趋势就必须在轨道中运行，如果股价的运行突破或者跌破了轨道边缘，那么预示着股价进行趋势将改变。

操盘精髓

上升轨道线促使股价向上运行，形成牛市行情，为投资者带来赚钱机会。理论上讲，在上升轨道线之内的任何位置都可以进行买入操作，然后长期持股，等待股价的上涨。

但是更好的买入点出现在轨道线的下边缘，即股价运行到上升趋势线附近时；波段操作的卖出点出现在轨道线的上边缘，但要注意这里的卖出不是指长线的卖出。

分析实例 浙江医药（600216）上升轨道买入分析

浙江医药在2018年12月至2019年9月的走势如下图所示。

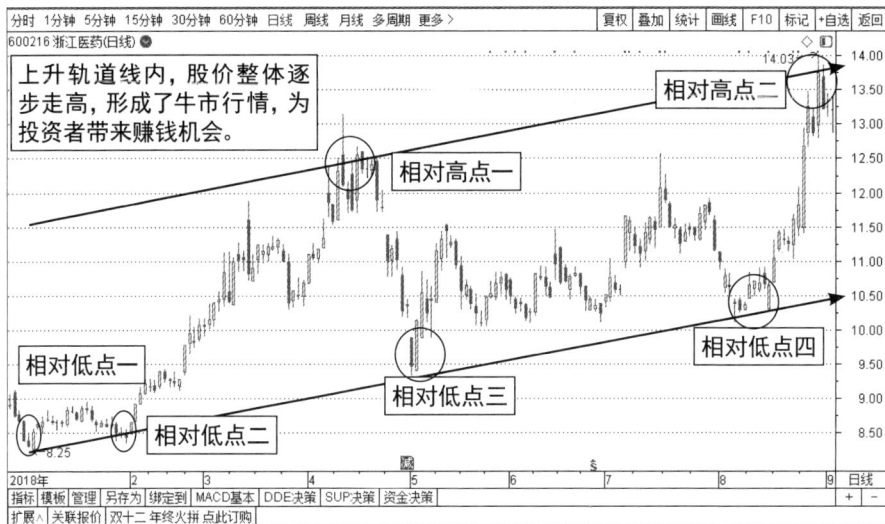

浙江医药2018年12月至2019年9月的走势

从图中可以看出，上升轨道线带动股价形成了中长期上涨行情，股价在这一上升趋势的作用下，涨幅达到了70%左右。在这个过程中仍然可进行短线操作，如下图所示。

浙江医药2019年3月至9月的走势

从图中可以看出，该股在上涨的途中出现了一轮明显的上涨行情，这给之前没有买入的投资者提供了机会。在相对低点四附近买进，然后在股价触及轨道的上边缘时卖出，可获丰厚利益。

要点提示 *不同操作背后的原因*

针对上升轨道线的实例有两种操作，一种是中长线的操作，即第一幅图展示的；另一种是短线操作，即第二幅图展示的。

第一种操作更符合激进型投资者，当趋势得到初步确认后，他们就会积极介入，这种操作会获得最大的收益，但是风险较大。第二种操作更符合保守型投资者，在轨道线发出买入信号后进场，进行短线波段操作，虽然获利不是最大，但是相对比较安全。

NO.031
上升轨道线图谱的绘制

准确绘制出上升轨道线有利于投资者对股价的上升趋势进行全面、准确的分析，上升轨道线能成为投资者实战操作的好帮手。

一图展示

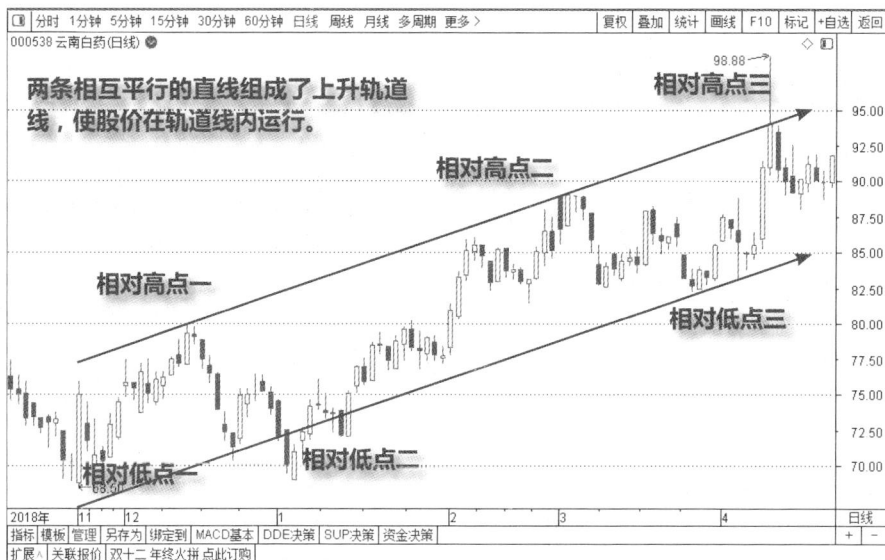

要点剖析

掌握上升轨道线对于投资者抓住股价的上升趋势具有很重要的意义，但是在这之前投资者必须正确绘制出轨道线，主要步骤如下。

◆ 确认股价处于上升阶段，这是绘制上升轨道线的大前提。

◆ 根据股价上升中的相对低点绘制出上升趋势线。

◆ 根据上升趋势线画出与之对应的平行线，使平行线经过股价上升的相对高点，而且这样的相对高点经过的次数越多，就表明该上升轨道线绘制得越准确。

理论上讲，另一条直线必须和上升趋势线平行，但为了提高上升轨道线的实际运用价值，在实际绘制中还要重点考虑股价的相对高点位置，同时不计较个别相对高点和相对低点的偏离。

操盘精髓

准确的上升轨道线会给投资者带来意想不到的价值，在准确的上升轨道线的帮助下，投资者可以进行成功率更高的操作。

绘制上升轨道线时，关键还是要找准上涨过程中的回调低点。

分析实例　平潭发展（000592）上升轨道线绘制

平潭发展在2018年9月至2019年4月的走势如下图所示。

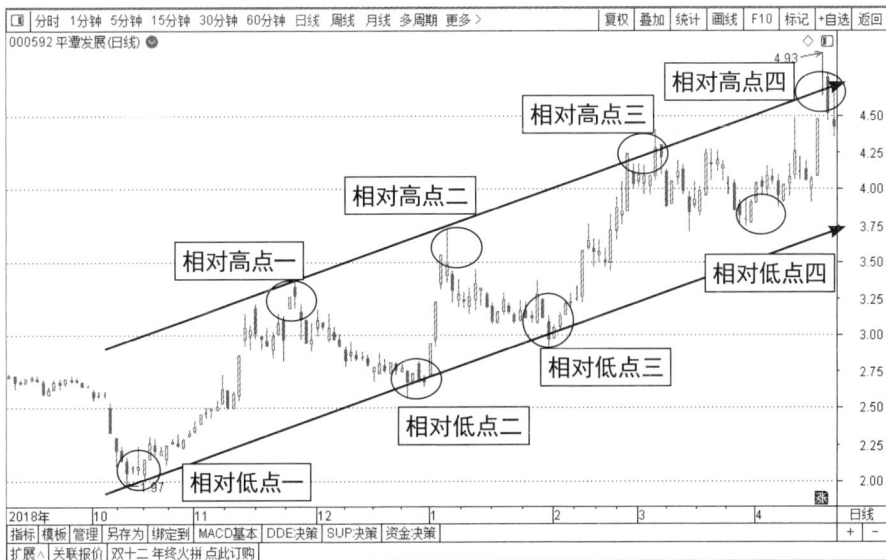

平潭发展2018年9月至2019年4月的走势

从图中可以看出，此上升轨道线是比较标准的上升轨道线，两条直线是完全平行的直线。

要点提示 *股价的轨道线也可能存在不平行的情况*

在实际操作过程中，很多时候绘制出来的股价轨道线的上下轨道并不是绝对平行的，其中可能有个别相对高点或相对低点超出了轨道线之外，形成了偏离。但是只要股价偏离后能及时回到轨道线之中，都不会影响判断效果。

分析实例 苏常柴A（000570）上升轨道线特殊情况分析

苏常柴A在2018年9月至2019年4月的走势如下图所示。

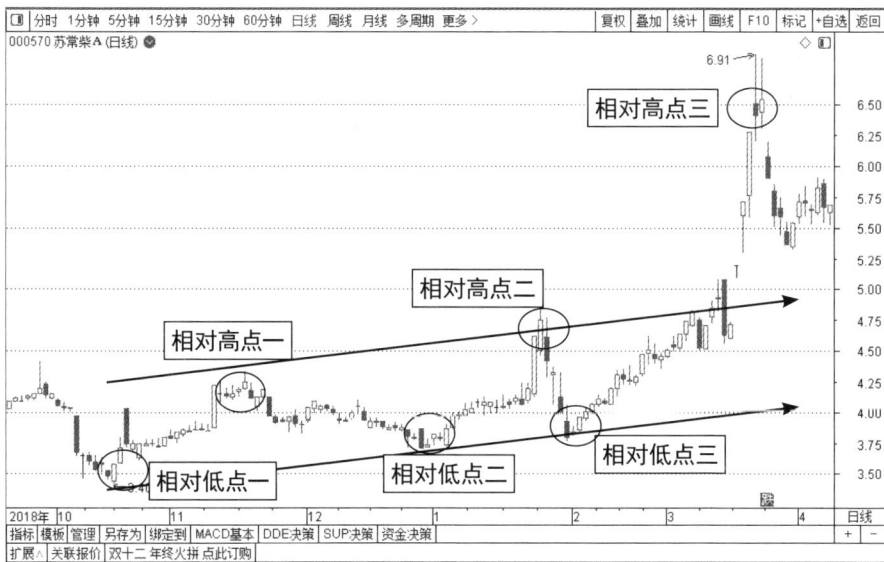

苏常柴A在2018年9月至2019年4月的走势

从上图中可以看出，相对高点二在轨道线上，而相对高点一低于轨道线，相对高点三又大大高于轨道线。

在轨道线的绘制中要着眼于大趋势，针对个别关键点的偏离不要太在意。股价的上升趋势证明了轨道线绘制得很准确，股价在轨道线之内走出了上涨的行情。

NO.032
快速上升轨道线图谱

根据上升轨道线推动股价上升趋势发展速度的不同，可以把轨道线分为快速上升轨道线和慢速上升轨道线。

这里要展示的是快速上升轨道线，即上升轨道线加速推动股价向上运行，使股价上升的速度较快。

一图展示

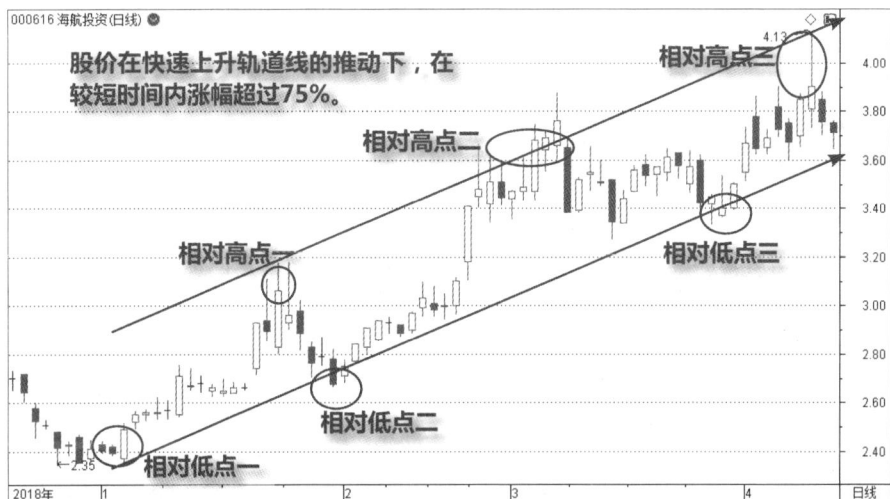

000616 海航投资（日线）

股价在快速上升轨道线的推动下，在较短时间内涨幅超过75%。

相对高点三
相对高点二
相对高点一
相对低点三
相对低点二
相对低点一

要点剖析

快速上升轨道线的意义如下。

◆ 确定股价处于上升趋势之中，这是上升轨道线的基本功能。

◆ 快速上升轨道线具有较强的推动力和引导力，能够在相对较短的时间，推动股价出现大幅度的上涨。

◆ 快速上升轨道线具有较强爆发力，引导股价行情走势产生绝佳的赚钱机会。

操盘精髓

根据快速上升轨道线的特点及其意义，可以得到以下 3 点操盘心得。

◆ 大前提下，确保赚钱行情的到来，投资者要积极参与其中，寻找买入的绝佳时机。

◆ 由于较短时间内股价会快速上涨，所以投资者可以根据快速上升轨道线进行中线的买入操作。

◆ 由于其爆发力较强，所以投资者可以依据每一波段进行波段操作，连续的波段操作也会带来丰厚的回报。

无论是上述的哪一种操作方式，在发现股价处于快速上升轨道线之中时，投资者都可以积极参与。

分析实例 航天通信（600677）快速上升轨道线买入分析

航天通信在2018年12月至2019年5月的走势如下图所示。

航天通信2018年12月至2019年5月的走势

从整个快速上升轨道线来判断，股价在其作用下形成了牛市上涨行情走势，从9元左右上涨到了20.89元，涨幅超过132%，由此可以看出做中线买入操作较好。

针对喜欢短线操作的投资者，也可以根据快速上升轨道线做波段短线操作，如下图所示。

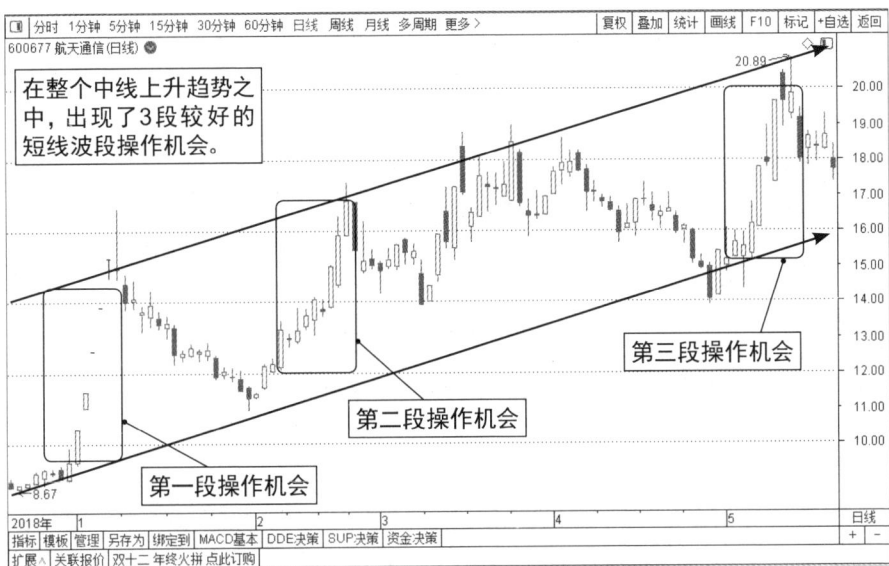

航天通信2018年12月至2019年5月的走势

从上图可以看出，该股在快速上升轨道线的作用下，不仅可以展开中线操作，也可以在轨道之内展开有效的短线波段操作。

从图中的3段波段操作来看，经过这样的操作同样可以获得较好的投资回报。

NO.033
慢速上升轨道线图谱

慢速上升轨道线是和快速上升轨道线相对的一种上升轨道线，它可以推动股价缓慢向上运行。

一图展示

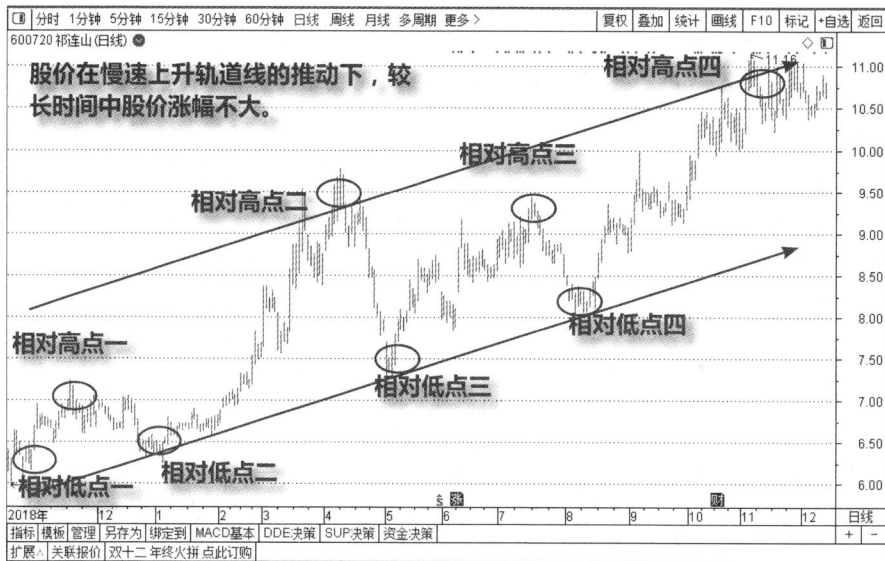

要点剖析

慢速上升轨道线与快速上升轨道线最大的相同点就是都确立了股价的上升趋势，这是股价向上运行的保证。与快速上升轨道线的不同主要集中在以下 3 个方面。

◆ 慢速上升轨道线推动力较小，股价出现缓慢向上的趋势。

◆ 在慢速上升轨道线的作用下，股价的整体涨幅不大。

◆ 慢速上升轨道线使得股价展开长时间向上趋势。

操盘精髓

由于慢速上升轨道线使股价的整体上涨幅度变化不大，由此不适合进行中、长期的操作。但是针对整体趋势中的个别区间，投资者也可以在相对低点和相对高点位置进行买卖操作。

分析实例 *ST中捷（002021）慢速上升轨道线买入分析

*ST中捷在2018年6月至2019年3月的走势如下图所示。

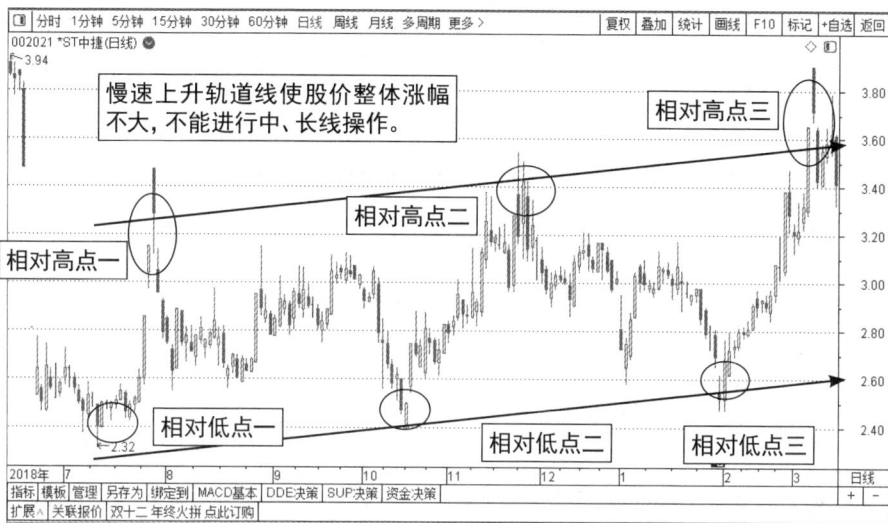

*ST中捷2018年6月至2019年3月的走势

从图中可以知道，股价上涨之后出现幅度较大的回调，因此这里不适宜进行中、长线操作，如下图所示。

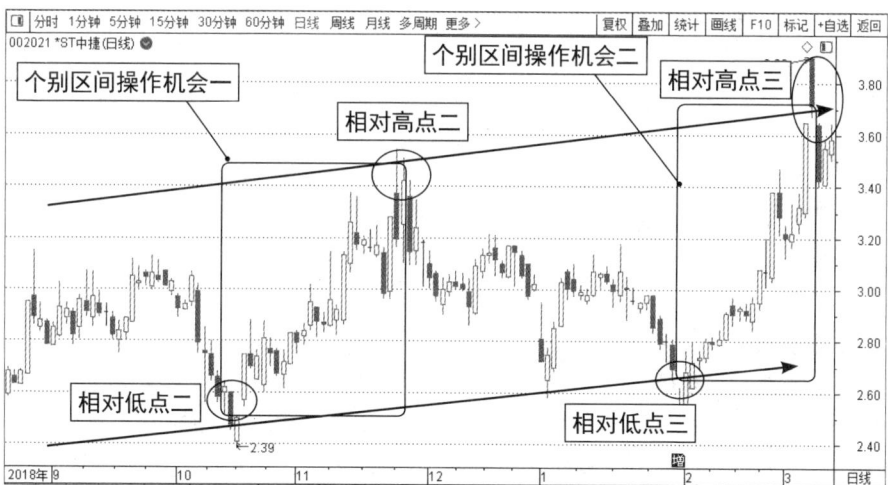

*ST中捷2018年8月至2019年3月的走势

　　慢速上升轨道线使得股价出现了半年以上的上升趋势，其间整体涨跌幅度较大，于是出现了可操作的个别区间，即图中标示位置。

> **要点提示** *波段操作的卖出点*
>
> 从快速、慢速上升轨道线的图谱展示可以发现，在整体上涨趋势中可以进行相应的波段或者个别区间的买入操作。但在执行买入操作的同时，一定要掌握好卖出股票的时机。这就要求投资者必须抓住轨道线，具体来讲在股价接近轨道线上边缘线时，投资者就得考虑卖出手中的股票。

NO.034
下降轨道线图谱

下降轨道线刻画的是股价向下运行的趋势，在下降轨道线的作用下，股价会在下降轨道中不断向下运行，形成熊市行情走势。

一图展示

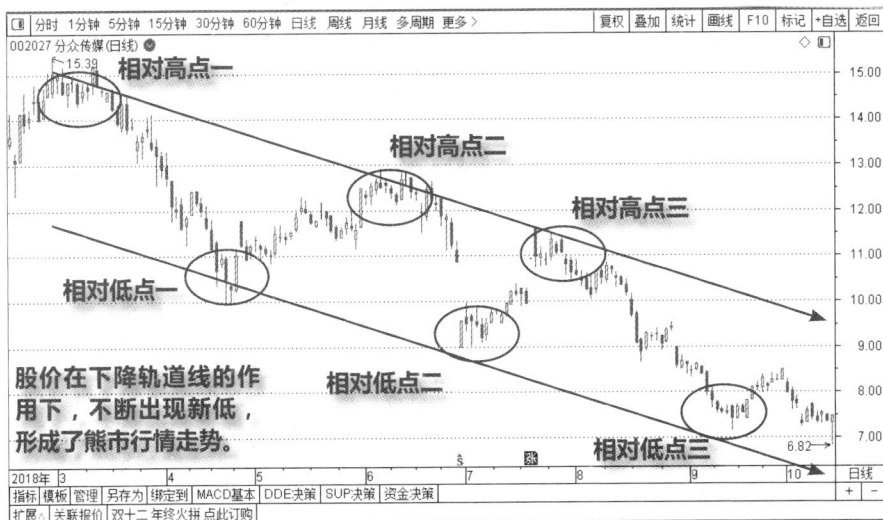

要点剖析

正确理解下降轨道线需要注意以下 4 个方面的内容。

◆ 同上升轨道线一样，下降轨道线也是由两条直线组成的，且两条直线是一组平行直线。

◆ 两条平行直线中的一条是下降趋势线，另一条是和下降趋势线平行的直线，且必须经过股价运行的相对低点。

◆ 下降轨道线对于股价的运行具有限制作用，具体表现在股价只能在下降轨道线规定的范围内运动。

◆ 股价继续保持下降趋势就必须在下降轨道线之中运行，如果股价出现了突破或者跌破轨道线边缘的情况，则预示着股价的趋势即将发生转变。

操盘精髓

下降轨道线引导股价向下运行，形成熊市行情走势，此种行情走势不适宜投资者操作，特别是中、长线的操作。

下降轨道线的作用在于可以利用股价反弹的高点，卖出股票，起到补救之前错误操作，减轻损失的作用。

分析实例 巨轮智能（002031）下降轨道线分析

巨轮智能在2019年3月至5月的走势如下图所示。

从图中可以看出，该股大幅上涨后在2019年3月底运行到股价的高价位区，并在3月7日低开后一路冲高创下3.06元的最高价后见顶，随后该股步入下跌行情。

在下降轨道线的作用下，股价跌幅较大，在短短一个多月的时间内，股价从3.06元下跌到了2.11元，跌幅达到了31%。

巨轮智能2019年3月至5月的走势

同时针对下降轨道线，投资者也可以进行出逃，达到减轻损失和纠正前面错误操作的目的，如下图所示。

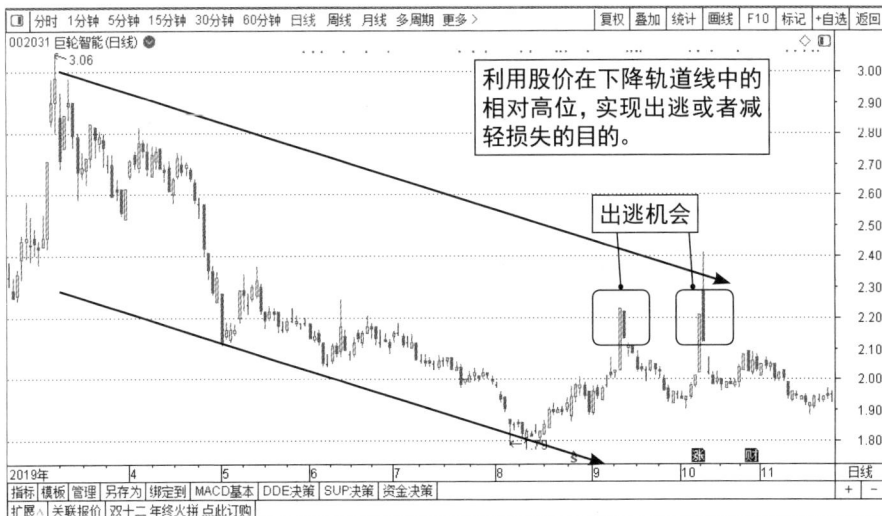

巨轮智能2019年3月至11月的走势

从上图可以看出，该股在后来的趋势中形成了两个相对的高位，这两个高价位位置为投资者出逃该股或者减轻损失提供了良好机会。在这样的机会出现时，投资者不能迟疑，否则一旦机会错过，又会被套。

NO.035
下降轨道线图谱的绘制

准确绘制出下降轨道线能帮助投资者更好地掌握股价的下行趋势，使投资者详细掌握下跌趋势运行规律。

一图展示

要点剖析

绘制下降轨道线的主要步骤如下。

◆ 确认股价向下运行，这是绘制出下降轨道线的大前提。

◆ 根据股价运行中的相对高点绘制出下降趋势线，具体的绘制方法可参考第1章中的相关内容。

◆ 根据下降趋势线画出与之对应的平行线，确保这条平行线经过股价运行的相对低点，而且这样的相对低点经过的个数越多，下降轨道线绘制的准确性就越高。

从理论上讲，另一条直线必须和下降趋势线绝对平行，但是在实际的绘制和分析中，要注重股价运行的相对低点，就不必计较个别相对低点和相对高点的小幅偏离。

操盘精髓

准确的下降轨道线可以较为明确地指示出股价下跌趋势的发展，进而有效指引投资者的市场分析和判断，其关键在于寻找到正确的相对高点。

分析实例　鲁阳节能（002088）下降轨道线绘制

鲁阳节能在2019年4月至8月的走势如下图所示。

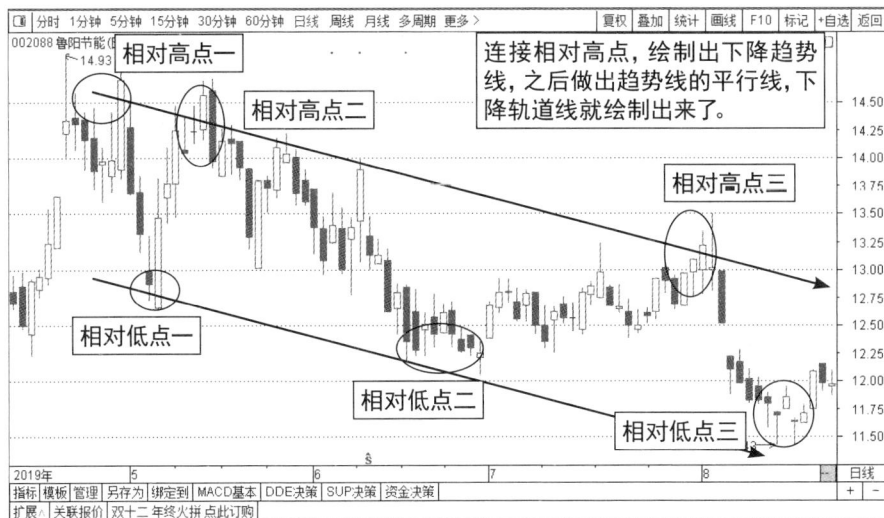

鲁阳节能2019年4月至8月的走势

正如上图所示一样，绘制出正确的下降轨道线关键在于绘制好下降趋势线，这一点在第1章中已经做过详细的讲解。

其次就是经过股价运行的相对低点画出下降趋势线的平行线，这样轨道线就初步成型了。

最后就是根据股价下跌的相对低点来检验下降轨道线的正确性了，如果股价每次运行到下降趋势线的平行线附近就开始反弹，则绘制的下降轨道线是准确的。

正如前面所讲的一样，下降轨道线中会有特殊的情况出现，即个别相对高点和相对低点的位置偏离，但是这不影响轨道线的整体价值。

分析实例　科迪乳业（002770）下降轨道线相对低点偏离分析

科迪乳业在2019年4月至12月的走势如下图所示。

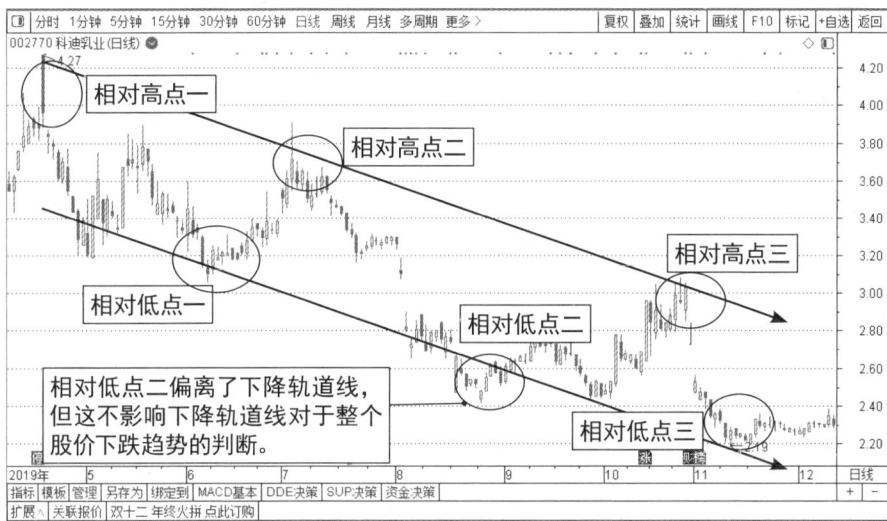

科迪乳业2019年4月至12月的走势

从图中可以看出，相对低点二跌破了下降轨道线的下边缘，形成了偏离走势，但是这样的偏离并不影响下降轨道线对股价下跌趋势的判断。

NO.036
快速下降轨道线图谱

根据下降轨道线引导股价下跌的不同速度，可将下降轨道线分为快速下降轨道线和慢速下降轨道线。

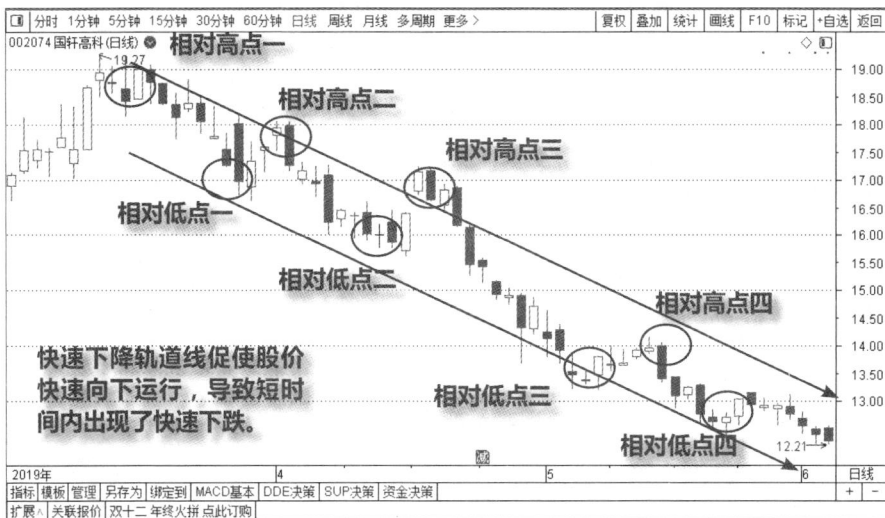

要点剖析

快速下降轨道线告诉投资者以下 3 个重要信息。

◆ 快速下降轨道线确认了股价处于下跌趋势之中，这也是下降轨道线出现的大前提。

◆ 快速下降轨道线具有较强的下行引导力，可以在较短时间内，引导股价出现较大幅度的下跌。

◆ 在快速下降轨道线作用下，市场极度弱势，股价只会出现大幅度下跌走势特点。

操盘精髓

根据快速下降轨道线的特点及其意义，投资者应掌握以下 3 点操作注意事项。

◆ 大前提是下跌的，显示出熊市的行情走势特点，投资者不能参与其
中进行中、长线操作。

◆ 针对短时间内的暴跌走势，投资者应该尽量回避，否则亏损将会非
常大。

◆ 短时间、大幅度的下跌走势往往会带来较强的反弹行情，投资者可
以适当关注下降轨道线末端的股价走势。

分析实例 真视通（002771）快速下降轨道线回避操作

真视通在2019年2月至7月的走势如下图所示。

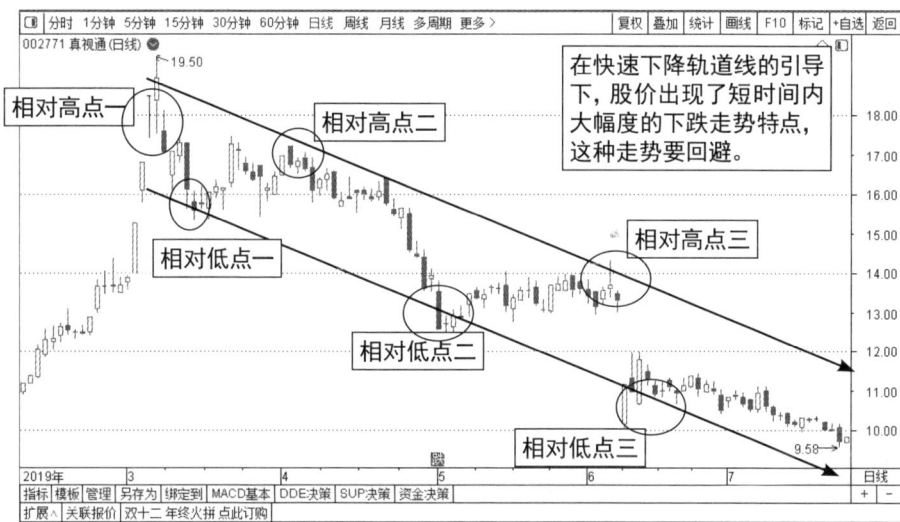

真视通2019年2月至7月的走势

从图中可以看到，在此阶段，该股受到快速下降轨道线的影响，出现
了较大幅度的下跌走势特点，从19.5元的最高价快速下跌到9.58元，跌幅达
50%，投资者应尽量回避这样的下跌走势。

分析实例 绿盟科技（300369）快速下降轨道线末端上涨分析

绿盟科技在2018年6月至2019年2月的走势如下图所示。

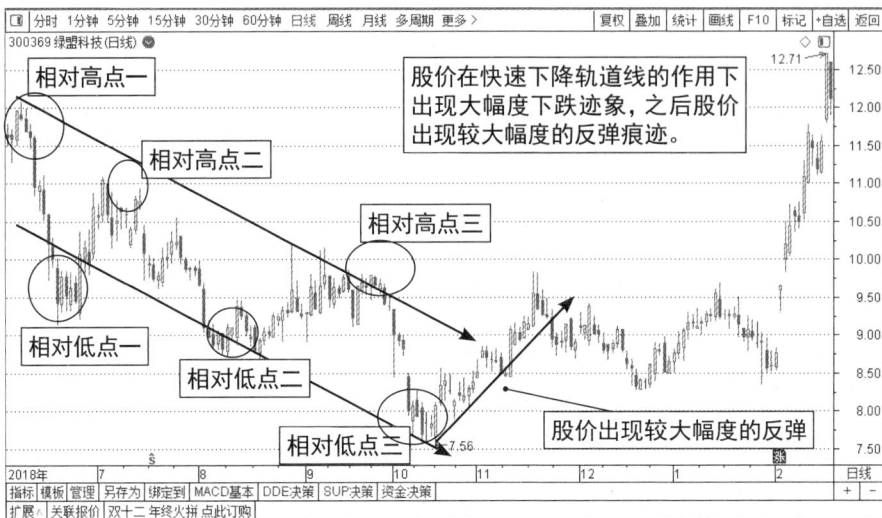

绿盟科技2018年6月至2019年2月的走势

从图中可以发现，股价在左侧出现了较大幅度的下跌痕迹，原因在于快速下降轨道线引导股价形成了下跌趋势。

但在该股出现了较大幅度的下跌迹象之后，却出现了较大幅度的反弹走势特点，如图中的右侧走势。

针对这样的走势特点，投资者应该尽量抓住这样的机会，果断在股价右侧走势线标示的区域中进行买入操作。

要点提示 *为何在快速下降轨道线末端出现反弹走势特点*

从股价的涨幅来判断，这里的反弹走势处于比较强势的状态，股价通过反弹又回到了之前下跌的位置。

为什么出现这么大幅度的反弹现象呢？原因在于股价的超跌。快速下降轨道线使得股价快速下跌且跌幅较大形成了超跌的走势。超跌之后，市场恢复冷静，在股价较低位置，大量抄底资金流入，使得股价获得上涨的动力，由此进行了较强劲的反弹。

NO.037
慢速下降轨道线图谱

慢速下降轨道线和快速下降轨道线是相对的下降轨道线，指的是缓慢引导股价向下运行的下降轨道线。

一图展示

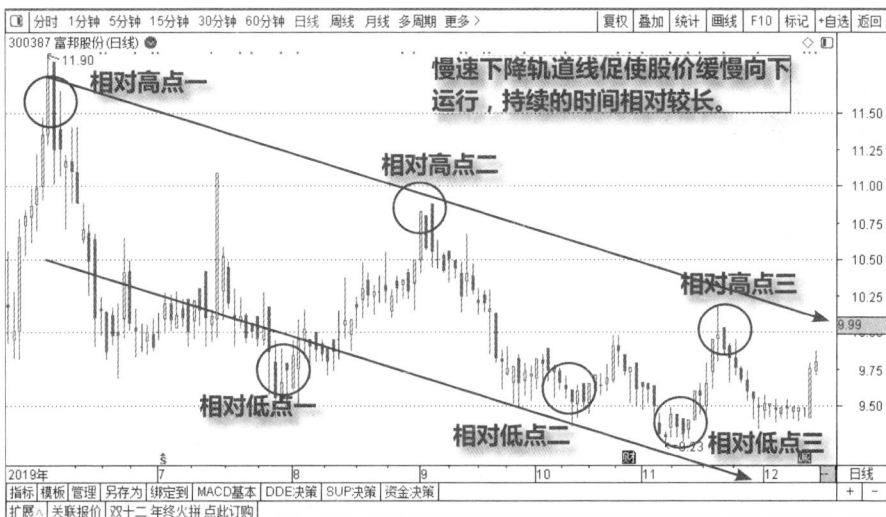

要点剖析

慢速下降轨道线与快速下降轨道线相比，最大的相同点就是确定了股价的下跌趋势。它的不同点主要表现在以下 3 个方面。

◆ 慢速下降轨道线迫使股价下行的力量较小，因此股价展开缓慢的下行运动。

◆ 在慢速下降轨道线的作用下，股价的下跌趋势持续的时间往往较长，由此形成漫长大熊市行情走势。

◆ 由于股价的走势处于长期下跌状态，虽然较短时间内，慢速下降轨道线不会导致股价出现大跌现象，但是经过长时间的下跌，股价的整体跌幅往往更大。

操盘精髓

慢速下降轨道线使得股价长期处于熊市行情之中，下跌趋势不会在短时间内结束，因此在慢速下降轨道线作用下，投资者不能进行中、长线的操作。

但是在整体的下跌趋势之中，不排除出现相对可观的反弹走势的可能，这样的走势可以用于短线操作。

分析实例 方正科技（600601）熊市分析

方正科技在2016年8月至2018年11月的走势如下图所示。

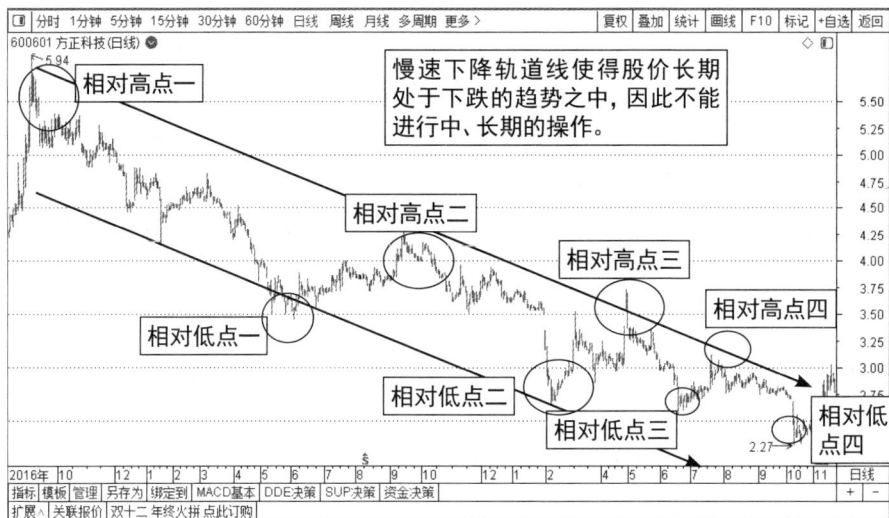

方正科技2016年8月至2018年11月的走势

从图中可以看出，股价长期处于下跌趋势之中，整个下跌持续的时间超过两年，因此投资者不能在这期间进行中、长期的操作。但是在慢速下降轨道线的作用下，也出现了几次比较明显的短期反弹行情，如相对低点一至相对高点二之间，相对低点二至相对高点三之间，以及相对低点三至相对高点四之间，投资者可以在这3个区间中进行短期抢反弹操作。

NO.038
水平震荡轨道线图谱

水平震荡轨道线刻画的是股价水平运行的趋势。

一图展示

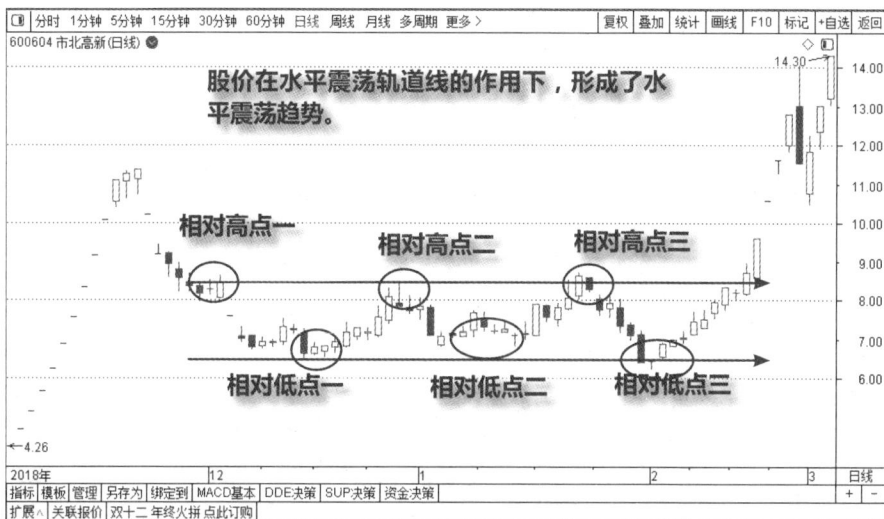

要点剖析

正确把握水平震荡轨道线需要注意以下 4 个方面的内容。

◆ 同上升轨道线和下降轨道线一样，水平震荡轨道线也是由两条相互平行的直线组成。

◆ 两条直线中的一条是水平趋势线，即连接相对低点的直线；另一条是和水平趋势线相互平行的直线，且经过股价运行的相对高点。

◆ 水平震荡轨道线对于股价的运行具有限制作用，具体表现在股价只能在水平震荡轨道线规定的范围内运行，且震荡幅度有限。

◆ 当股价向上突破或者是向下跌破水平震荡轨道线时，预示着股价的
趋势即将发生转变。

操盘精髓

水平震荡轨道线引导股价的水平震荡趋势，这种趋势是一种横盘整理趋
势，它使股价在一段时期内，整体不会出现较大幅度地上涨。由此可知，针
对这种趋势的运行，投资者是不能进行中、长线操作的。

但针对整个趋势之内的个别区间走势，投资者可以在股价接近轨道线上
下边缘时采取相应的操作。

分析实例　福耀玻璃（600660）水平震荡轨道线操作分析

福耀玻璃在2019年4月至11月的走势如下图所示。

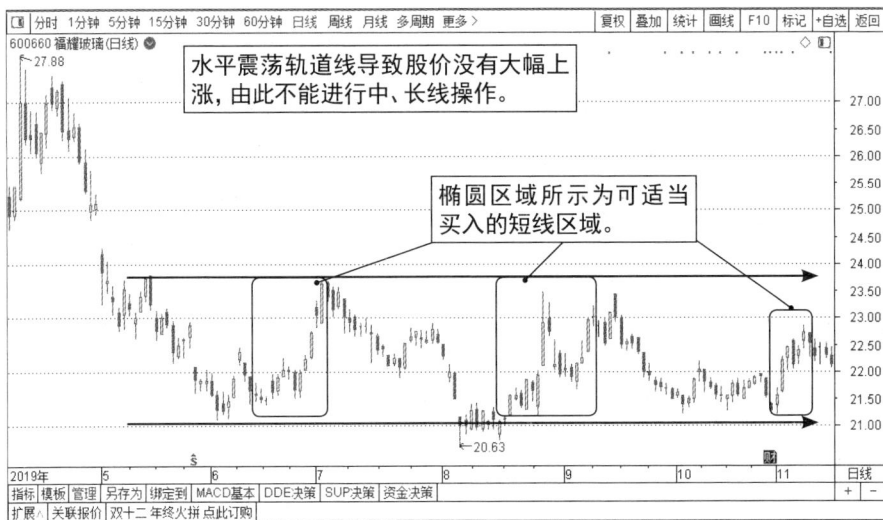

福耀玻璃2019年4月至11月的走势

从图中可以看出，整个整理趋势是在股价的水平震荡轨道线之内运行
的，且整体的上涨幅度几乎为零，由此可以知道，针对此阶段的操作不能做
中、长线的操作。

同时正如图中矩形区域所示，在整个水平震荡轨道线之内，股价会出现短暂反弹上涨迹象，那么投资者可以在这些区域进行短线买入操作。

需要注意的是，进行短线操作时，投资者不能太贪心，应该适可而止，在股价上涨到轨道线上边缘附近时，应进行卖出操作。

NO.039
水平震荡轨道线图谱的绘制

水平震荡轨道线对判断股价的水平趋势很有帮助，投资者在借助水平震荡轨道线分析时，必须绘制出准确的水平震荡轨道线。

一图展示

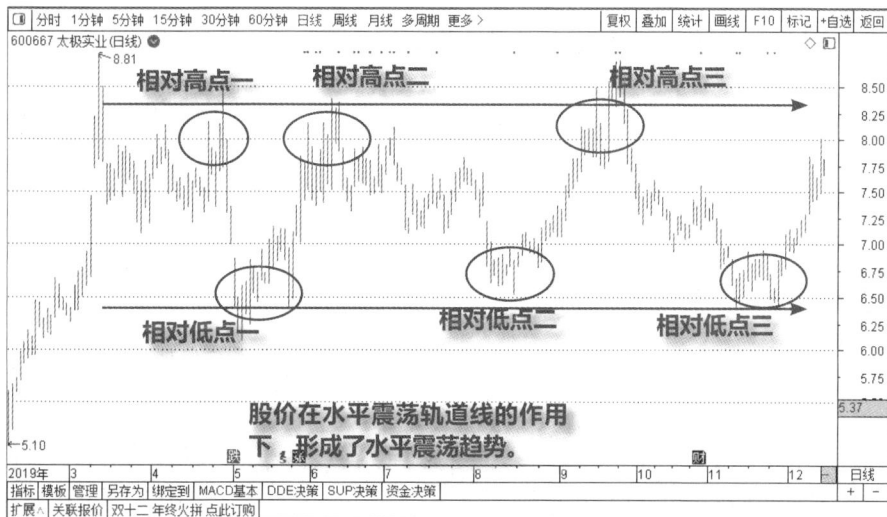

要点剖析

绘制水平震荡轨道线的主要步骤如下。

◆ 确认股价的横向运动趋势，这是绘制水平震荡轨道线的前提。

◆ 根据股价运行的相对低点绘制出水平趋势线，具体绘制方法在第1章中进行了详细介绍。

◆ 根据水平趋势线绘制出平行线，并使此平行线经过股价运行的相对高点。

从理论上来讲，两条直线应该互相平行，但是在实际操作中，要注意股价运行过程中的关键点，同时不计较个别相对低点和相对高点的小幅偏离。

操盘精髓

正确的水平震荡轨道线对于投资者的分析和判断具有巨大意义，因此投资者必须掌握水平震荡轨道线的绘制方法，其中的关键就是绘制正确的水平趋势线。

分析实例　鲁北化工（600727）水平震荡轨道线绘制

鲁北化工在2019年4月至12月的走势如下图所示。

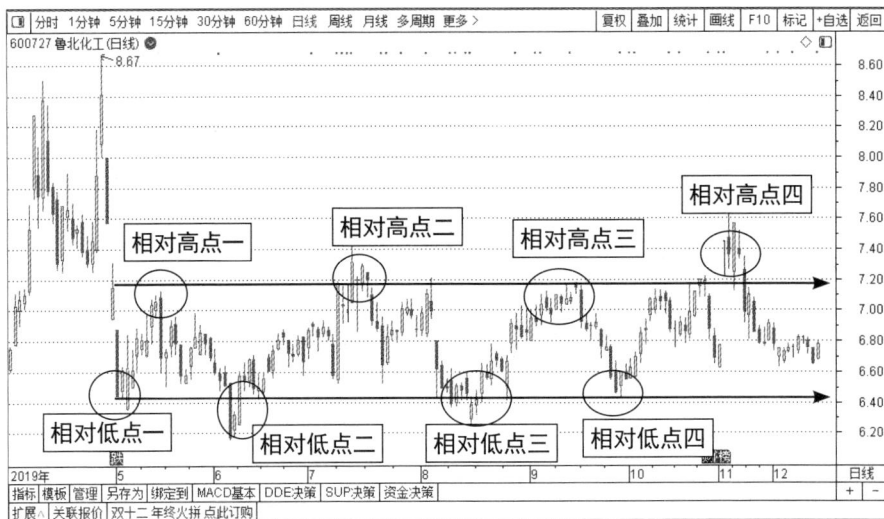

鲁北化工2019年4月至12月的走势

在上图中，连接相对低点可以得到水平趋势线，即图中下方的直线。之后经过股价的相对高点位置，绘制出水平趋势线的平行线，即图中上方直线，由此水平震荡轨道线就绘制出来了。

注意到相对高点二和相对高点四的最高位置突破了轨道线的上边缘，同时相对低点二和相对低点三的最低位置跌破了轨道线的下边缘，但是这些关键点的存在并没有影响轨道线对于股价水平趋势的研判。

NO.040
上升轨道线助涨图谱

上升轨道线不仅决定了股价上升趋势的方向以及股价向上运行的范围，同时还能带给股价助涨的动力。

所谓助涨就是指股价在上升轨道线的引导下，出现延长上升趋势的现象，进而加大了股价的整体上涨幅度。

一图展示

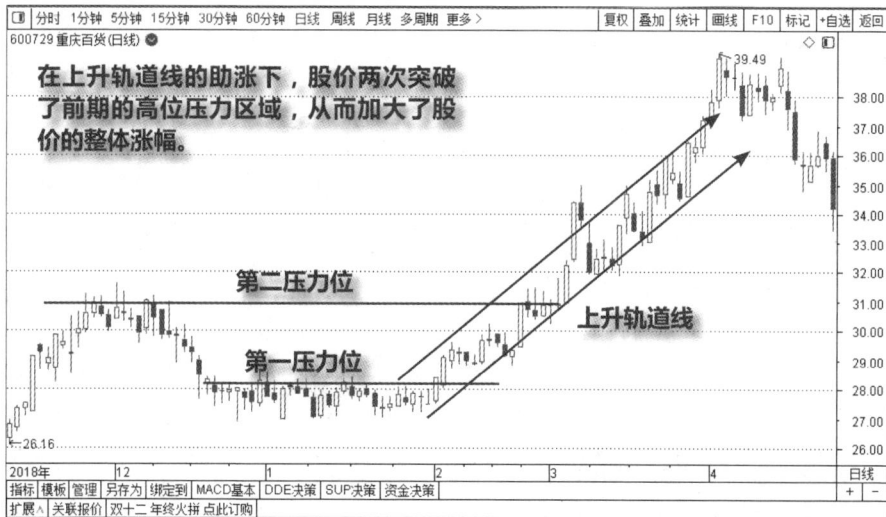

要点剖析

理解轨道线助涨作用，需要了解以下 4 个关键内容。

◆ 轨道线助涨必须发生在上升轨道线确定的股价上升趋势之中。

◆ 通过对股价上涨的助推，能够使股价的整体涨幅增加。

◆ 在上升轨道线的助涨动力作用下，股价会挑战前期高位压力区域，甚至出现突破压力区域的走势特点。

◆ 不是每一个上升轨道线都具有充足的助涨动力，因此也不是每一个上升轨道线都能成功使股价突破压力区域。

NO.041
下降轨道线引跌图谱

下降轨道线引跌作用与上升轨道线助涨作用刚好相反，它主要是加剧股价的下跌趋势，使得股价的下跌幅度进一步加大。

在下降轨道线的引跌作用下，股价往往会出现加速下跌走势的现象，由此造成更加深的下跌幅度。

一图展示

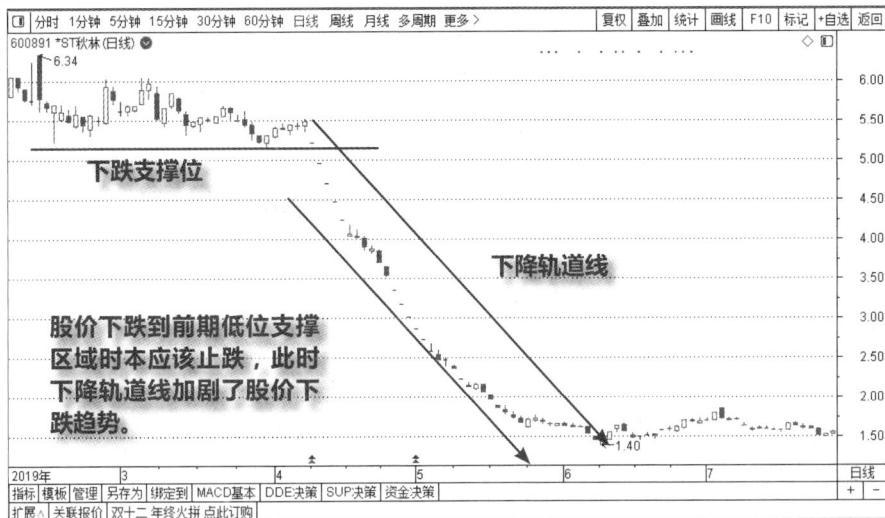

要点剖析

理解轨道线的引跌作用需要注意以下 3 个方面的内容。

◆ 下降轨道线引跌的情况一般出现于下降轨道线确定的股价下跌趋势
之中。

◆ 通过下降轨道线的引跌作用，能够使股价整体快速出现大幅下跌的
走势。

◆ 在下降轨道线的引跌作用下，股价会考验前期的低位支撑区域，甚
至会出现跌破前期低位支撑区域的可能。

要点提示 *轨道线助涨、引跌作用的本质*

通过前面的两种图谱展示，投资者已经知道了轨道线对于股价的助涨作用和
引跌作用，并且知道了在这两种作用的影响下股价的趋势变化。在探究轨道
线助涨、引跌作用的本质时可以发现，其助涨与引跌实际上是延长了股价前
期的一段趋势。

具体来讲，助涨即是延长了原来的上涨趋势，也可以理解为原来上涨趋势的
惯性上冲；引跌是延长了原来的下跌趋势，也可以理解为原来下跌趋势的惯
性下挫。

NO.042
一级上升轨道线图谱

股价在上升趋势初期形成的上升轨道线称之为一级上升轨道线，这是股价摆脱前
期下跌趋势的上升轨道线。

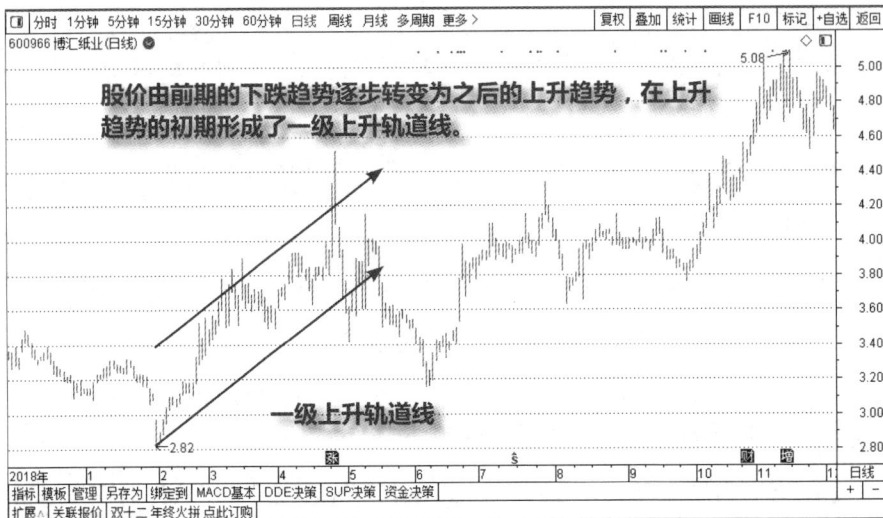

一图展示

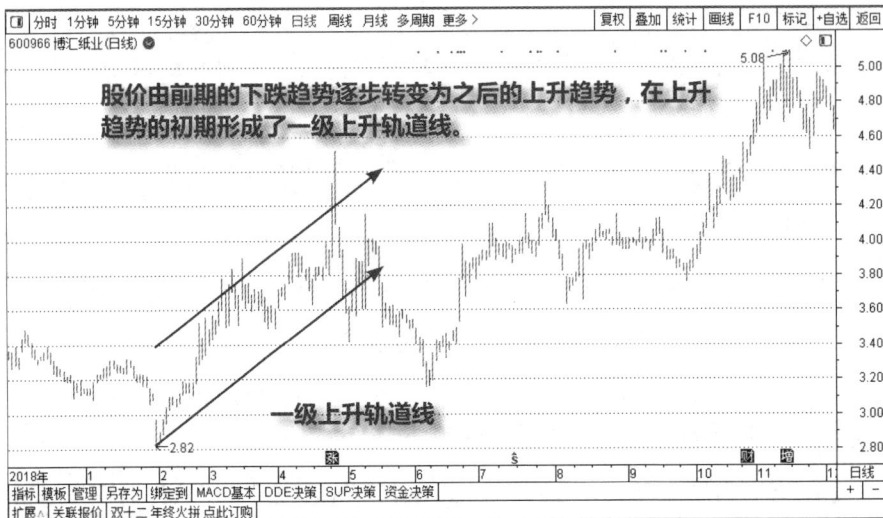

股价由前期的下跌趋势逐步转变为之后的上升趋势，在上升
趋势的初期形成了一级上升轨道线。

一级上升轨道线

要点剖析

理解轨道线的引跌作用需要注意以下 4 个方面的内容。

◆ 此轨道线确定了股价的上升趋势，同时决定了前期股价上涨的方向
和范围。

◆ 发生在股价上升趋势的前期，是整个上升趋势的起点。

◆ 一级上升轨道线是股价趋势由下跌转变为上升的主要原因，是股价
结束熊市开启牛市的关键阶段。

◆ 此轨道线发生在股价上升趋势的前期，多为慢速上升轨道线。

NO.043

二级上升轨道线图谱

股价在上升趋势的中期形成的上升轨道线称为二级上升轨道线，这是股价继续上
升趋势的保障。

一图展示

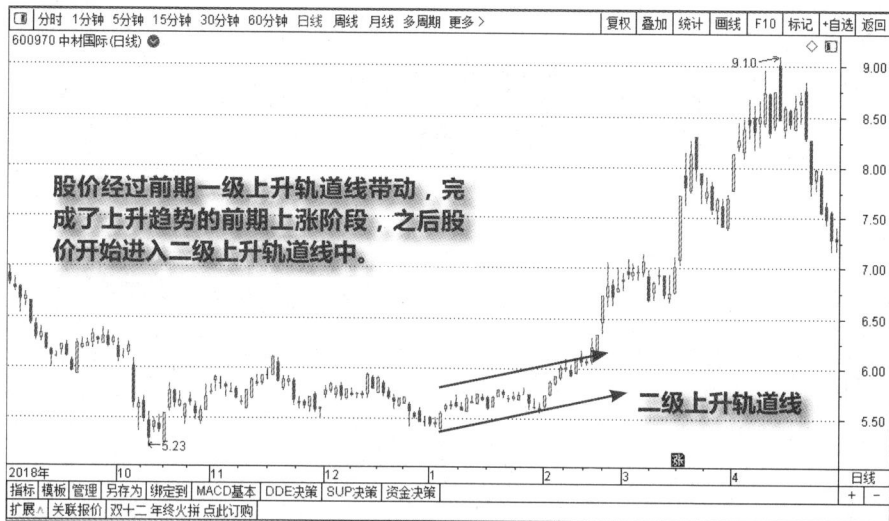

要点剖析

理解二级上升轨道线必须抓住下面 3 点。

◆ 此轨道线发生在股价上升趋势的中期位置，是上升趋势继续发展的保障。

◆ 在二级轨道线的作用下，股价上涨速度加快。

◆ 二级上升轨道线带动着股价继续向上运行，形成整个牛市行情中的主要上升阶段。

NO.044
三级上升轨道线图谱

股价在上升趋势末端形成的上升轨道线称为三级上升轨道线，这是股价进入上升趋势尽头的轨道线。

一图展示

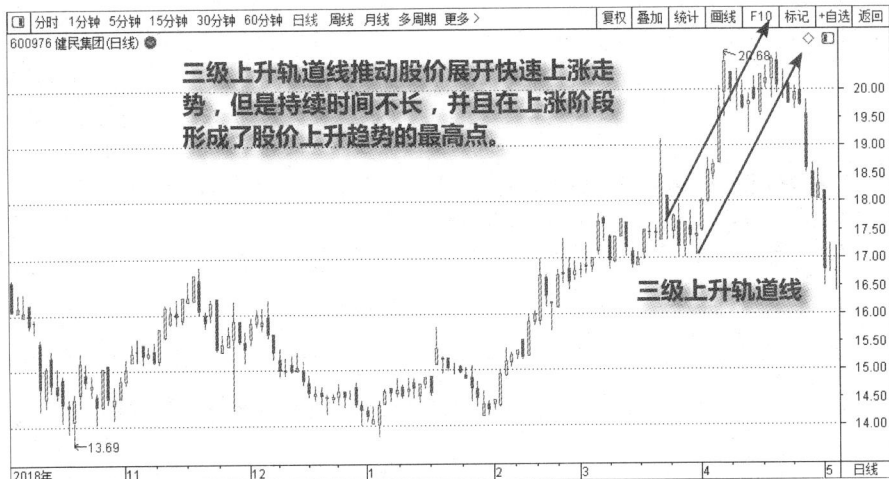

三级上升轨道线推动股价展开快速上涨走势，但是持续时间不长，并且在上涨阶段形成了股价上升趋势的最高点。

三级上升轨道线

600976 健民集团(日线)

要点剖析

三级上升轨道线具有以下 3 个特点。

◆ 该轨道线发生在股价上升趋势线的末端区域。

◆ 三级上升轨道线推动股价展开最后的上涨走势，在此阶段中将形成股价上升趋势的顶部。

◆ 在三级上升轨道线的推动下，股价上涨速度加快，但是这种上涨走势持续的时间较短，随后股价趋势将被改变。

要点提示 *3 种级别上升轨道线的异同*

3 种级别的上升轨道线具有的相同点有：都是上升轨道线、都确定了股价上升趋势以及股价上涨的范围。

3 种级别上升轨道线具有的不同点有：所存在的位置不同，分别存在于股价上升趋势的前、中、后期；带动股价上涨的速度不一样，速度从慢到快依次为一级、二级、三级上升轨道线；持续时间也不同，一级和二级上升轨道线比三级上升轨道线持续的时间更长。

NO.045
三级上升轨道线整体图谱

3 种级别的上升轨道线可以组成一种长期的上升趋势，在这种趋势的作用下，股价往往以大牛市行情走势发展。

一图展示

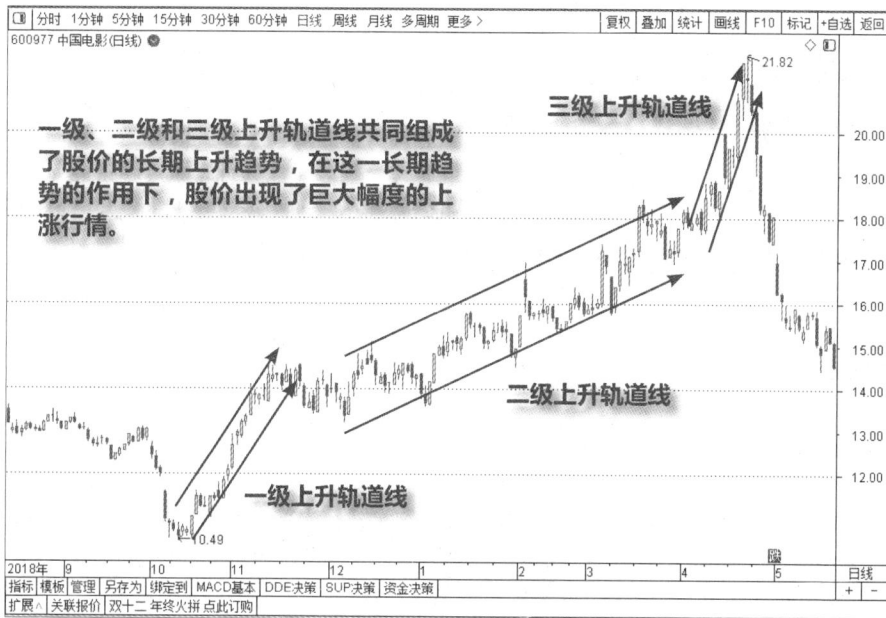

要点剖析

三级上升轨道线整体图谱突出了下面 3 个主要信息。

◆ 3 个级别的上升轨道线组成了股价长期上升趋势。

◆ 3 个级别的上升轨道线出现在不同的趋势发展阶段。

◆ 在 3 个级别上升轨道线的推动下，股价走出了翻倍的大牛市行情。

> **要点提示** *三级上升轨道线是如何定位的*
>
> 第一，完整的三级上升轨道线组成了一种长期上升趋势，并且在这一长期趋势的作用下，股价大幅度展开上涨走势。
>
> 第二，虽然完整的三级上升轨道线对股价的上涨具有强大的推动力量，是大牛市上升趋势的重要动力，但并不是每一轮股价的上升趋势都一定都能形成完整的三级上升轨道线。

NO.046
一级下降轨道线图谱

股价在下跌趋势的起始阶段形成的下降轨道线称为一级下降轨道线，这是股价由上升趋势转变为下降趋势的开始阶段。

一图展示

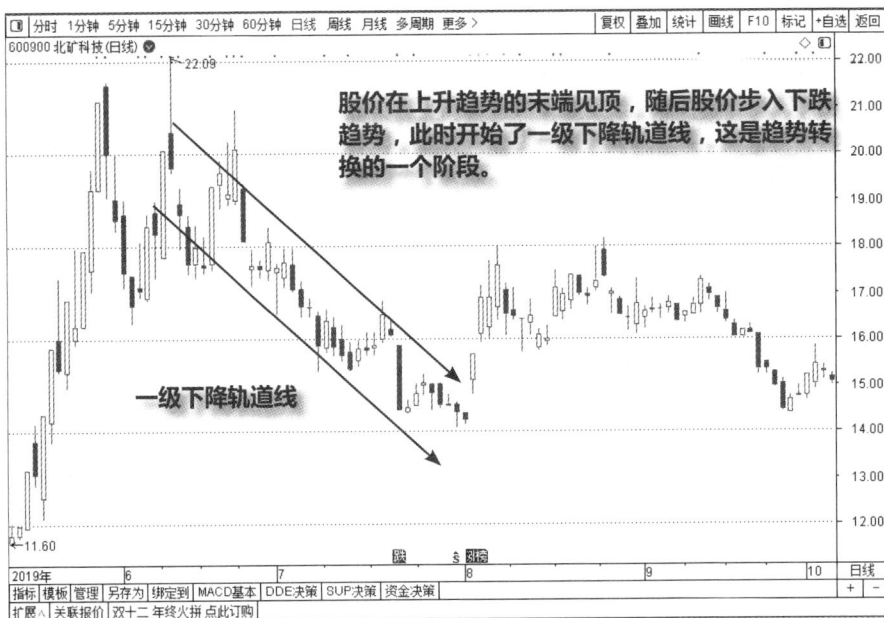

要点剖析

正确理解一级下降轨道线需要注意以下 4 点内容。

◆ 一级下降轨道线是下降轨道线的一种，它的出现表示股价步入下跌趋势之中。

◆ 一级下降轨道线是下跌趋势开始的第一个阶段，是股价趋势发生转换的阶段，在它的引导下股价展开了下跌走势。

◆ 由于股价前期进行了较大幅度的上涨，所以在下跌趋势开始的一级下降轨道线阶段会进行较大幅度的下跌。

◆ 往往在一级下降轨道线的作用下，股价下跌走势十分迅速，且持续的时间相对较短。

要点提示 *三级下降轨道线的定位*

下降轨道线与上升轨道线相似，也被分为 3 个不同的级别，其应用定位也与三级上升轨道线相似，分为两个方向。

第一，完整的三级下降轨道线组成了一种长期下跌趋势，并且在这一长期趋势的作用下，股价展开了较大的下跌走势。

第二，虽然完整的三级下降轨道线对股价的下跌具有强大的下挫力量，是大熊市下跌趋势的重要动力，但并不是每一轮股价的下跌趋势都能形成完整的三级下降轨道线。

NO.047
二级下降轨道线图谱

股价在下跌趋势的中间阶段形成的下降轨道线称为二级下降轨道线，这是股价继续下跌的轨道线。

一图展示

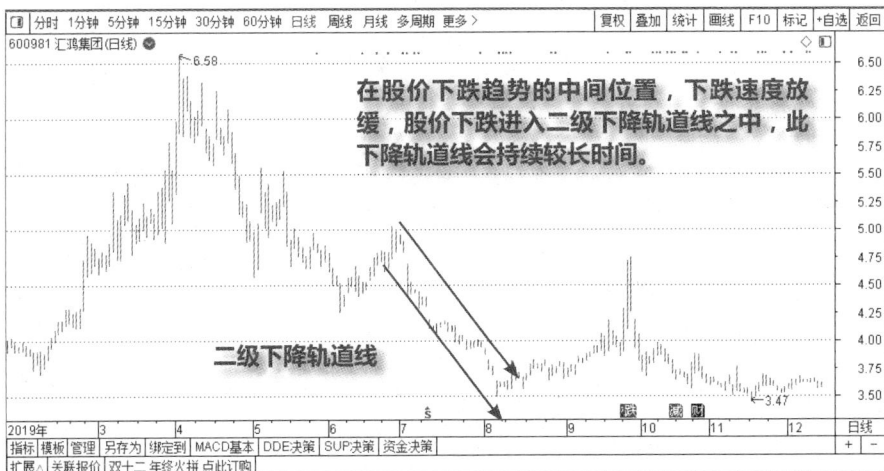

要点剖析

正确把握二级下降轨道线必须掌握以下 3 个要点。

◆ 二级下降轨道线依旧是下降轨道线，它决定了股价的下跌趋势和股价下跌的范围。

◆ 二级下降轨道线是股价下跌趋势的延续，这一下降轨道线的存在使得股价下跌幅度增大。

◆ 在漫长的下跌过程，二级下降轨道线使得股价进行较大幅度的下跌，是整个熊市的重要组成部分。

NO.048
三级下降轨道线图谱

股价在下跌趋势末端形成的下降轨道线称为三级下降轨道线，这是股价进入下跌趋势尾声的下降轨道线。三级下降轨道线出现在下跌趋势的末端，且该下降轨道线促使股价形成下跌区域的底部。

一图展示

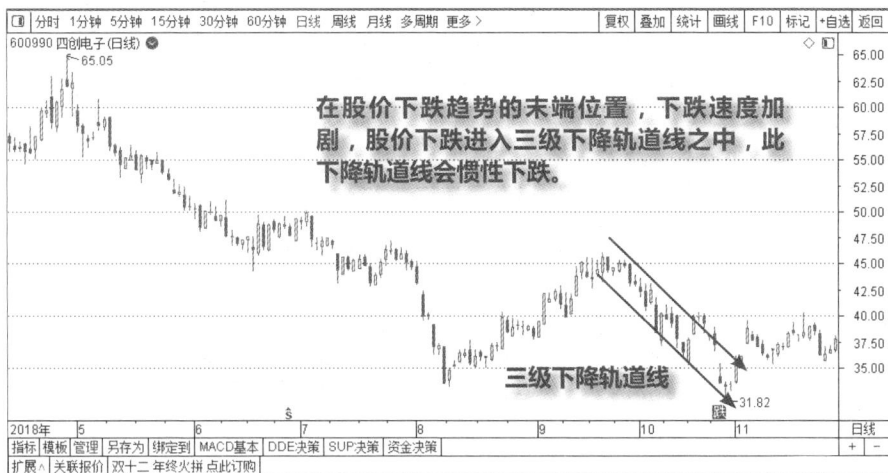

要点剖析

正确理解三级下降轨道线需要注意下面 4 个要点。

◆ 三级下降轨道线是下降轨道线，决定了股价的下跌趋势和股价下跌
的范围。

◆ 三级下降轨道线是惯性下跌，是原来下跌趋势的延续。

◆ 在下跌趋势尾声，三级下降轨道线往往具有巨大的下跌势头。

◆ 三级下降轨道线使股价下跌的持续时间更长。

要点提示 *3 种级别下降轨道线的异同*

3 种级别下降轨道线具有的相同点有：都是下降轨道线，都确定了股价的下
跌趋势以及股价的下跌范围。

3 种级别下降轨道线具有的不同点有：存在的位置不同，分别存在于股价下
跌趋势的前、中、后期；带动股价下跌的速度不一样，速度较快的是一级、
三级下降轨道线，较慢的是二级下降轨道线；持续时间也不同，一级和三级
下降轨道线比二级下降轨道线持续时间短。

NO.049
三级下降轨道线整体图谱

3 种级别的下降轨道线可以组成一轮长期的下跌趋势，让股市进入大熊市。

一图展示

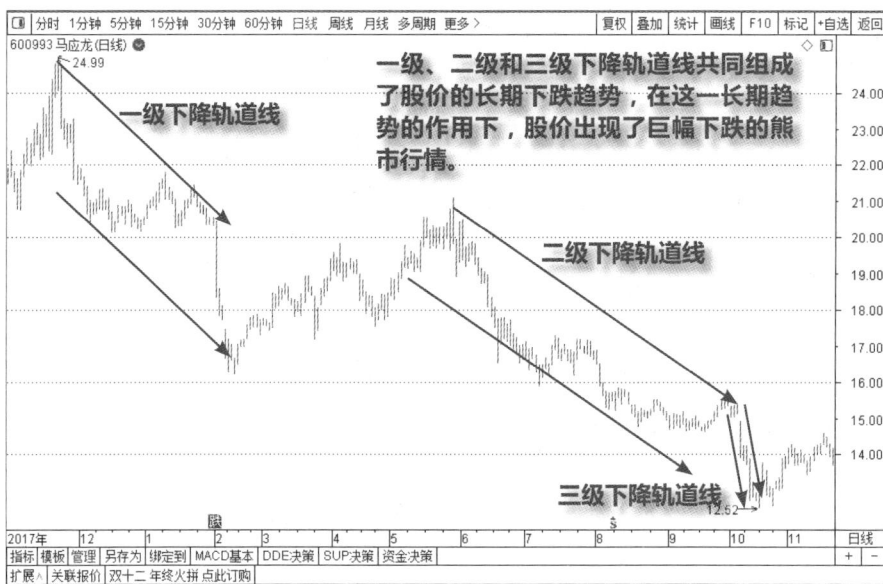

要点剖析

三级下降轨道线整体图谱揭示出了以下 3 点信息。

◆ 3 条下降轨道线组成了整个下跌趋势。

◆ 3 条下降轨道线出现在整个下跌趋势的不同阶段。

◆ 整个下跌趋势的跌幅巨大，导致大熊市的产生。

第 **3** 章
一图掌握道氏理论

　　道氏理论是经典的趋势理论，运用道氏理论可以对股价的基本趋势做出整体地预测和分析。本章将对道氏理论的趋势分析进行全面的图谱展示，借助直观的图谱将道氏趋势分析展现给投资者。通过展示和分析，在丰富投资者理论知识的同时，提高投资者的趋势分析能力，进而提高其操盘水平。

NO.050　道氏长期上升趋势图谱
NO.051　道氏中期上升趋势图谱
NO.052　道氏短期上升趋势图谱
NO.053　道氏上升趋势整体图谱
NO.054　道氏长期下降趋势图谱
NO.055　道氏中期下降趋势图谱
NO.056　道氏短期下降趋势图谱
NO.057　道氏下降趋势整体图谱
　…………

NO.050
道氏长期上升趋势图谱

长期趋势是道氏理论研究的重点，就道氏理论而言，掌握长期趋势就是投资成败的关键所在。

道氏长期上升趋势指的是股价长期的上升运行趋势，即道氏理论中形成牛市行情的趋势。

一图展示

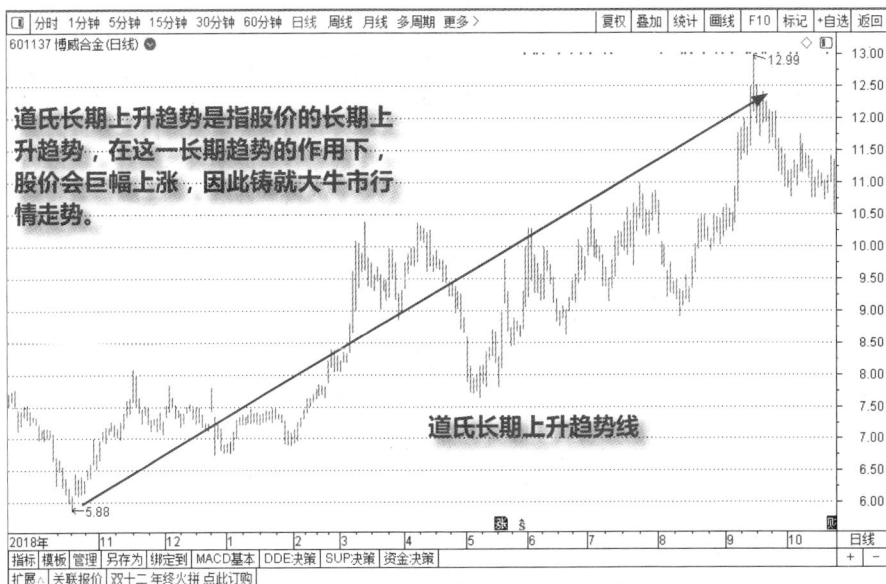

要点剖析

道氏理论长期上升趋势图的主要内容如下所示 3 点。

◆ 是对股价长期上升趋势的刻画。

◆ 在道氏长期上升趋势的作用下，股价长期上升，形成大牛市行情的走势。

◆ 道氏长期上升趋势一旦形成，就不会轻易改变，由此股价开始长期
　上涨，且上涨幅巨大。

操盘精髓

道氏长期上升趋势决定的是股价长期的上升趋势，且在这一趋势的作用
下，股价会进行巨大幅度的上涨，所以投资者要进行长线操作。

分析实例 恒立液压（601100）长线买入操作

恒立液压在2018年10月至2019年12月的走势如下图所示。

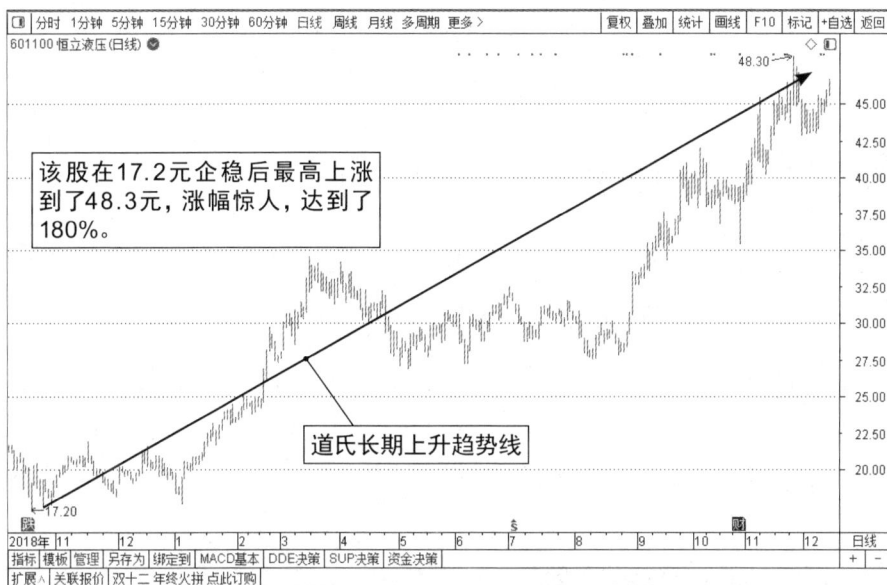

恒立液压2018年10月至2019年12月的走势

从图中可以看到，该股在2018年10月底创出17.2元的最低价后，股价企
稳回升步入道氏长期上涨趋势中。道氏长期上升趋势确定了股价长期的上升
趋势，在这一趋势的作用下，该股从17.2元最高上涨到了48.3元，其间整体涨
幅惊人，达到了180%。

在整个道氏长期上升趋势之中，每一个位置都是长线买入的机会，买入

股票后耐心等待股价上涨即可。

虽然每一个位置都是长线买入点，但是要达到最有效益的操作，就必须找到较好的买卖点，如下图所示。

恒立液压2018年10月至2019年12月的走势

从上图可以看到，椭圆标注的位置就是很好的买入卖出位置，如果按照这个标识进行操作，可以有效规避2019年3月至9月这近半年的调整期，从而更有效率地利用资金，且获得丰厚的收益。

要点提示 *两种操作选择的区别*

上面两幅图谱展示了两种操作选择：一是在长期上升趋势中的任何位置买入；二是以趋势为背景，选择较低位置买入，并在较高位置卖出。

在道氏长期上升趋势的保障下，两种选择都能赚钱，但是相比较而言第二种更有效率，更能使资金得到高效利用。

NO.051

道氏中期上升趋势图谱

道氏中期上升趋势指的是股价中期的上升趋势，具体而言即股价中期向上的运行态势。

一图展示

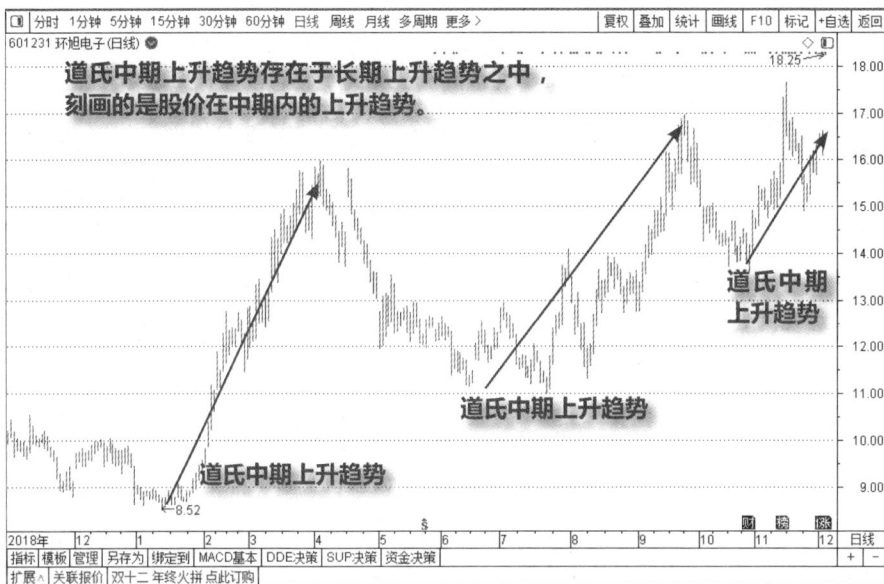

要点剖析

抓住以下4点，掌握道氏中期上升趋势图。

◆ 也是股价上升趋势的刻画。

◆ 存在于道氏长期上升趋势之中，展现的是股价中期时间段内的上涨走势。

◆ 道氏中期上升趋势是道氏长期上升趋势的主体部分，中期上升趋势的累积涨幅决定了长期上升趋势的涨幅。

◆ 道氏长期上升趋势中可以形成多个道氏中期上升趋势。

操盘精髓

根据道氏中期上升趋势的特点，投资者可以结合长期上升趋势的大背景，抓住中期上升趋势，进行多次中线操作。

分析实例 中国人寿（601628）多次中线操作分析

中国人寿在2018年12月至2019年11月的走势如下图所示。

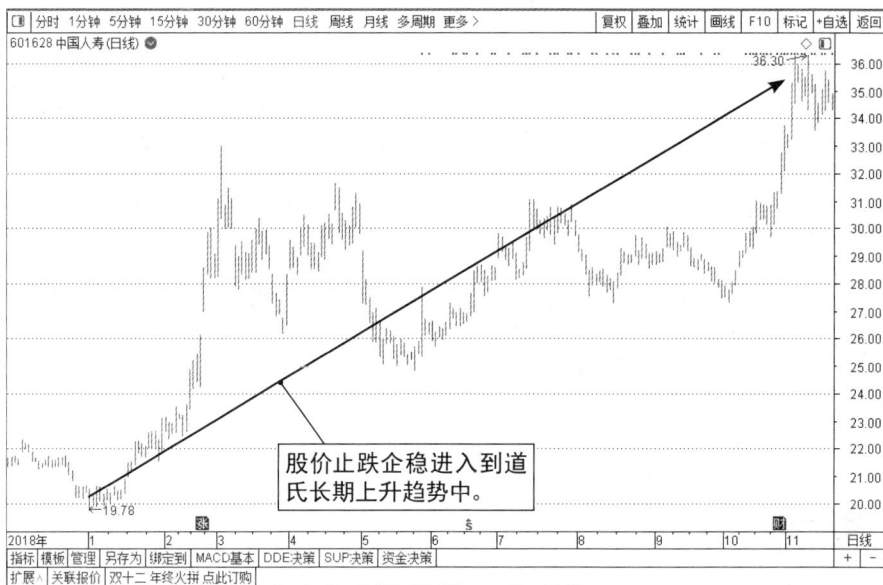

中国人寿2018年12月至2019年11月的走势

从图中可以看到，该股在2019年1月初创出19.78元的最低价后企稳回升进入到道氏长期上升趋势中，在该趋势的作用下，该股大幅上涨到最高的36.3元，涨幅达到83%。

由于该股出现了多次大幅震荡的走势，稳健的投资者还可以找准最佳操作阶段，将风险降低到最小，如下图所示。

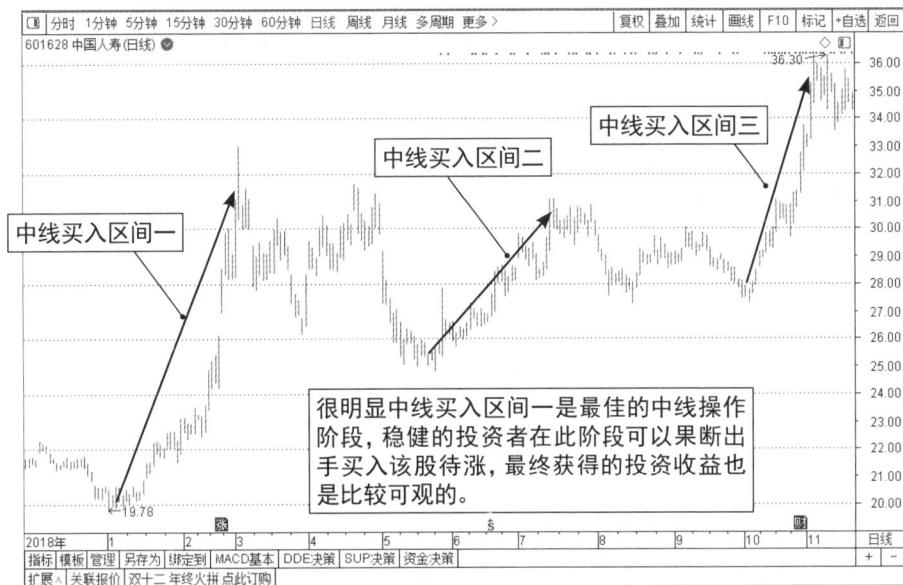

中国人寿2018年12月至2019年11月的走势

从图中可以看出，在主要上升趋势确定之后，在大幅震荡上涨的行情中，投资者可以选择主要的中期上升趋势进行多次操作（如上图中的标注位置），不但可以保证较好的收益，而且可以有效控制风险。

如上图所示，中线买入区间一是最佳的中线操作阶段，计算中期此阶段的上涨幅度，股价从19.78元上涨到了32元左右，涨幅达到了61%左右。

NO.052
道氏短期上升趋势图谱

顾名思义，道氏短期上升趋势指的是股价短期的上升趋势，它决定的是股价短时间内的上涨走势。

一图展示

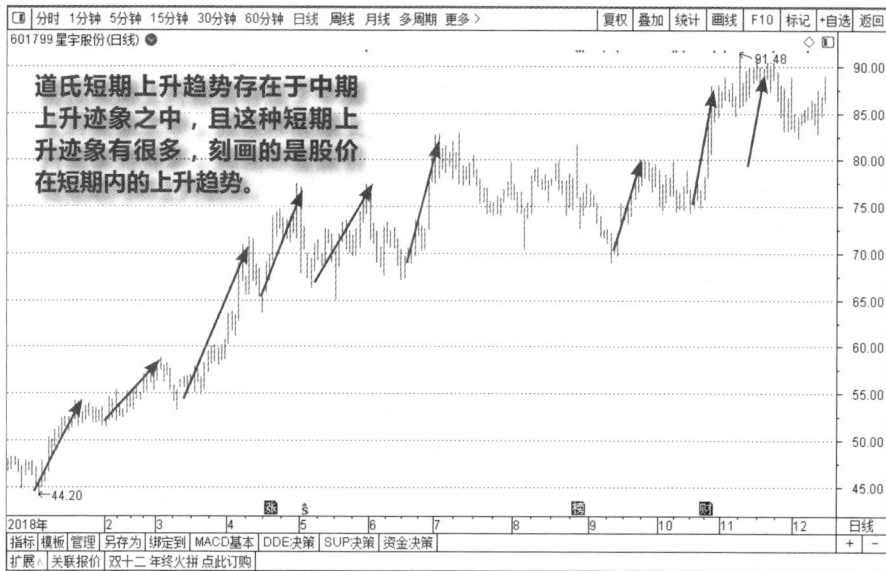

要点剖析

道氏短期上升趋势图的主要内容包括下列 3 点。

◆ 刻画的股价运行方向依旧是向上，只不过时间周期很短。

◆ 存在于道氏中期趋势之中，且出现次数较多。

◆ 道氏短期上升趋势是道氏 3 种上升趋势中持续时间最短的，这些短期
上升趋势的变化组成了整个股价趋势的变化。

操盘精髓

道氏短期上升趋势同样引导股价上涨，但是由于持续的时间较短，所以
变得更加难以判断。

因此投资者在利用道氏短期上升趋势操作的时候，必须选择中期上升趋
势明朗的股价运行阶段。

分析实例 中海油服（601808）短线买入研判

中海油服在2018年12月至2019年12月的走势如下图所示。

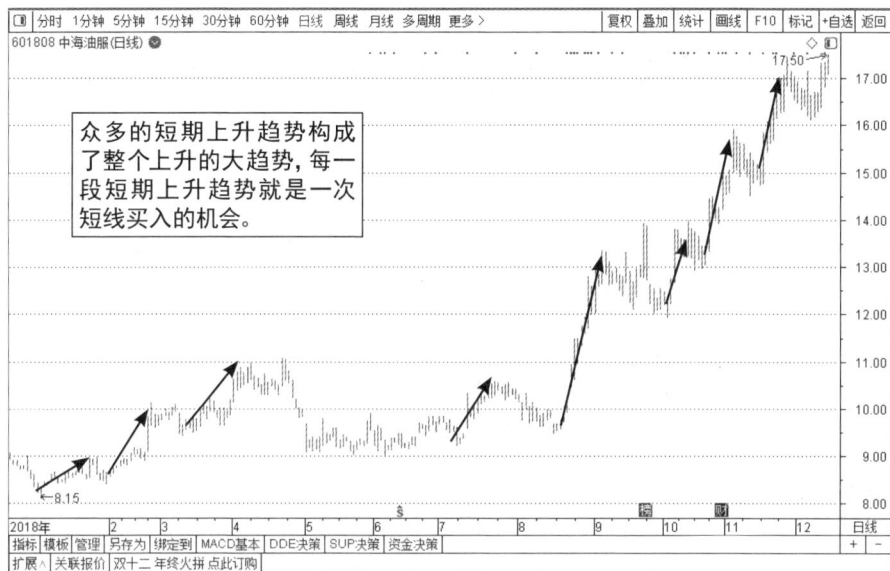

中海油服2018年12月至2019年12月的走势

从上图中可以看到，在一个道氏长期上升趋势中出现了多次明显的短期
上升趋势，投资者可以抓住短期上升趋势进行短线买入操作，但是必须慎重
判断买入点。当股价快速拉升时，投资者就要抓住机会快速跟进，不能犹豫
不决。

NO.053
道氏上升趋势整体图谱

综合前面道氏理论的长、中、短期上升趋势，可以得到道氏理论上升趋势的整体
走势形态。

在道氏理论的上升趋势整体走势形态中，应该包括道氏长、中和短期上升趋势。

一图展示

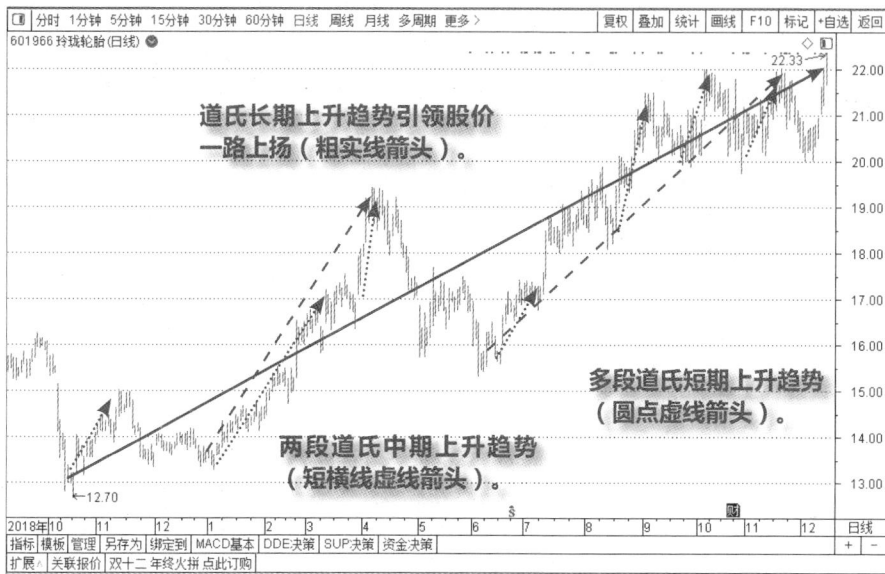

要点剖析

对于道氏上升趋势整体图谱需要注意以下 3 点。

◆ 道氏上升趋势就是股价整体上升趋势，即股价大牛市行情走势。

◆ 每一种趋势其实是股价上涨的动力保证，在3种趋势的协调下，不断推动股价上涨。

◆ 道氏长期上升趋势从整体上决定了股价上涨的方向、幅度；道氏中期上升趋势从中期趋势上修正股价长期趋势的发展轨迹；道氏短期上升趋势借助短期上涨组成股价的中期上升趋势。

NO.054
道氏长期下降趋势图谱

同道氏长期上升趋势一样，道氏长期下降趋势也是道氏理论研究的重点内容，这一长期下降趋势即道氏理论中的熊市行情趋势。

道氏长期下降趋势指的是股价处于长期下降趋势之中，具体而言就是股价长时间下跌，股价不断出现新低。

一图展示

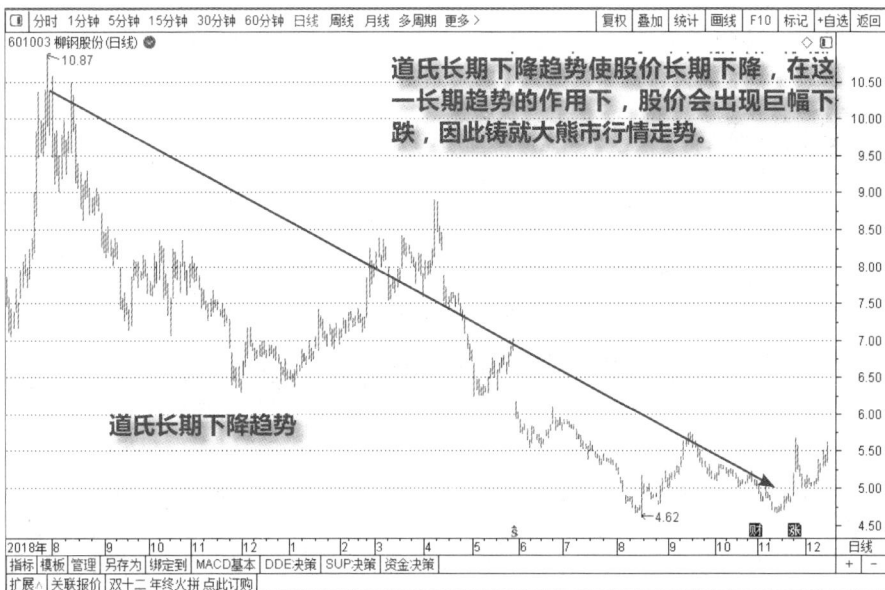

要点剖析

道氏长期下降趋势图主要内容有以下 3 点。

◆ 是对股价长期下降趋势的刻画。

◆ 在道氏长期下降趋势的推动下，股价展开了大幅度的下跌，从而形成股价下跌的大熊市行情。

◆ 道氏长期下降趋势一旦形成，股价将会进行大幅度的下跌，并且这种下跌趋势不会轻易改变。

操盘精髓

道氏长期下降趋势推动股价向下运行，进而形成大熊市行情走势，这样的下跌行情是不能参与的，投资者最好持币观望。

但同时，长期下跌趋势对于释放市场风险具有重要的作用，因此在道氏长期下降趋势的作用下，股价会长期下降，使得股价形成长期底部，进而可能在根本上转变趋势。

分析实例 诚迈科技（300598）道氏长期下降趋势分析

诚迈科技在2018年3月至2019年3月的走势如下图所示。

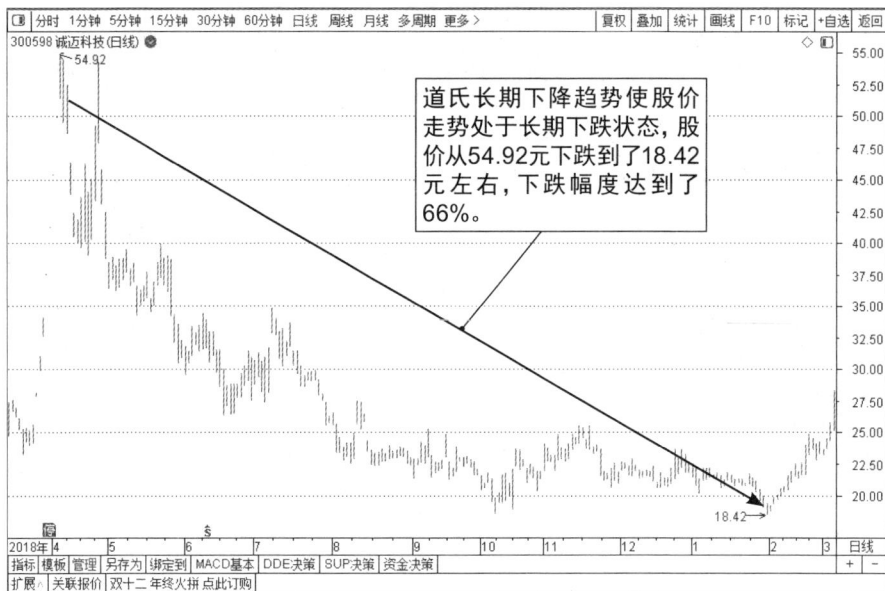

诚迈科技2018年3月至2019年3月的走势

从图中可以看到，该股在经历一轮暴涨行情后于2018年4月10日创出54.92元的最高价后见顶回落进入道氏长期下跌趋势中，在这轮下跌走势中，股价最低创出18.42元，跌幅达到66%。

因此在股价处于长期下降趋势时，投资者不能进行长期操作。但是在股价经过深度回调后，机会就会出现。下面来看该股长期下跌的后市走势，如下图所示。

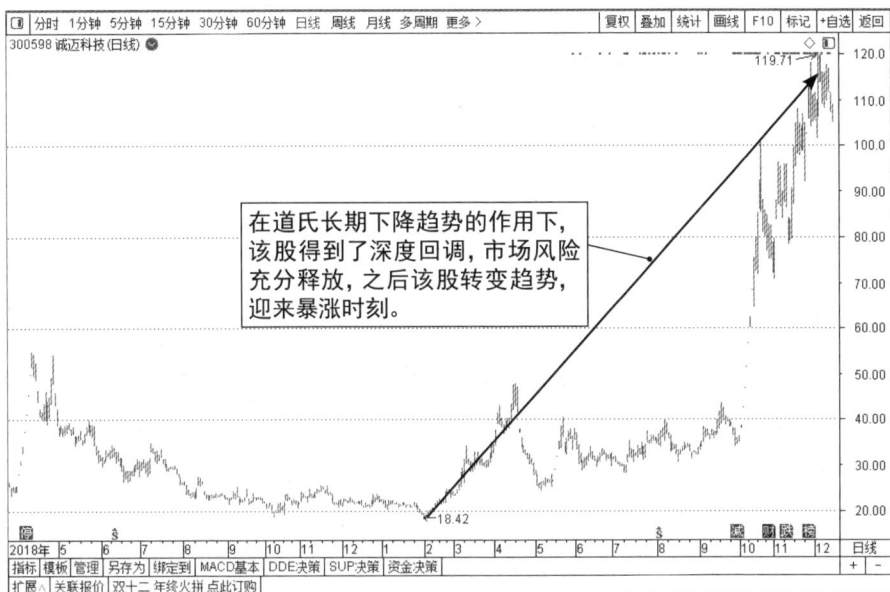

诚迈科技2018年3月至2019年12月的走势

从图中可以看出，经过道氏长期下降趋势的回调之后，该股的风险得到了有效释放。同时长期下降趋势使得股价跌出底部，之后企稳回升，形成上升趋势。

从该股后市的走势来看，股价从18.42元最高上涨到119.71元，涨幅惊人，达到549%。

NO.055
道氏中期下降趋势图谱

道氏中期下降趋势指的是股价中期下降趋势，具体来讲即股价中期时间段内的下跌走势。

一图展示

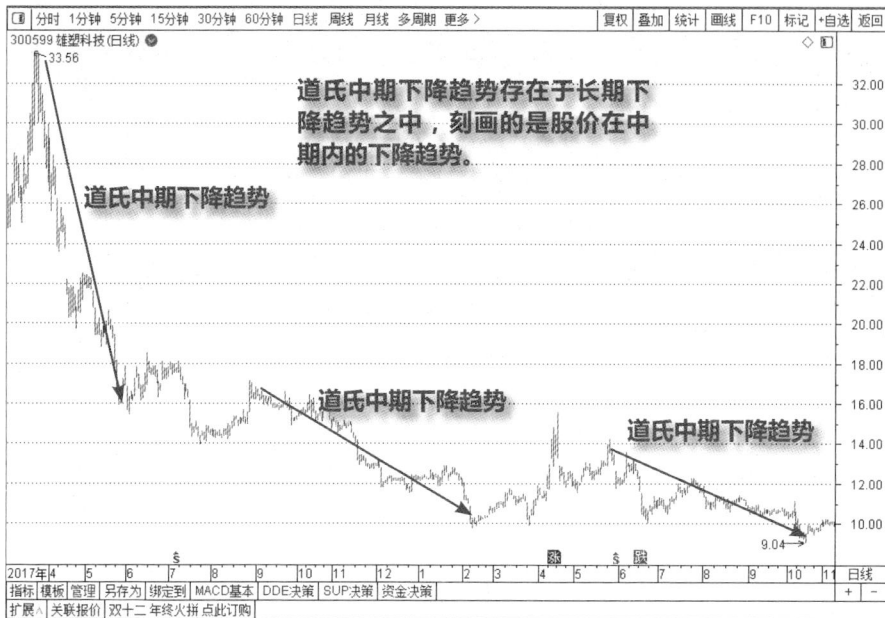

要点剖析

抓住下面 4 个要点，掌握道氏中期下降趋势。

◆ 中期下降趋势也是对股价下降趋势的刻画。

◆ 道氏中期下降趋势存在于道氏长期下降趋势之中，展现的是股价在中期时间段内的下跌走势。

◆ 道氏中期下降趋势是道氏长期下降趋势的主体部分，中期下降趋势的累积就是长期下降趋势的整体下跌幅度。

◆ 道氏长期下降趋势之中可以存在多波段的道氏中期下降趋势。

操盘精髓

和道氏长期下降趋势一样，道氏中期下降趋势促使股价展开较长时间的下跌走势，因此投资者在此期间不能进行买入操作。

股价中期下降趋势的回调，有助于股价中期风险的充分释放，进而促成中期反弹走势行情的出现，投资者可以利用反弹时机进行买入或者是减仓降低损失。

分析实例 开立医疗（300633）中期下降趋势操作

开立医疗在2018年5月至2019年12月的走势如下图所示。

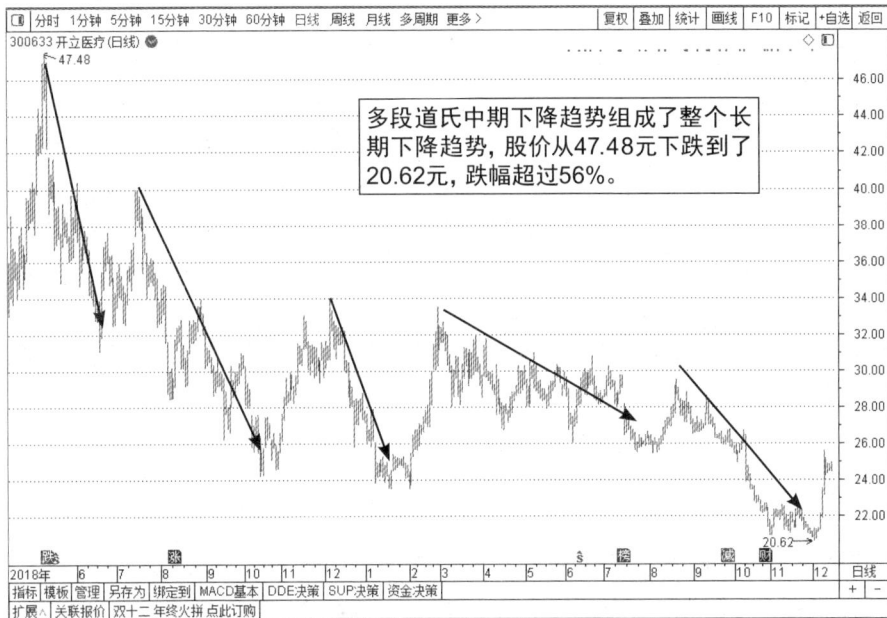

开立医疗在2018年5月至2019年12月的走势

从图中可以看到，该股大幅上涨后在2018年5月10日运行到股价的高价位区，并在当日创出47.48元的最高价，随后该股见顶回落步入道氏长期下跌趋势中。

从整个下跌走势来看，经历一年多的下跌，股价从最高的47.48元下跌到最低的20.62元，跌幅超过56%。

但是在此轮长期下跌趋势中，出现了几段明显的中期下跌趋势，将股价逐步拉低，因此中期下降趋势区域不是可操作阶段，但之后的部分反弹走势阶段是可以参与的，如下图所示。

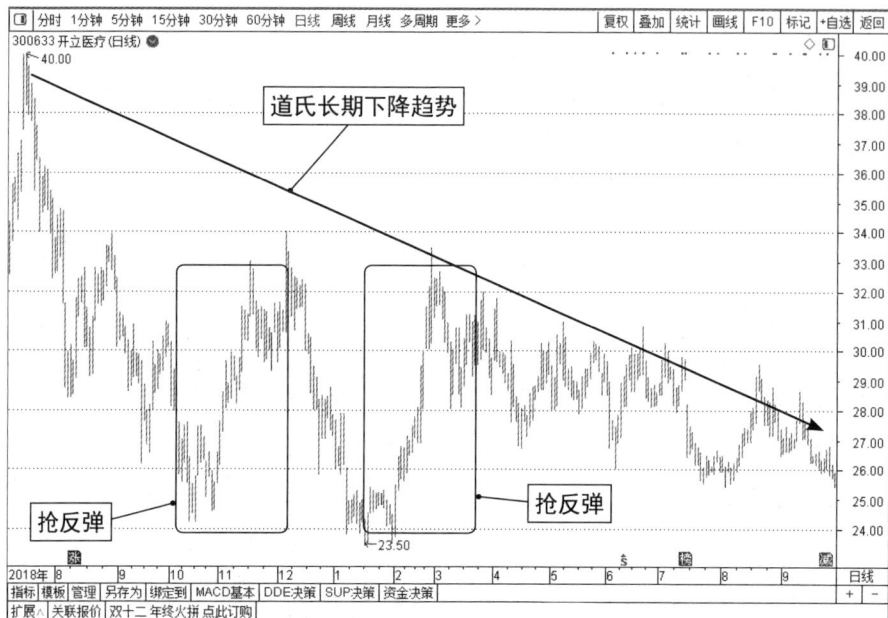

开立医疗在2018年7月至2019年9月的走势

从图中可以看到，在道氏长期下降趋势中，在2018年7月后的两段中期下降趋势后，由于股价中期风险的释放出现了明显的两段可观的反弹走势（图中矩形标注位置），此时投资者可以借助反弹走势，进行适当买入操作或者逢高减持。

但需要特别注意的是，由于此时仍然处于道氏长期下跌趋势中，所以这里只是短时间的反弹走势，股价并不会因为反弹而改变道氏长期下降趋势。在反弹之后，股价又会进入道氏中期下降趋势之中。

NO.056
道氏短期下降趋势图谱

道氏短期下降趋势指的是股价短期下降趋势，具体指的是股价在较短时间段内出现的下跌走势特点。

一图展示

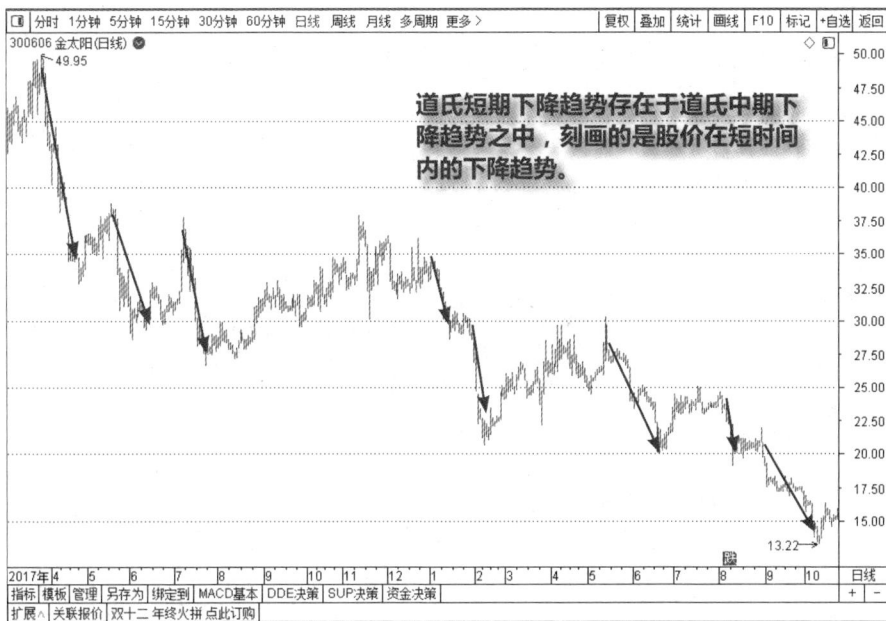

道氏短期下降趋势存在于道氏中期下降趋势之中，刻画的是股价在短时间内的下降趋势。

要点剖析

道氏短期下降趋势图的重点内容如下。

◆ 刻画的是股价的下跌趋势，只不过股价下跌的时间段较短。

◆ 存在于道氏中期下降趋势之中，出现的次数较多。

◆ 道氏短期下降趋势是3种下降趋势中持续时间最短的，这种短时间的下跌走势使股价的下跌走势变得更加复杂多变、不易琢磨。

操盘精髓

道氏短期下降趋势持续时间短、变化多，使股价的下跌显得更加复杂多变，因此投资者不能在这期间操作。

有的短期下降趋势下跌力量强大，会造成股价短时间、大幅度的下跌，这时投资者更不能参与其中，否则会损失惨重。

分析实例 彩讯股份（300634）道氏短期下降趋势分析

彩讯股份在2018年5月至2019年12月的走势如下图所示。

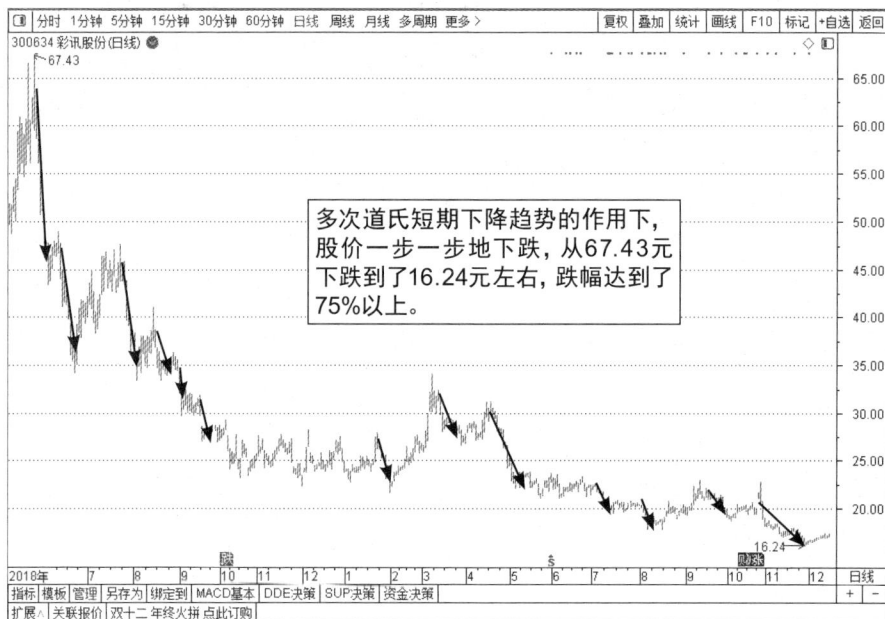

彩讯股份2018年5月至2019年12月的走势

从图中可以看到，该股在大幅上涨后在2018年5月23日运行到股价的高价位区域，并在当日以6%的涨幅大阳线报收，创出67.43元的最高价，随后股价见顶回落进入道氏长期下降趋势中。

在多段道氏短期下降趋势的作用下，股价一步步走低，在经过一年半的时间，股价下跌到低价位区，并创出16.24元的低价，整个道氏长期下跌趋势跌幅达到75%以上。

对于这样的下跌走势，投资者是不能参与的，而且往往在这些短期下跌中还会出现短时间的暴跌，如下图所示。

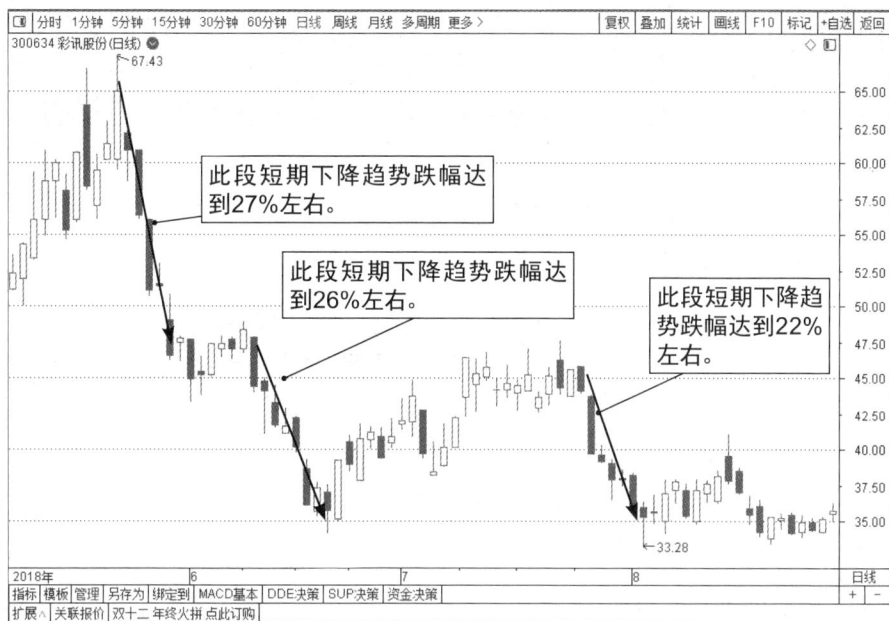

此段短期下降趋势跌幅达到27%左右。

此段短期下降趋势跌幅达到26%左右。

此段短期下降趋势跌幅达到22%左右。

彩讯股份2018年5月至8月的走势

从图中可以看到，在多次的短期下降趋势中，出现了短时间内的暴跌走势特点，暴跌位置就是上图中的标示区域。

在这些暴跌区域中，股价处于极度弱势，下跌动力很强大，投资者不能进行操作，必须回避。

NO.057
道氏下降趋势整体图谱

通过前面的内容可以知道道氏理论中有长、中和短期下降趋势，将它们集合到一个图中，就可以得到道氏下降趋势整体图谱。

在完整的道氏下降趋势图谱中，应该包括道氏长期下降趋势、道氏中期下降趋势和道氏短期下降趋势。

一图展示

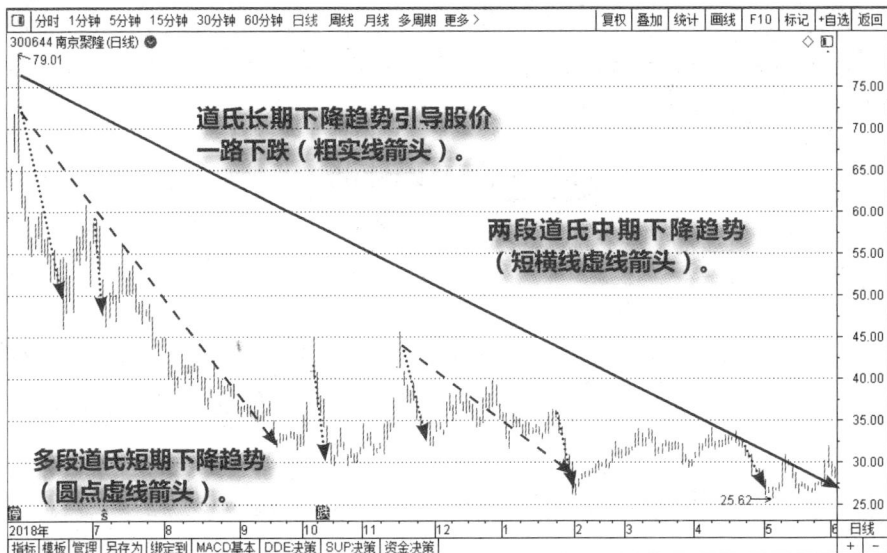

要点剖析

对于道氏下降趋势整体图谱注意以下3点。

◆ 道氏下降趋势即股价的长期下降趋势，是大熊市走势。

◆ 每一种下降趋势的每一次下跌是整个下降趋势的动因，在3种下降趋势的作用下，股价逐步走低。

◆ 道氏长期下降趋势从整体上决定了股价下跌的方向、幅度；道氏中期下降趋势是股价下跌的主力军，一次又一次地把股价从反弹中拉回下降趋势之中；道氏短期下降趋势使得股价下跌形式变得多种多样、难以琢磨。

NO.058
道氏牛市图谱

道氏理论所指的牛市行情即道氏理论下的主要上升趋势，也就是前面讲到的道氏长期上升趋势。

一图展示

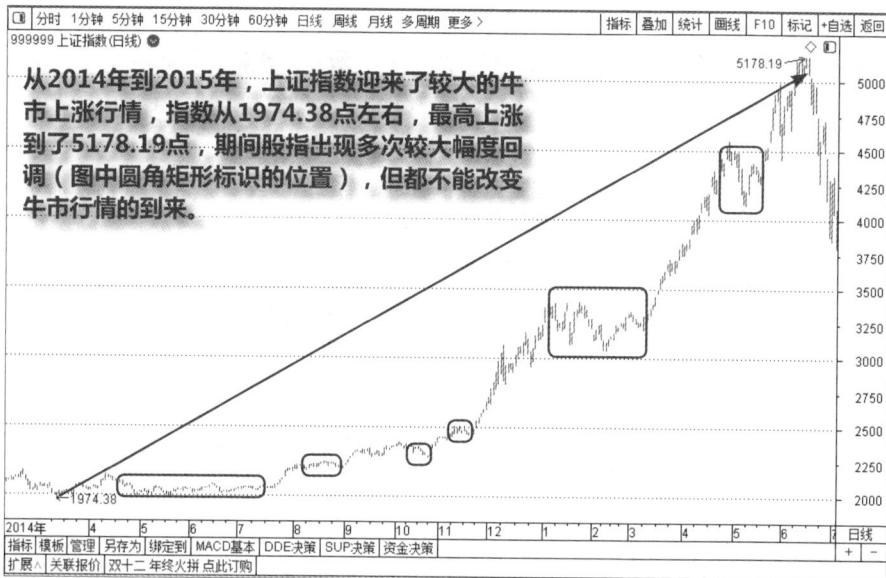

分时 1分钟 5分钟 15分钟 30分钟 60分钟 日线 周线 月线 多周期 更多 >	指标 叠加 统计 画线 F10 标记 +自选 返回

999999 上证指数(日线)

从2014年到2015年，上证指数迎来了较大的牛市上涨行情，指数从1974.38点左右，最高上涨到了5178.19点，期间股指出现多次较大幅度回调（图中圆角矩形标识的位置），但都不能改变牛市行情的到来。

5178.19

1974.38

2014年

指标 模板 管理 另存为 绑定到 MACD基本 DDE决策 SUP决策 资金决策
扩展^ 关联报价 双十二 年终火拼 点此订购

要点剖析

从上证指数的大牛市行情走势得到的启示。

◆ 道氏理论能对大牛市行情做出预测。

◆ 道氏理论下的牛市行情爆发力十足，一旦大牛市行情形成，不会那么轻易地改变。

NO.059
道氏熊市图谱

道氏理论所指的熊市行情即道氏理论下的主要下降趋势，亦即前面讲到的道氏长期下降趋势。

一图展示

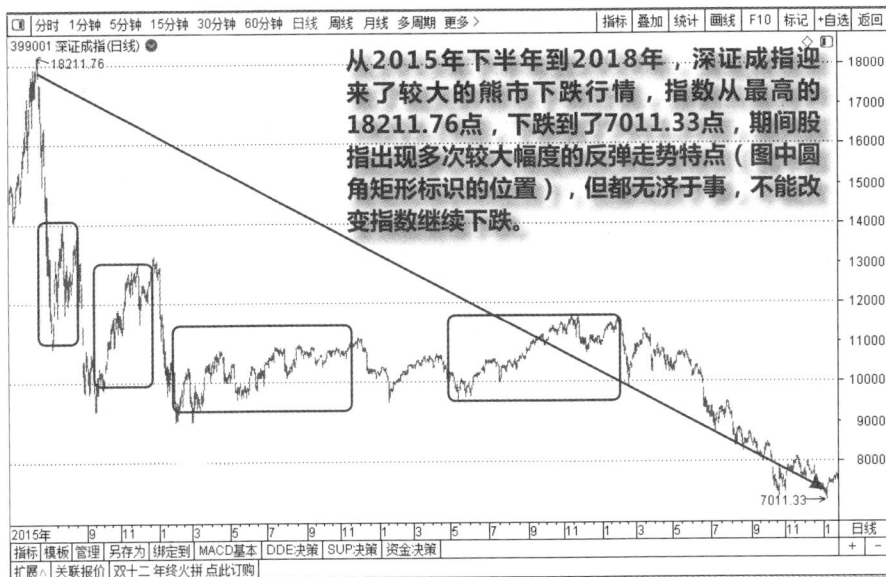

从2015年下半年到2018年，深证成指迎来了较大的熊市下跌行情，指数从最高的18211.76点，下跌到了7011.33点，期间股指出现多次较大幅度的反弹走势特点（图中圆角矩形标识的位置），但都无济于事，不能改变指数继续下跌。

要点剖析

从深证成指的大熊市行情得到的启示。

◆ 道氏理论能够对指数的大熊市做出预测和判断。

◆ 道氏理论下的大熊市行情一旦形成，下跌的威力是巨大的，股指将会进行巨大幅度的下跌，而且这种下跌趋势不会轻易改变。

第 **4** 章
一图掌握波浪理论

波浪理论认为股价始终以波浪的方式运行着，它研究的重点是股价的波浪趋势运行，和道氏理论对趋势的研判以及传统技术分析图形都十分吻合。本章将从波浪的整体走势图谱开始，逐步展示波浪理论的各个知识要点，使投资者掌握波浪趋势分析的方法，进而指导实战操作，并借助波浪理论赚钱。

NO.060　波浪八浪运行整体图谱

NO.061　波浪五浪上升趋势图谱

NO.062　波浪三浪下降趋势图谱

NO.063　波浪级别正确划分图谱

NO.064　波浪规律之波浪二不破波浪一底部图谱

NO.065　波浪规律之波浪三不是最短波浪图谱

NO.066　波浪规律之波浪四不破波浪一顶部图谱

NO.067　波浪一启动上升趋势图谱

············

NO.060
波浪八浪运行整体图谱

波浪理论认为股价总是存在着两种相互交替的趋势，即是股价上升趋势和下降趋势。同时波浪理论认为上升趋势是由五浪组成的，而下降趋势是由三浪组成的。

一图展示

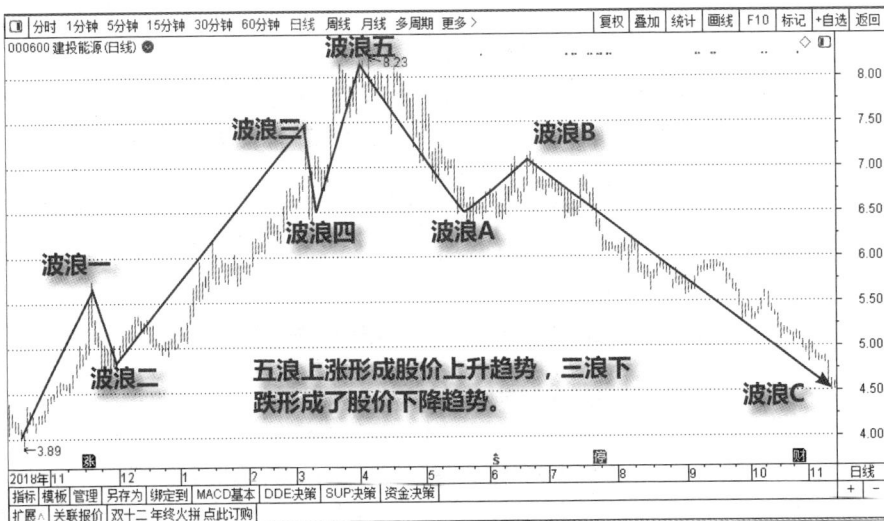

要点剖析

理解波浪八浪运行整体走势。

◆ 八浪的发展使得股价一共完成了两种趋势，即前期的上升趋势和之后的下降趋势。

◆ 在上升趋势中，股价的上涨借助于5个波浪的作用；在下降趋势中，股价的下跌源于3个波浪的下行。

◆ 在由5个波浪组成的上升趋势中，3个波浪是向上运行的，即波浪一、三、五；两个波浪是向下运行的，即波浪二、四。在由3个波浪

组成的下降趋势中，两个波浪向下运行，即波浪A、C；一个波浪向
上运行，即波浪B。

◆ 在五浪上升趋势之中，股价步步上涨，不断创出新高，显示的是牛
市行情走势；在三浪下降趋势之中，股价逐步下跌，不断跌出新
低，显示的是熊市行情走势。

NO.061
波浪五浪上升趋势图谱

在5个波浪的作用下，股价向上运行，进而形成上升趋势，出现牛市上涨行情走
势的特点。

一图展示

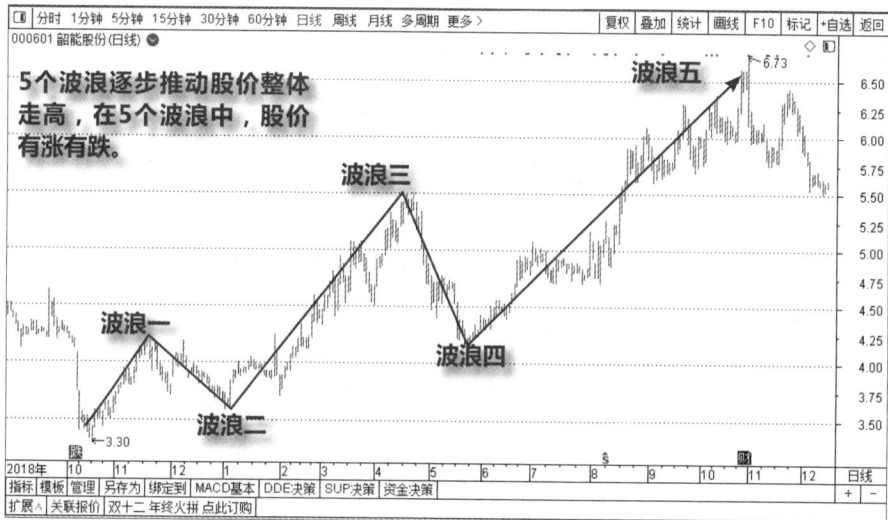

要点剖析

五浪上升趋势揭示出以下3个内容。

◆ 五浪上涨确定的是股价的上升趋势，使股价整体出现大幅度上涨。

◆ 5个波浪中，并不是每一个波浪都带动股价上涨，具体来说不是每一个波浪的方向都是向上的。波浪一、波浪三和波浪五方向向上，带动股价上涨；波浪二和波浪四方向向下，带动股价下跌。

◆ 5个波浪整体促使股价出现上升趋势，只要五浪没有结束，那么股价的整体上升趋势肯定也不会结束。

操盘精髓

根据 5 个波浪上升的特点，投资者可以进行如下两种基本操作。

◆ 五浪推动股价整体向上运行，产生的是牛市行情走势，投资者可以抓住牛市布局，进行长线操作。

◆ 不是每一个波浪都推动股价向上运行，所以投资者应进行波段中线操作，即抓住五浪中的上涨波浪，回避五浪中的下跌波浪，使操作效率有所提升。

分析实例 长安汽车（000625）五浪上升趋势中的买入分析

长安汽车在2018年10月至2019年4月的走势如下图所示。

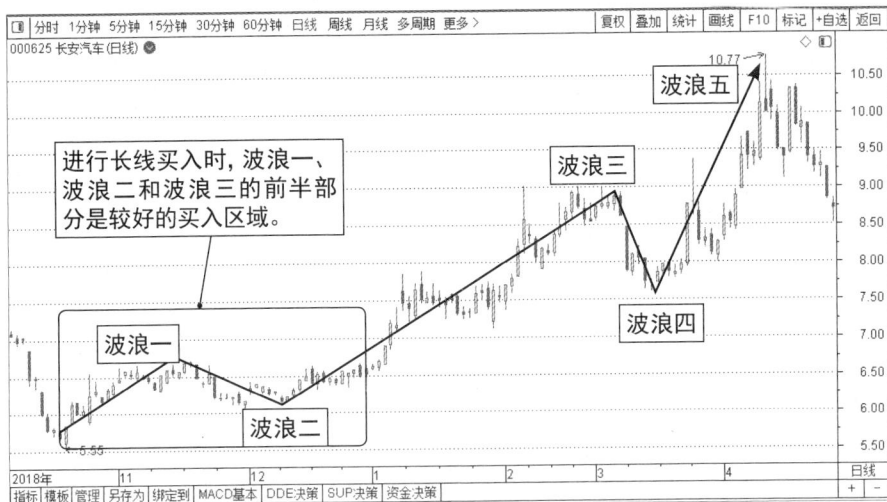

长安汽车2018年10月至2019年4月的走势

从图中可以看到，5个波浪逐步推升股价上涨，整体上涨幅较大，从5.55元上涨到了10.77元左右，涨幅达到了94%。投资者进行长线操作可以获得较大收益，但是进行波段操作可以大大提升效率，如下图所示。

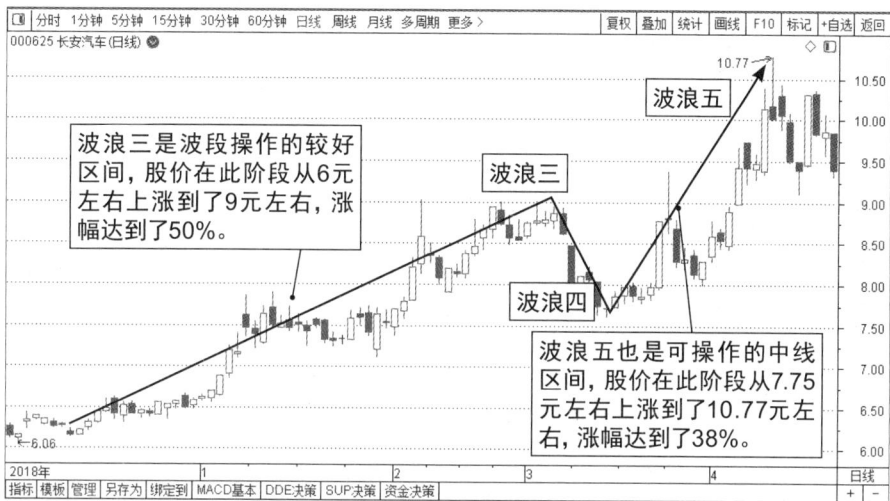

长安汽车2018年12月至2019年4月的走势

从图中可以看出，在五浪上升趋势之中，投资者可以进行两次波段中线操作，分别是浪三和浪五，如此一来累积获益是非常可观的。

> **要点提示** *波浪一不是较好的波段中线操作阶段*
>
> 在上面的波段中线操作分析中，只有波浪三和波浪五两次波段中线操作，没有波浪一的操作。原因在于，波浪一是股价上升趋势的初期，走势不确定性较大，同时对于波浪一的出现和发展比较难把握，因此建议投资者在进行波段中线操作时，尽量选择趋势明确的波浪三和波浪五阶段。

NO.062
波浪三浪下降趋势图谱

在3个下降波浪的作用下，股价整体下跌，从而形成下降趋势，导致熊市行情的逐步展开。

一图展示

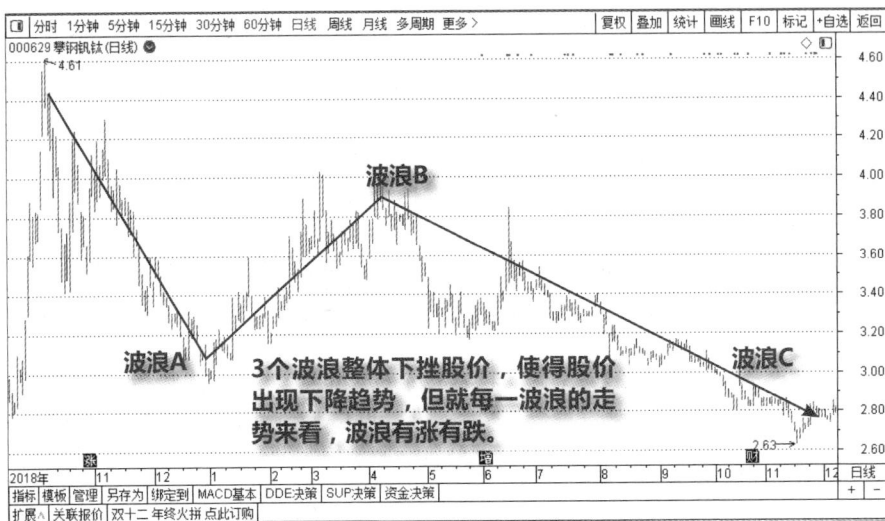

要点剖析

三浪下降趋势具有以下特点。

◆ 三浪下跌确定的是股价的整体下降趋势，使得股价出现大幅度下跌。

◆ 3个波浪中，波浪A和波浪C是下跌波浪，促使股价向下运行；波浪B
  是上涨波浪，使得股价向上反弹。

◆ 三浪确定股价下降趋势，只要三浪没有结束，那么下降趋势也不会
  改变。

操盘精髓

三浪整体下挫股价，所以投资者不能进行长线买入操作，最好持币观望。
针对较大幅度的浪B反弹现象，投资者可以逢高出逃或者是适当买入。

分析实例 铜陵有色（000630）三浪下降趋势操作分析

铜陵有色在2019年2月至12月的走势如下图所示。

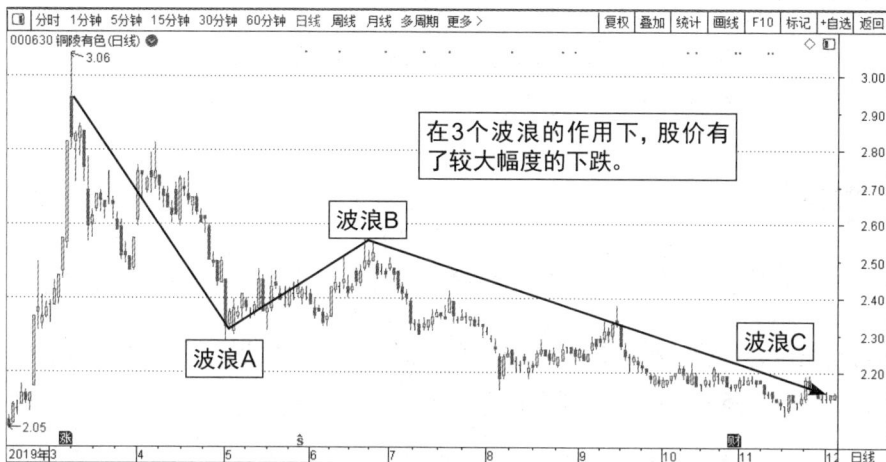

铜陵有色2019年2月至12月的走势

从图中可以看到，在3个波浪的作用下，股价有了较大幅度的下跌，从3.06元下跌到了2元左右，跌幅达到34%，因此投资者要注意回避。

针对较强的波浪B反弹现象，投资者可以逢高出逃或者适度买入，如下图所示。

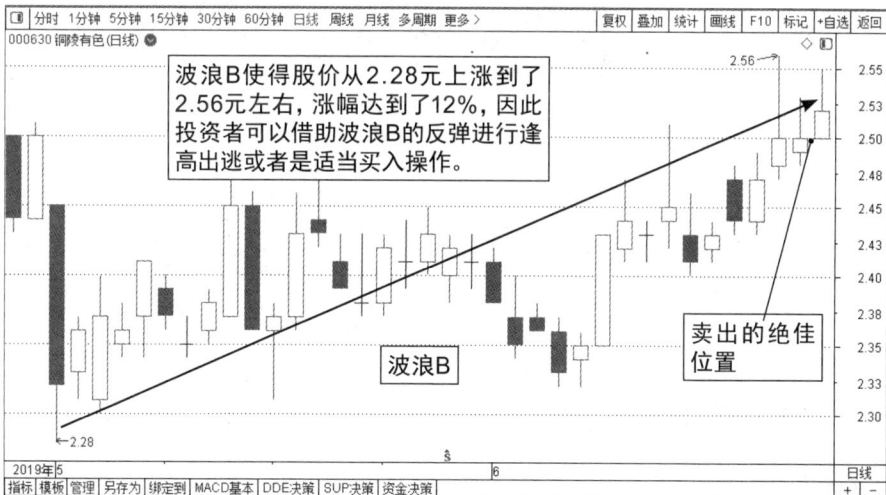

铜陵有色2019年4月至6月的走势

由于波浪B的反弹强度较大，整体涨幅达到12%左右，所以投资者可以借助此机会逢高卖出股票，达到出逃止损的目的。

对于激进的投资者，也可以借助此机会进行适当的轻仓买入操作，但要注意的是必须在股价走势减弱时及时卖出。

NO.063
波浪级别正确划分图谱

波浪理论告诉我们，波浪是交替进行的，同时也告诉我们波浪是有不同大小级别的，即波浪中包含较小一级的波浪。

针对这样的问题，运用波浪进行趋势分析时，就必须正确地划分每一级波浪，这样才能正确用波浪走势来确定股价运行的趋势。

一图展示

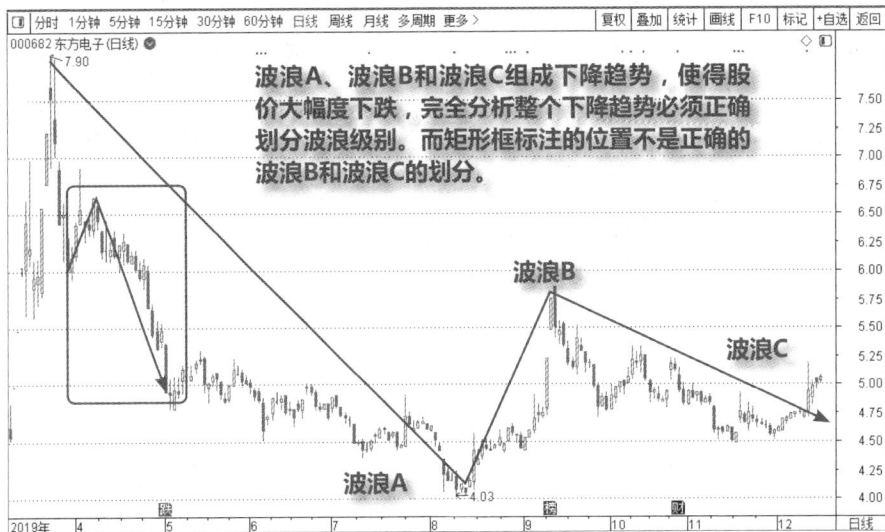

要点剖析

正确划分波浪级别的关键点。

◆ 最重要的是分析波浪运行的时间周期，随着波浪级别的提高，波浪运行的时间周期也会拉长，同时相同级别的波浪运行的时间周期基本相当。

◆ 也可以从上涨和下跌幅度来判断，同等级的波浪在变化幅度上相差不大。

◆ 寻找上涨和下跌的关键点位，从这些显示股价上涨和下跌的关键点出发也可以分清波浪。

操盘精髓

只有正确划分出波浪的各个走势阶段，才能获得波浪的准确发展方向，由此才能展开趋势分析，否则不能展开有价值的趋势分析。

分析实例 远兴能源（000683）划分波浪分析

远兴能源在2018年10月至2019年5月的走势如下图所示。

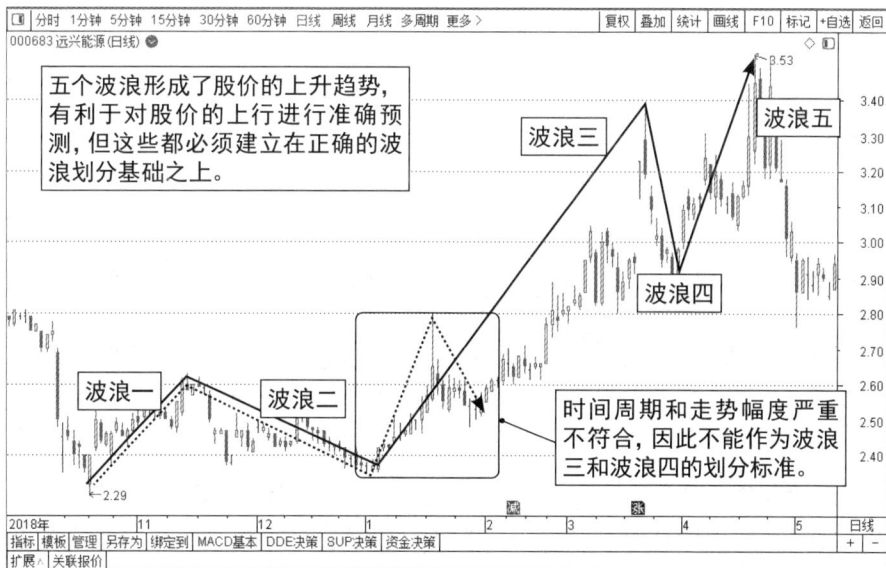

远兴能源2018年10月至2019年5月的走势

从上图可以看出，图中框选的矩形区域出错的地方主要是没有考虑到波浪形成的时间周期以及波浪对股价走势的影响幅度，所以出现波浪严重的划分错误。

容易认错的波浪级别如图中标注的波浪级别，它应该是组成较大级别波浪三的小波浪，如下图所示。但是这种出错不是根本性质的错误，而是将小一级的波浪当成了较高级别的波浪而已。

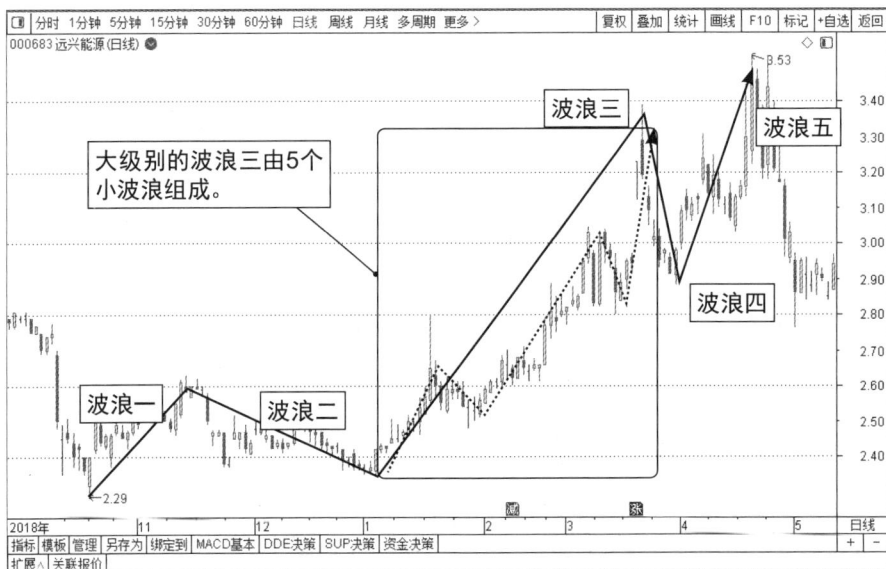

远兴能源2018年10月至2019年5月的走势

要点提示 *波浪理论对于各个级别波浪的标注符号*

波浪理论认为波浪中有波浪，大波浪走势由小一级波浪构成，其不同之处在于波浪的级别大小，于是对不同级别的波浪做出了不同符号标示，基本的两种标示是：中级上升五浪标号为（1）、（2）、（3）、（4）、（5），中级下降三浪标号为（A）、（B）、（C）；小型级上升五浪标号为1、2、3、4、5，小型级下降三浪标号为A、B、C。通过上述不同符号的标注，使得波浪的复杂运行一目了然，更加便于投资者进行趋势分析。

NO.064
波浪规律之波浪二不破波浪一底部图谱

波浪理论有三大规律，规律一即波浪二的下跌不能跌破波浪一的底部，即波浪一开始的位置，否则波浪五浪上升趋势就不成立。

一图展示

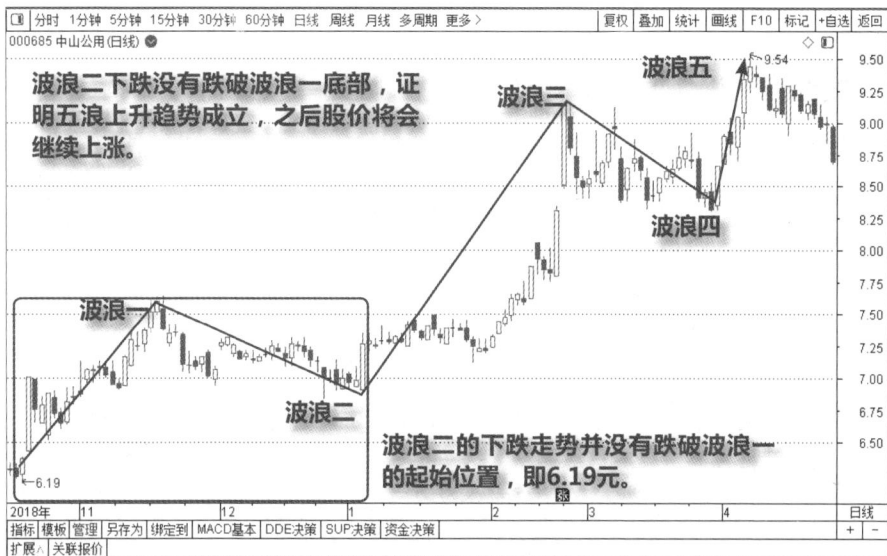

波浪二下跌没有跌破波浪一底部，证明五浪上升趋势成立，之后股价将会继续上涨。

波浪二的下跌走势并没有跌破波浪一的起始位置，即6.19元。

要点剖析

波浪二不跌破波浪一的底部揭示了以下 3 个信息。

◆ 波浪一是上升趋势的第一阶段，波浪二则是下跌两浪中的第一浪。

◆ 波浪一的底部对波浪二的下跌具有支撑作用，波浪二的下跌走势是对股价上涨的修正，同时也是对上升趋势成立与否的试探。

◆ 波浪一和波浪二的存在奠定了五浪上升趋势。

操盘精髓

当波浪二没有跌破波浪一底部时，投资者可以进行 3 种操作。

◆ 在波浪二不破波浪一，之后股价转入上涨状态时买入股票待涨。

◆ 在波浪二不破波浪一，同时转入上涨走势，并且在股价超过波浪一的顶点后买入股票待涨。

◆ 是一个折中的操作方法，先进行第一种操作，建仓30%，之后用第二种操作加仓50%。

分析实例 黑芝麻（000716）波浪规律一操作技巧分析

黑芝麻在2018年9月至2019年5月的走势如下图所示。

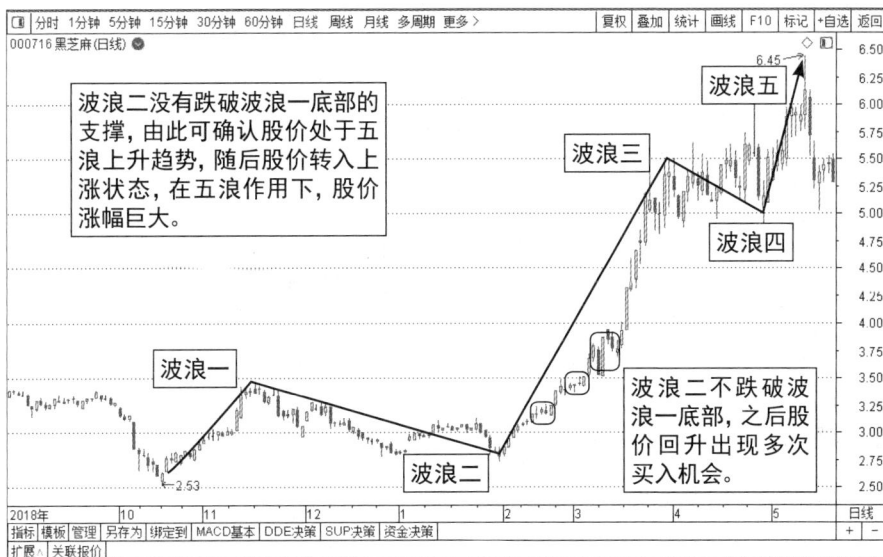

黑芝麻2018年9月至2019年5月的走势

从图中可以看出，在波浪二不跌破波浪一的前提下，该股出现了3次较好的买入机会。对于较稳健的投资者而言，最好还是采用第二种操作方法进行买入操作，如下图所示。

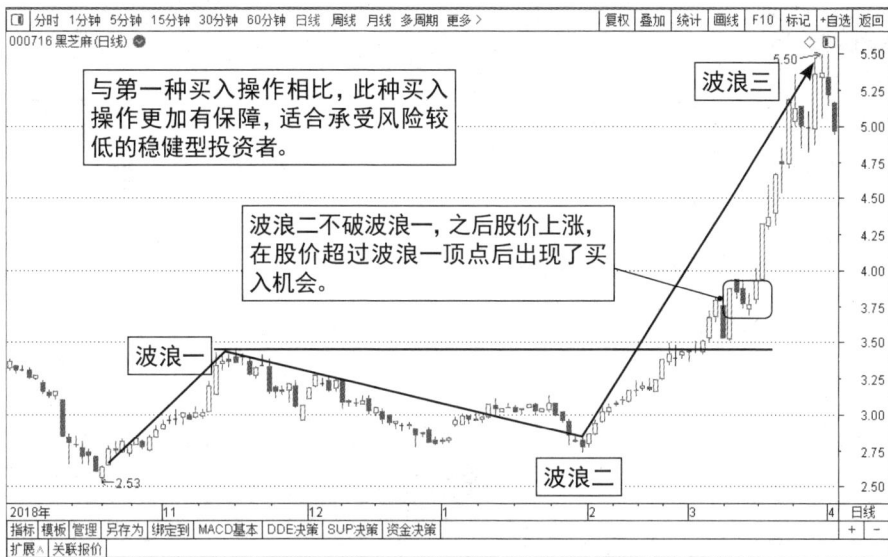

与第一种买入操作相比，此种买入操作更加有保障，适合承受风险较低的稳健型投资者。

波浪二不破波浪一，之后股价上涨，在股价超过波浪一顶点后出现了买入机会。

波浪三

波浪一

波浪二

黑芝麻2018年10月至2019年4月的走势

从图中可以看到，股价保持上涨走势，显示的是对于上升趋势的肯定，当股价加速上扬突破了波浪一的顶点位置后，显示出股价具有较强的上涨动力，由此出现买入机会。

在上述两种操作之外，投资者还可以选择更加合理的操作方案，即用第一种操作方法分别进行15%的建仓，使总建仓为45%，然后再用第二种操作方法建仓50%。

无论是运用哪种操作方法，投资者在操作之前都要进行细致分析。

NO.065
波浪规律之波浪三不是最短波浪图谱

波浪规律之二是指波浪三不是上涨幅度最小的一浪，往往波浪三是整个上涨过程中最有爆发力的波浪，因此是赚钱的好机会。

一图展示

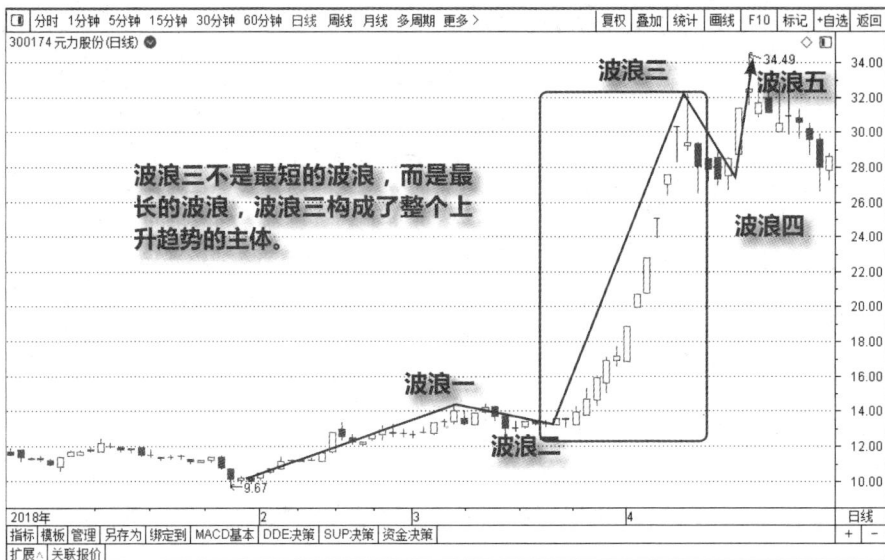

波浪三不是最短的波浪，而是最长的波浪，波浪三构成了整个上升趋势的主体。

要点剖析

理解和掌握波浪规律之二，需要注意下面 3 个重要内容。

◆ 波浪三绝不是最短的波浪，但同时也不一定是最长的波浪。

◆ 在实际走势中，波浪三往往是最长的波浪，它组成了整个五浪上升趋势的主体涨幅部分。

◆ 有时股价在波浪三阶段会出现爆发式上涨行情。

操盘精髓

针对波浪规律之二，投资者可以进行下面两种操作准备。

◆ 抓住波浪三的走势特点，进行中线操作。

◆ 抓住波浪三中的爆发式行情，进行短线买入操作。

分析实例 中飞股份（300489）波浪三买入分析

中飞股份在2018年10月至2019年9月的走势如下图所示。

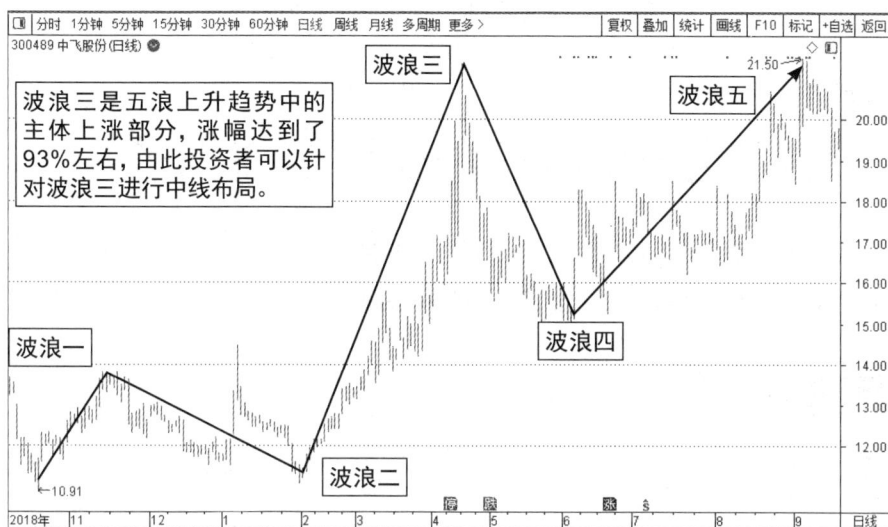

波浪三是五浪上升趋势中的主体上涨部分，涨幅达到了93%左右，由此投资者可以针对波浪三进行中线布局。

中飞股份2018年10月至2019年9月的走势

抓住波浪三中的爆发式走势特点，投资者还可以进行短线买入，如下图所示。

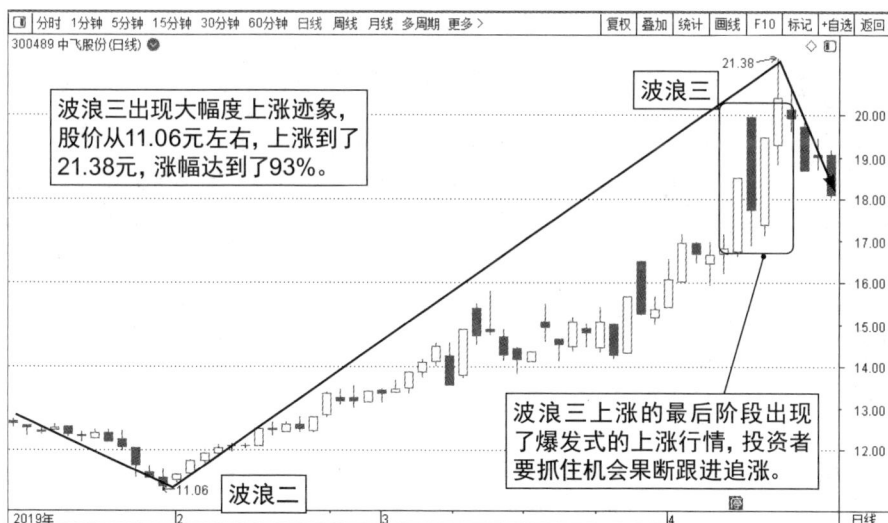

波浪三出现大幅度上涨迹象，股价从11.06元左右，上涨到了21.38元，涨幅达到了93%。

波浪三上涨的最后阶段出现了爆发式的上涨行情，投资者要抓住机会果断跟进追涨。

中飞股份2019年1月至4月的走势

在图中椭圆区域内，股价4天从16.62元左右上涨到了21.38元左右，涨幅超过28%，如此行情为投资者提供了绝佳的短线买入时机。

NO.066
波浪规律之波浪四不破波浪一顶部图谱

波浪四出现在波浪三之后，其走势很复杂，琢磨不透，有时会出现较大下跌的走势特点。但是不管波浪四怎么下跌，不能跌破浪一的顶部。

一图展示

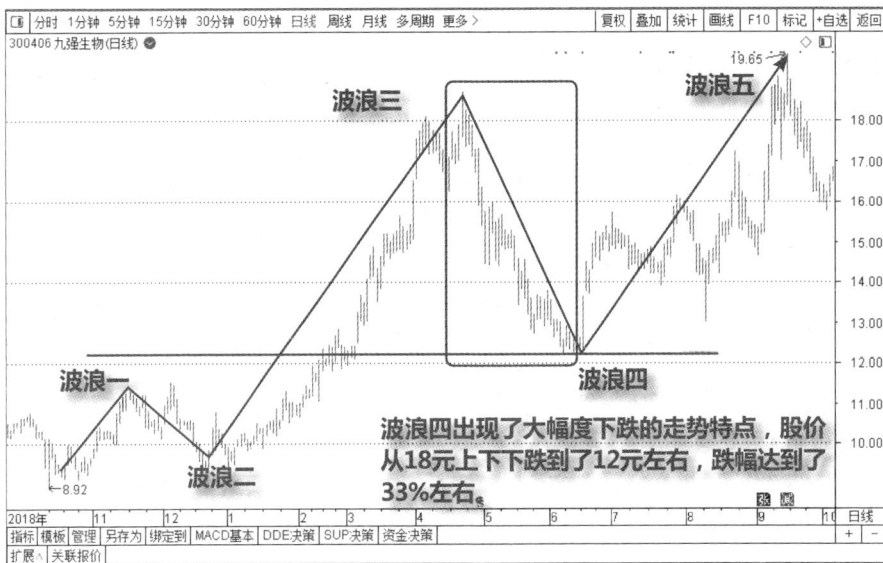

要点剖析

怎么理解波浪规律之三呢？

◆ 承认了股价会在波浪四阶段出现下跌迹象，并且有可能是大幅度的下跌。

◆ 指出了波浪四的最大下跌幅度，即在波浪一的顶部止跌。

操盘精髓

波浪规律三提供了以下两个操作思路。

◆ 由于波浪四可能出现大幅度下跌的走势特点，因此投资者要在波浪三顶部位置卖出手中的股票。

◆ 在波浪四成功止跌企稳后，投资者可以放心买入股票。

分析实例 广生堂（300436）波浪规律之三运用分析

广生堂在2019年1月至7月的走势如下图所示。

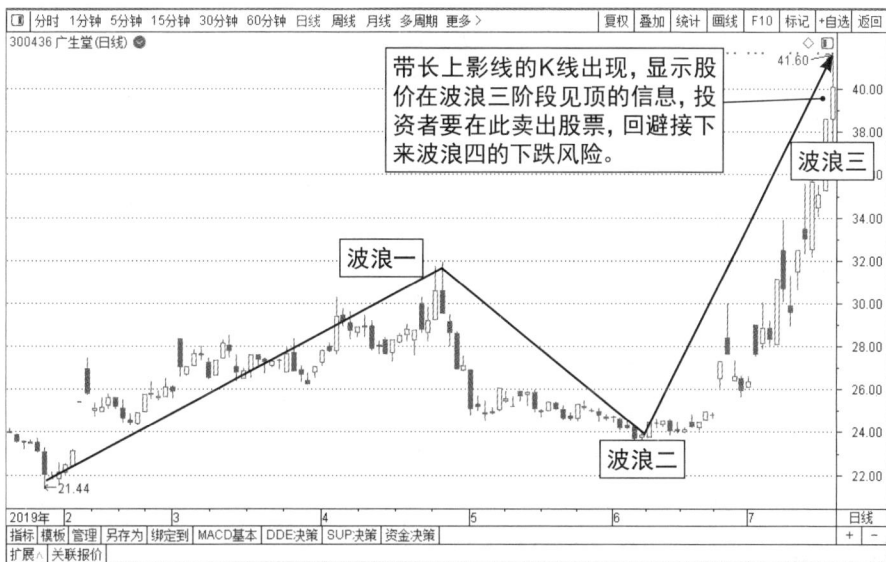

广生堂2019年1月至7月的走势

从图中可以看到，该股在2019年1月底创出21.44元的最低价后止跌企稳步入上涨行情。

在2019年7月，股价创出41.6元的阶段性高价，此时股价已经有94%左右的上涨幅度，此时收出的带长上影线的K线，显示了波浪三的顶部。投资者要及时卖出股票，避免之后波浪四的下跌风险，如下图所示。

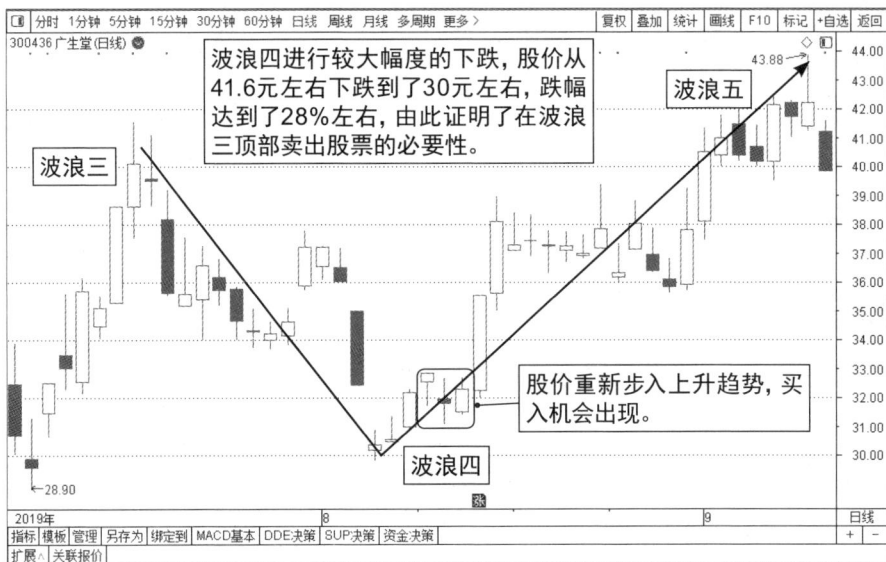

波浪四进行较大幅度的下跌，股价从41.6元左右下跌到了30元左右，跌幅达到了28%左右，由此证明了在波浪三顶部卖出股票的必要性。

股价重新步入上升趋势，买入机会出现。

广生堂2019年7月至9月的走势

从图中可以看到，该股运行到浪三顶部后，经历了近一个月的深幅下跌，从股价在波浪四的下跌状态可知，之前在波浪三顶部位置卖出股票是正确的操作。

同时，在波浪四完成下跌之后，股价止跌，重新回到了浪五上升趋势之中，因此在图中矩形区域出现了买入机会。

NO.067
波浪一启动上升趋势图谱

在五浪上升趋势之中，波浪一无疑就是上升趋势的启动阶段，在这一波浪的上涨过程中，股价由下跌转向上涨，并且初步确立了这种上涨走势。

一图展示

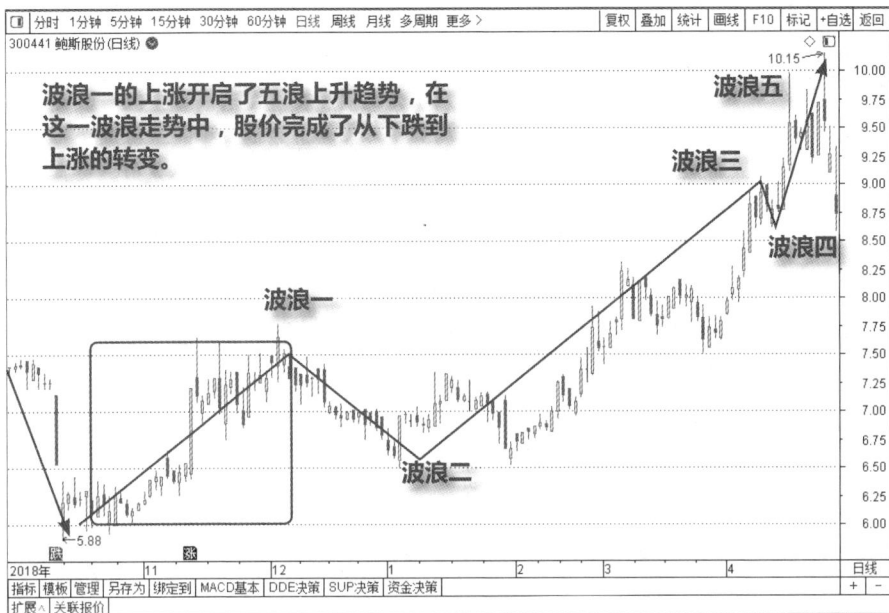

波浪一的上涨开启了五浪上升趋势，在这一波浪走势中，股价完成了从下跌到上涨的转变。

要点剖析

波浪一开启上升趋势的意义？

◆ 波浪一的上涨促使股价从底部走出，展开了新的一轮上涨走势。

◆ 波浪一的上涨走势扭转了股价之前的下降趋势，显示着股价趋势在根本性上得到了改变。

◆ 整个波浪一的上涨为五浪上升趋势奠定了坚实的基础。

操盘精髓

波浪一扭转股价的趋势，将下降趋势转变成了上升趋势，为了达到这一目的，波浪肯定会出现一定幅度的上涨，由此投资者可以适当关注波浪一存在的操作机会。

但是，波浪一毕竟存在于趋势转换的敏感时期，在不能确定趋势真正转变的前提下，投资者不宜参与其中。

分析实例 沃施股份（300483）波浪一操作分析

沃施股份在2018年4月至11月的走势如下图所示。

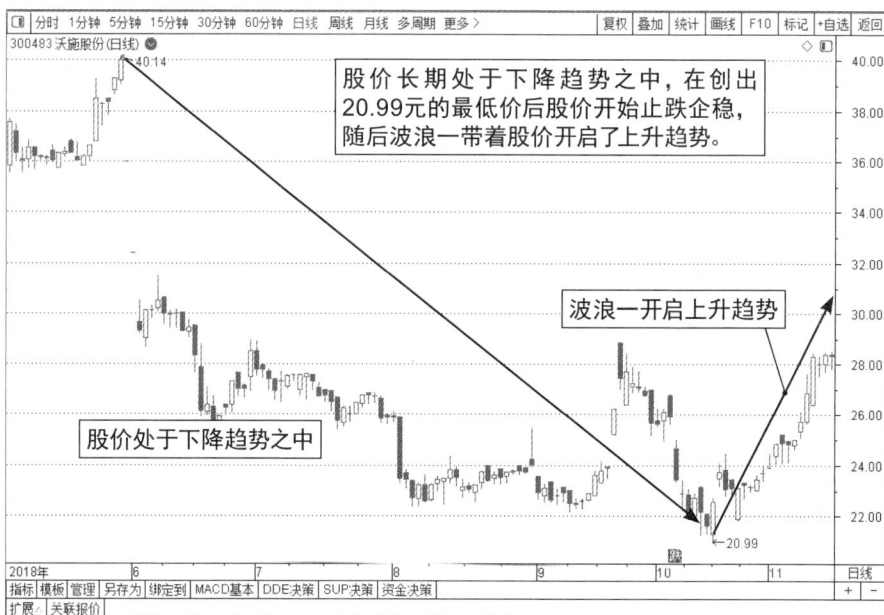

沃施股份在2018年4月至11月的走势

从图中可以看到，该股长期处于下降趋势之中，股价从40.14元下跌到20.99元，跌幅达到47%左右。

波浪一使股价走出了前期的下降趋势，逐步开始了上涨走势，待股价走势真正明确上涨后，投资者就可以放心在波浪一阶段进行买入股票的操作，如下图所示。

从图中可以看到，在整个五浪上升趋势中，波浪一持续的时间较长，对应的上涨幅度也较大，这样的走势不是很常见，但是在这里是很有必要的。原因在于：股价前期巨幅的下跌需要这样的波浪一出现，来使股价摆脱下降趋势。

同时，大幅度上涨和长时间运行的波浪一也为投资者带来了较好的操作机会，如图中的矩形标识区域。

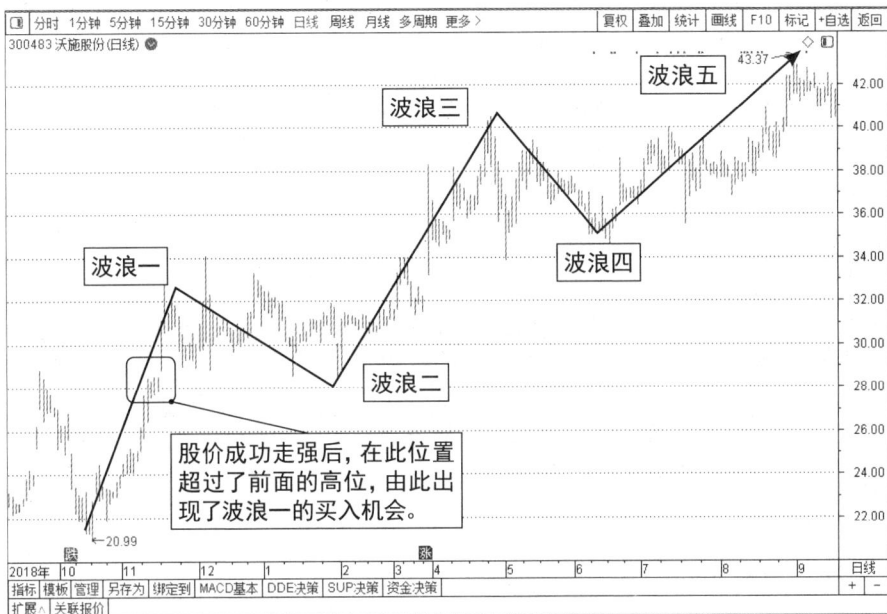

沃施股份2018年9月至2019年9月的走势

要点提示 *波浪一的一般性特点*

上面的实例分析中，波浪一出现了长时间、大幅度上涨的走势特点，但是在一般性的波浪一的运行中，股价上涨的幅度较小、持续上涨的时间也较短，由此可见实例中的波浪一走势是特殊的走势。

正因为波浪一走势的周期比较短，使得投资者在把握波浪一时比较困难，所以针对波浪一的操作不能强求，只能在真正确定其为上升趋势之后，才能进行操作。

NO.068
波浪一延长走势图谱

波浪理论认为波浪会出现延长走势的特点，即小一级别波浪构成大一级别波浪，并使得大一级别波浪的趋势得到延长。

波浪一的延长走势指的就是构成波浪一的更小一级别波浪使得波浪一的趋势得到延长。

一图展示

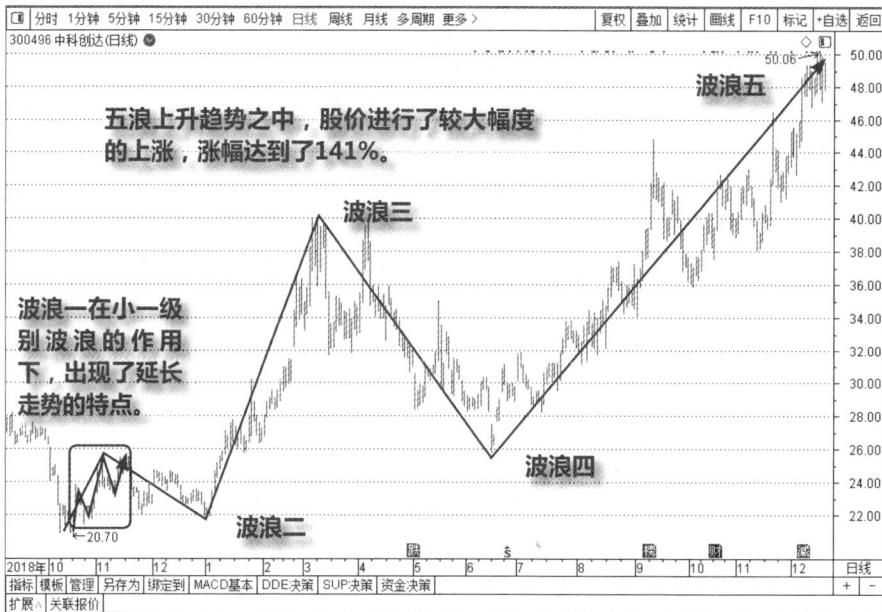

要点剖析

小一级别的波浪构成了小一级别的五浪上升趋势，波浪一在这一趋势的作用下出现了延长现象。

波浪一延长后，波浪一上涨的幅度增加，上涨持续的时间增长，这样的走势更有利于股价五浪上升趋势的认定。

波浪二轻度回调走势图谱

在波浪一开启五浪上升趋势之后，股价的运行到达了波浪二的下跌阶段。在波浪一奠定股价的五浪上升趋势之后，只有在波浪二进行回调时不跌破波浪一底部的情况下，才能证明股价五浪上升趋势的确定性。

波浪二的轻度回调指的是股价在波浪二出现了小幅回调的走势特点。

一图展示

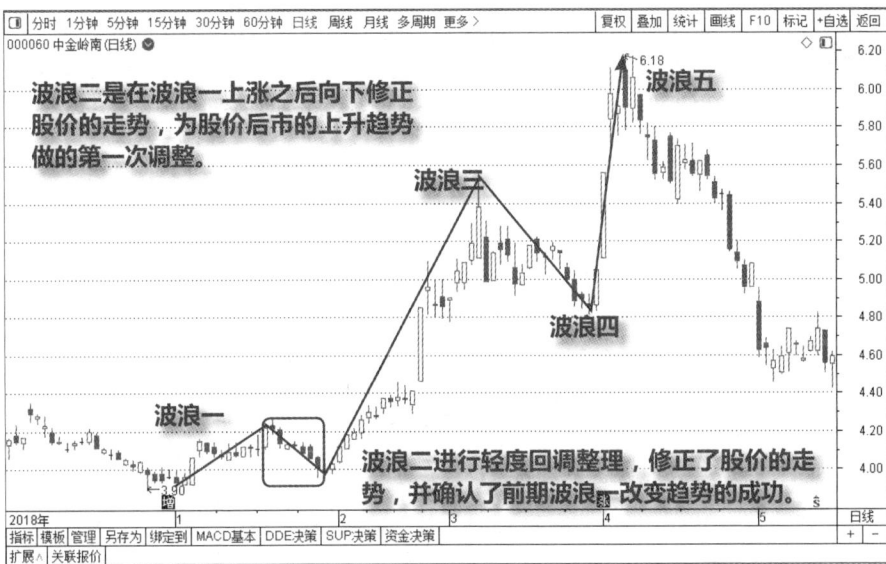

要点剖析

如何理解波浪二的轻度回调走势。

◆ 波浪二的下跌是对股价上升趋势的修正，虽然短期股价下行，但是整体上是在为股价的上升趋势做调整。

◆ 波浪二的轻度回调也是对于前期股价上涨走势的肯定。

◆ 波浪二的轻度回调显示的是股价受到的上涨动力较充足，股价不会出现较大幅度的下跌整理状况。

操盘精髓

波浪二是在波浪一的上涨过程之后做出的回调整理，是针对波浪一做出的轻度回调，投资者可以进行如下操作。

◆ 由于波浪二回调幅度小，在前面入场的长线投资者不必卖出股票回避下跌风险，应该继续持有股票待涨。

◆ 对于前期没有入场的投资者，在波浪二出现轻度回调迹象后，应该买入股票。

分析实例 特发信息（000070）波浪二轻度回调买入操作

特发信息在2018年10月至2019年1月的走势如下图所示。

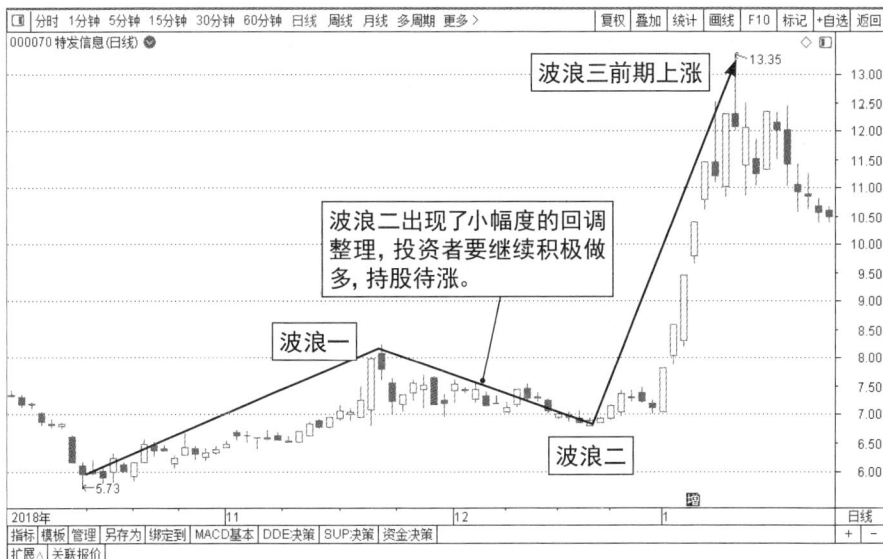

特发信息2018年10月至2019年1月的走势

从图中可以看到，该股上涨到浪一顶部后，这里波浪二出现了小幅度的回调整理，此时长线投资者要继续持有股票，没入场的投资者要积极买入股票。如果投资者按此操作成功地买入了上升趋势中的股票，那么之后的涨幅如下图所示。

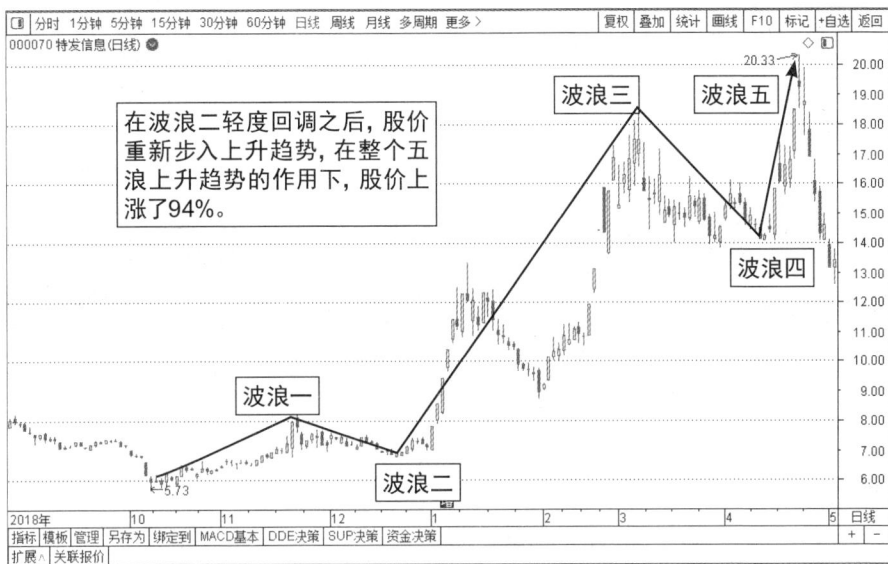

特发信息2018年9月至2019年5月的走势

从图中可以看到，波浪二轻度回调，没有造成股价的大幅度下跌，因此对于前期买入的投资者来说，就没有卖出股票的必要。

在波浪二轻度回调之后，显示了股价没有太大的下跌压力，因此之前没有买入的投资者就应该在波浪二轻度回调之后买入股票待涨。

NO.070
波浪二重度回调走势图谱

前面讲到的是波浪二的轻度回调，但是有时波浪二会出现重度回调的走势特点，即股价在波浪二阶段出现了较大下跌走势特点。

一图展示

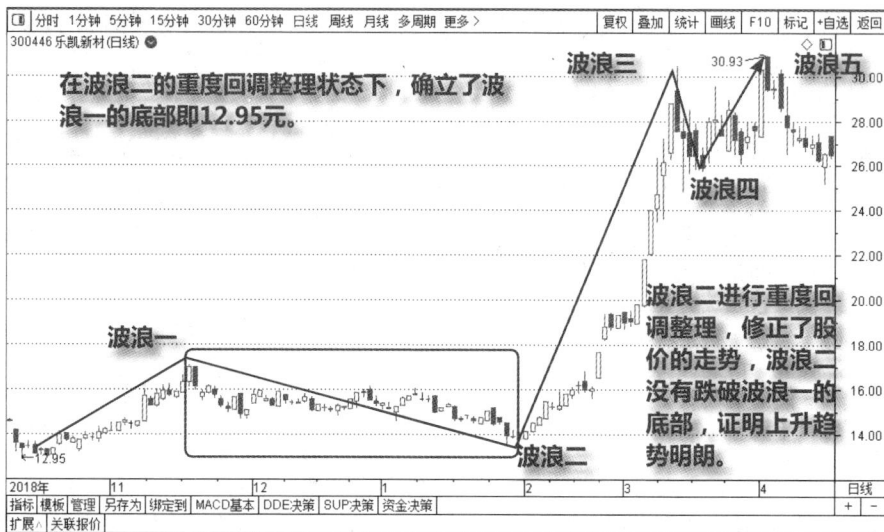

在波浪二的重度回调整理状态下，确立了波浪一的底部即12.95元。

波浪三 30.93
波浪五
波浪四
波浪一
波浪二

波浪二进行重度回调整理，修正了股价的走势，波浪二没有跌破波浪一的底部，证明上升趋势明朗。

300446 乐凯新材(日线)

要点剖析

对波浪二重度回调走势的理解。

◆ 波浪二的重度下跌也是对股价上升趋势的修正。

◆ 波浪二的重度下跌，是对波浪一底部的支撑考验。

操盘精髓

针对波浪二的重度回调走势，投资者必须加以高度的重视。

◆ 对于前期买入的投资者，在发现股价下跌趋势加剧后，要及时卖出股票或者是减仓降低风险。

◆ 对于没有买入的投资者不能盲目买入股票，必须要在确知股价下跌趋势结束后才能进行买入操作。

分析实例 康拓红外（300455）波浪二重度回调操作分析

康拓红外在2018年10月至2019年2月的走势如下图所示。

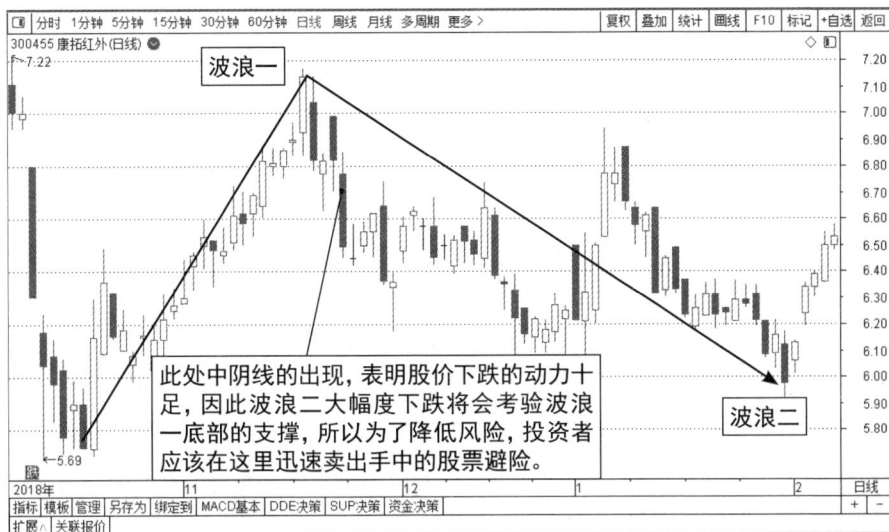

康拓红外2018年10月至2019年2月的走势

从上图可以看到，在波浪二没有跌破波浪一底部的情况下，股价重新上涨，下面来分析后市出现的买入机会，如下图所示。

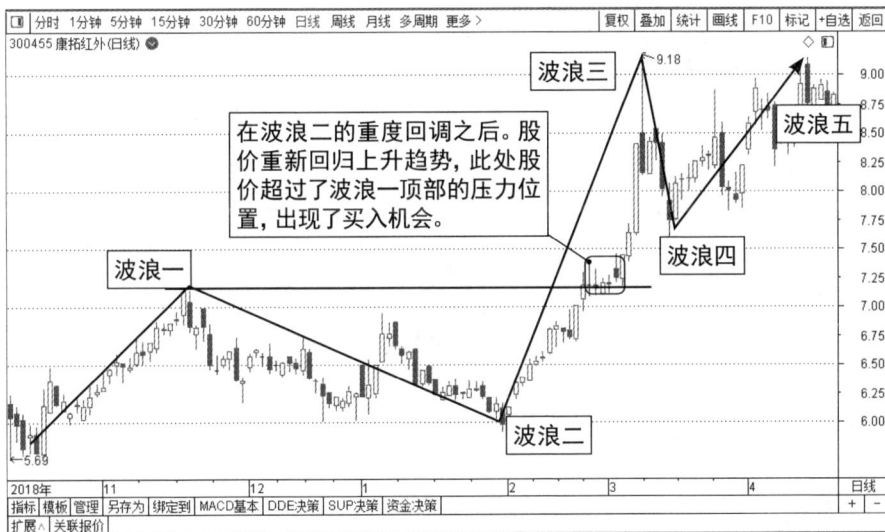

康拓红外2018年10月至2019年4月的走势

从图中可以看出，在波浪二进行了重度回调下跌之后，波浪一的底部经受了考验，从而证明五浪上升趋势的确定性。

当股价继续上涨，超过了之前波浪一顶部的压力位置时，其上涨空间进一步拓展，由此出现了较好的买入机会，投资者可以放心买入。

NO.071
波浪三劲升走势图谱

从波浪规律之二可以知道波浪三不是最短的一浪，而且往往是最长的波浪，具体而言就是上涨幅度最大、持续时间最长的波浪。

在涨幅巨大、时间较长的波浪三形态中，股价极有可能迎来劲升的行情走势。

一图展示

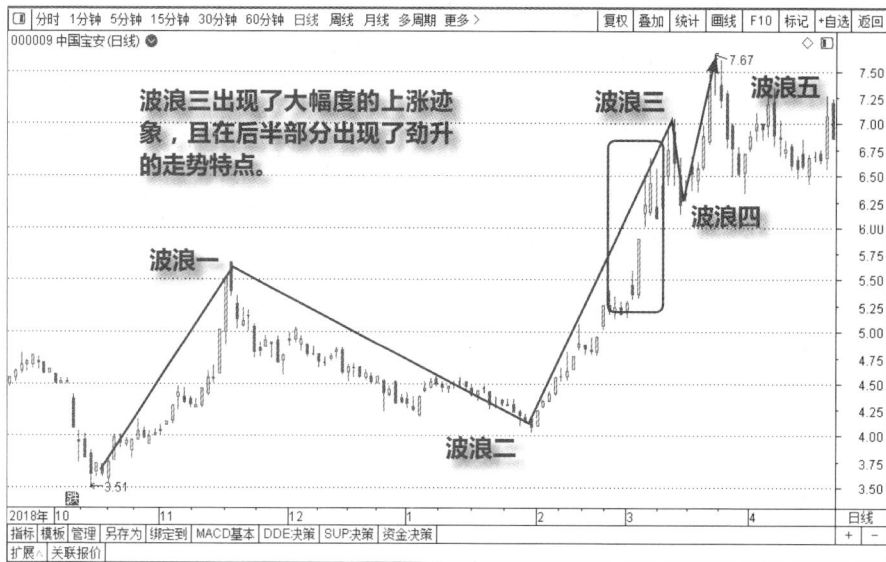

要点剖析

理解波浪三出现的劲升行情走势。

◆ 劲升走势只会出现在涨幅最大的波浪三的走势中。

- 股价的劲升走势加大了波浪三的上涨幅度。

- 劲升走势出现在波浪三整个上涨的后半部分，在劲升走势的带动下，股价会在波浪三后半部分出现急速上涨迹象，且在之后股价会见顶。

操盘精髓

- 根据劲升走势后的见顶信号，投资者要在劲升走势减弱时卖出股票，以此回避波浪四的不确定性下跌风险。

- 针对劲升走势，投资者可以进行短线买入操作。

分析实例 深南电A（000037）波浪劲升走势的操作分析

深南电A在2018年9月至2019年9月的走势如下图所示。

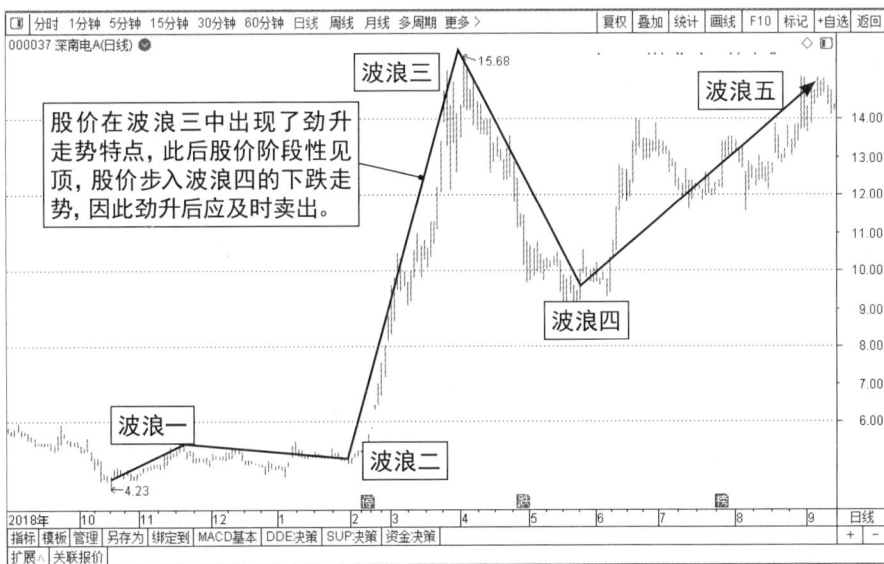

深南电A在2018年9月至2019年9月的走势

从图中可以看到，该股在2018年10月中旬创出4.23元的最低价后企稳回升步入上涨，展开一轮上升五浪走势。

　　在整个上升五浪走势中，波浪三出现了劲升走势的特点，股价从5元左右，最高上涨到15.68元，涨幅惊人，达到了213%。利用劲升上涨走势，投资者可以进行短线操作，如下图所示。

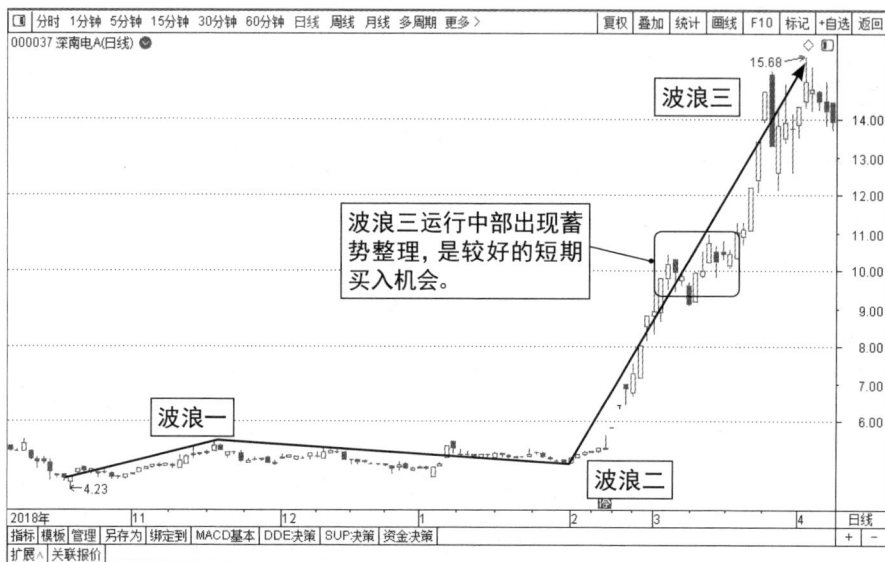

深南电A在2018年10月至2019年4月的走势

　　从上图可以看出，波浪三在启动后就出现快速拉升的走势，并在运行的中部多次收出涨停板，之后在10元的价位线展开了高位蓄势整理，由此出现了短线买入的较好位置。

　　在经过大幅度的快速上涨后，股价出现阶段性见顶，顶部出现带长上影线的K线显示了股价顶部形成的信息，因此短线投资者应该在当天卖出手中持有的股票。

NO.072
波浪三延长走势图谱

波浪三的延长指的是构成波浪三的小一级别的波浪使得波浪三上涨幅度增加、持续时间增长。

一图展示

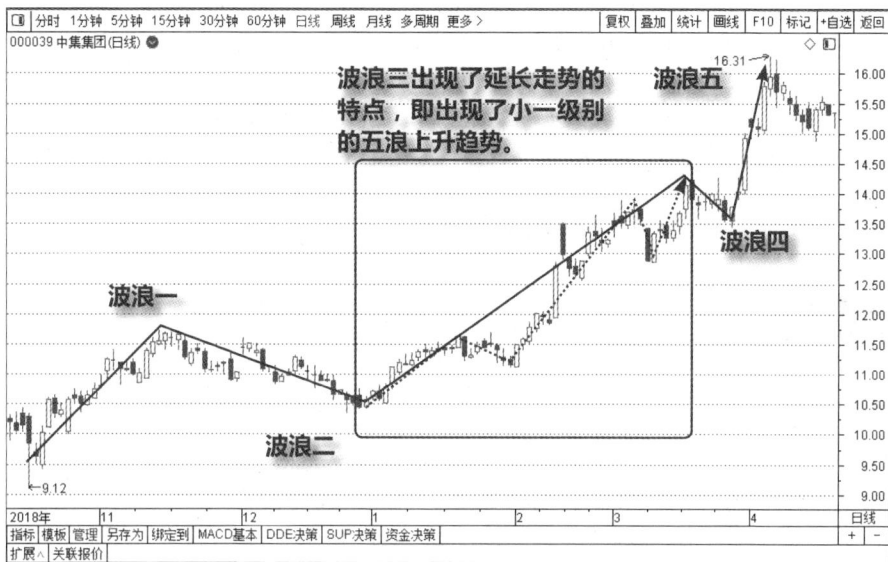

要点剖析

正确理解波浪三的延长走势。

◆ 比波浪三小一级别的波浪一起构成了波浪三的整体走势。

◆ 整个波浪三的上涨走势由5个小一级别的波浪组成，且5个小一级别的波浪构成了小一级别的五浪上升趋势。

◆ 波浪三出现延长现象之后，股价上涨的幅度会增加，股价上涨持续的时间也会加长，这样的波浪三有利于整个大一级别五浪上升趋势的发展。

◆ 在波浪三出现延长之后，投资者就可以断定波浪三是最长的波浪。

NO.073

波浪四轻度下跌回调走势图谱

波浪四是波浪三之后的下降波浪，通过波浪四的下跌，使得股价的形态趋势得到修正，更加有利于之后波浪五的发展。

波浪四的下跌形态走势是比较难把握的，但是从下跌幅度来讲，波浪四会出现两种走势，即轻度、深度下跌走势。

波浪四的轻度下跌指的是波浪四下跌幅度较小。

一图展示

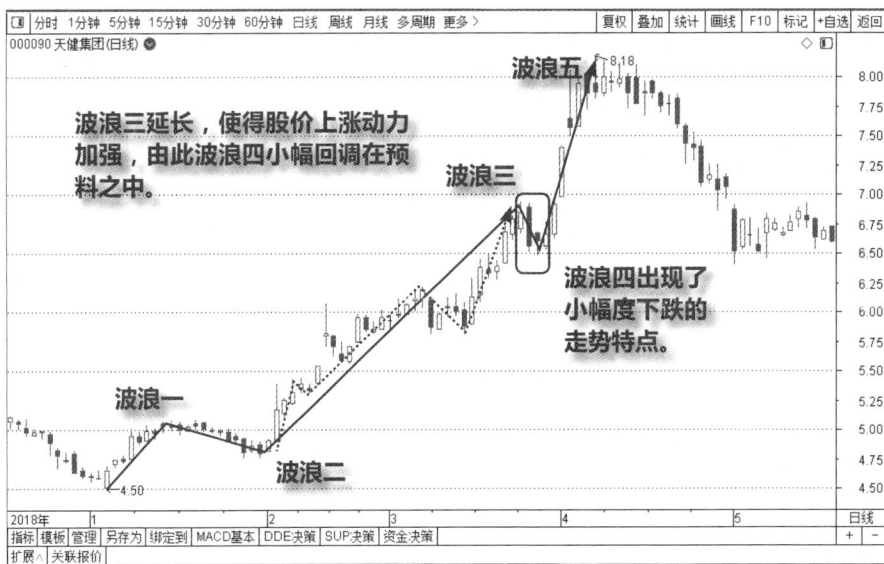

要点剖析

波浪四小幅下跌走势透露出以下两个重要信息。

◆ 波浪三急速上涨或者是延长走势，使得股价上涨的动力得到了有效的保留，如此一来波浪四就容易出现小幅度的下跌迹象。

◆ 波浪四的小幅度下跌走势对整个五浪上升趋势同样具有较好的修正趋势的作用，之后的波浪还会走出股价的新高。

操盘精髓

◆ 针对小幅度下跌的波浪四，之前买入的投资者不必进行卖出股票的操作。

◆ 由于小幅度下跌之后，股价会保留较强上涨势头，之后股价会走出新高，所以投资者应该在波浪四小幅度下跌之后买入股票。

分析实例　江铃汽车（000550）波浪四轻度回调的操作分析

江铃汽车在2018年10月至2019年5月的走势如下图所示。

江铃汽车2018年10月至2019年5月的走势

从上图可以看到，该股在2018年10月中旬创出9.12元的最低价后企稳回升步入上涨行情，随后在上升五浪的作用下出现了翻倍行情。

在这轮上涨行情中，波浪三在大幅拉升股价后，波浪四出现了小幅下跌的行情，在这轮小幅下跌过程中，投资者可以继续持有。在小幅下跌后投资者可以继续享受波浪五带来的上涨行情，而且在下跌后投资者也可以买入股票待涨，如下图所示。

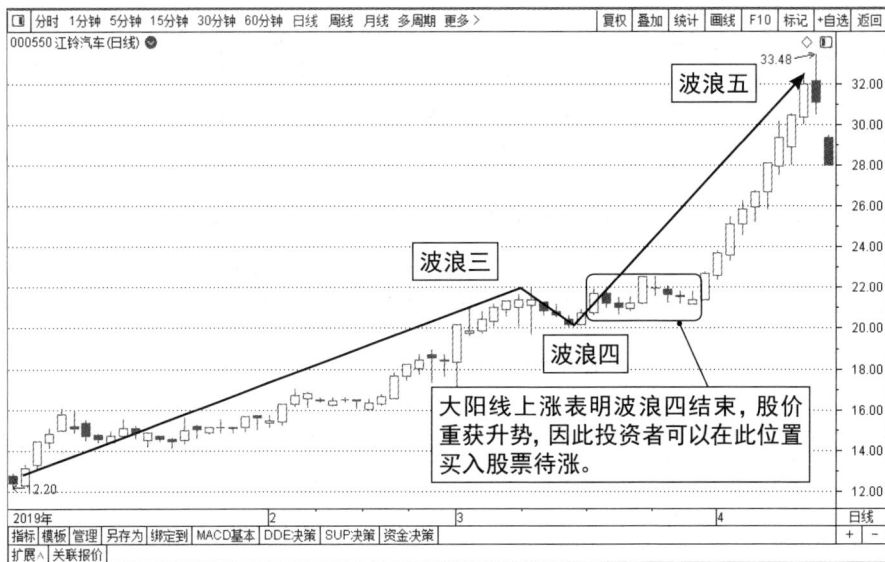

江铃汽车2019年1月至4月的走势

从图中可以看出，前期已经买入股票的投资者在面对波浪四的小幅度下跌时不能惊慌，应该冷静分析股价走势，在确定波浪四的小幅度下跌状态之后，应该果断继续持有股票，等待波浪五的到来。

之后波浪四回调结束，股价出现大阳线拉高股价突破波浪三的顶部继续上涨，没有买入的投资者可以买入股票。

NO.074
波浪四重度回调走势图谱

波浪四重度回调走势指的是股价在波浪四阶段的大幅度下跌走势，该走势形态是对五浪上升趋势的大修正。

一图展示

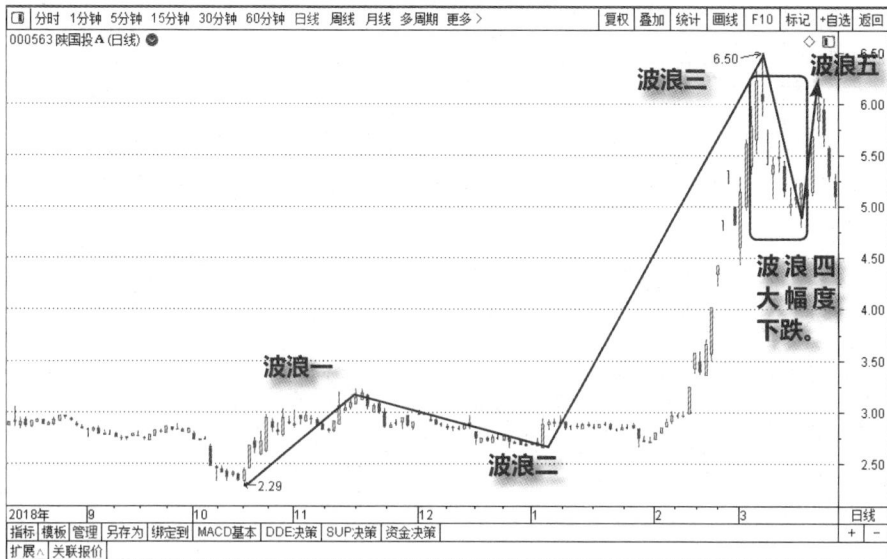

要点剖析

波浪四的重度下跌走势反映了以下两个内容。

◆ 前期上涨幅度过大，容易使波浪四出现大幅度下跌的走势特点。

◆ 波浪四的大幅度下跌也是对股价整个五浪上升趋势的修正，但是股价经过大幅度下跌，上涨的势头减弱，因此之后出现的波浪五的顶部一般不会超过波浪三的顶部。

操盘精髓

◆ 面对大跌浪回的出现，投资者必须在适当的时候卖出股票。

◆ 由于大跌消耗了股价上涨的动力，使得之后的波浪五上涨的最高点不太可能超过波浪三的顶部，因此投资者可以在股价接近波浪三顶部位置卖出股票。

分析实例 荣丰控股（000668）波浪四大跌应对策略

荣丰控股在2018年9月至2019年5月的走势如下图所示。

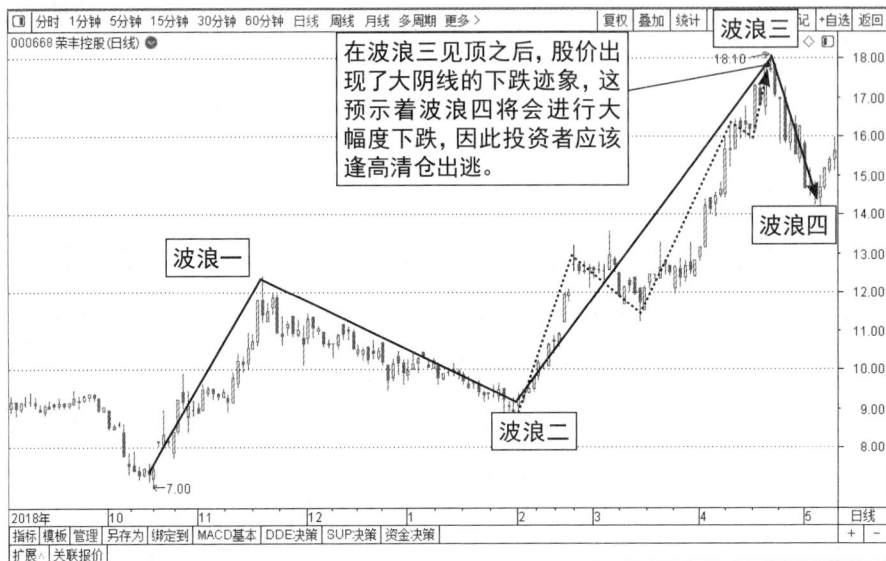

荣丰控股2018年9月至2019年5月的走势

从图中可以看到，该股大幅下跌到2018年10月后跌势减缓，随后在10月中旬创出7元的最低价后被强势拉升，行情摆脱下跌趋势步入上涨，并展开一波五浪上升的良好上升行情。

在波浪推动股价上涨的过程中，股价被步步推高，尤其是在波浪三发生延长后，将股价从9元拉升至18.1元的高价，行情出现翻倍上涨。此时股价在波浪三的位置出现阶段性见顶后，之后的大阴线下跌预示着波浪四的大幅度下跌，更加预示着波浪五的弱势上涨，如下图所示。

从图中可以看到，股价在波浪三的顶部创出18.1元的阶段性高价后，出现了快速回调的走势，期间多次出现大阴线打压股价的走势，尤其在2019年5月6日，该股低开后一路被打压，当日以跌停板收出大阴线将股价打压到更低位。

由此显示波浪四的重度回调使得股价大幅度下跌，在整个波浪四的重度回调推动下，短短不到10个交易日的时间内，股价就从18.1元下跌到14元上方，跌幅达到22%以上，因此投资者应尽量在这之前卖出股票。

由于波浪四的重度回调，使得波浪五上涨动力不足，出现疲软上涨的行情，所以投资者可以在股价接近波浪三顶部位置时卖出股票。否则在后市的大幅下跌过程中将损失惨重。

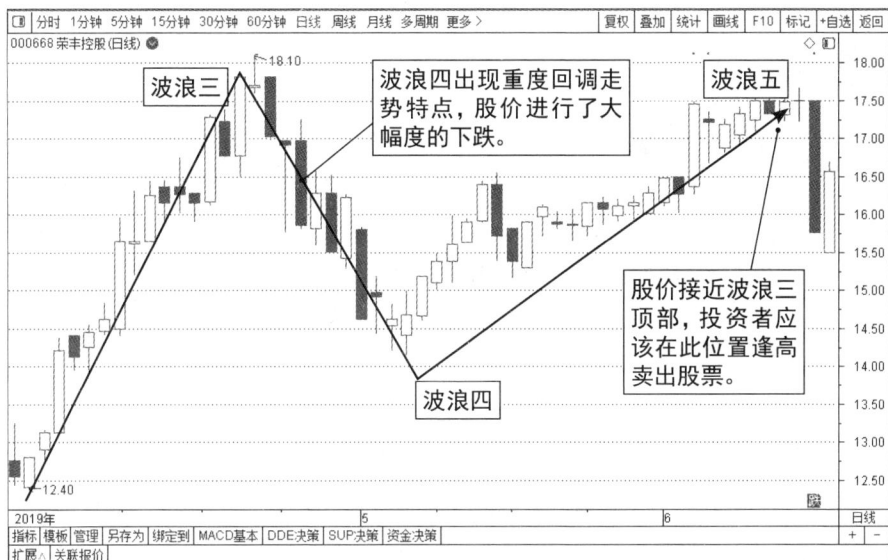

荣丰控股2019年4月至6月的走势

要点提示 *波浪四的最大跌幅*

这里说到波浪四的重度回调，那么波浪四的最大跌幅究竟是多少呢？这个问题可以用波浪规律之三来回答。

波浪规律之三指出波浪四的下跌不能跌破波浪一的顶部，因此可以知道，波浪四的最大跌幅即波浪一的顶部位置，但不能跌破这一位置。

NO.075

波浪五尾声的快速拉升图谱

波浪五是五浪上升趋势的最后阶段，也是整个趋势最终的定格阶段。

在波浪五的走势之中，市场主力庄家常常借助这一波浪走势拉高出货，由此波浪五走势中常常会出现快速的拉升走势。

一图展示

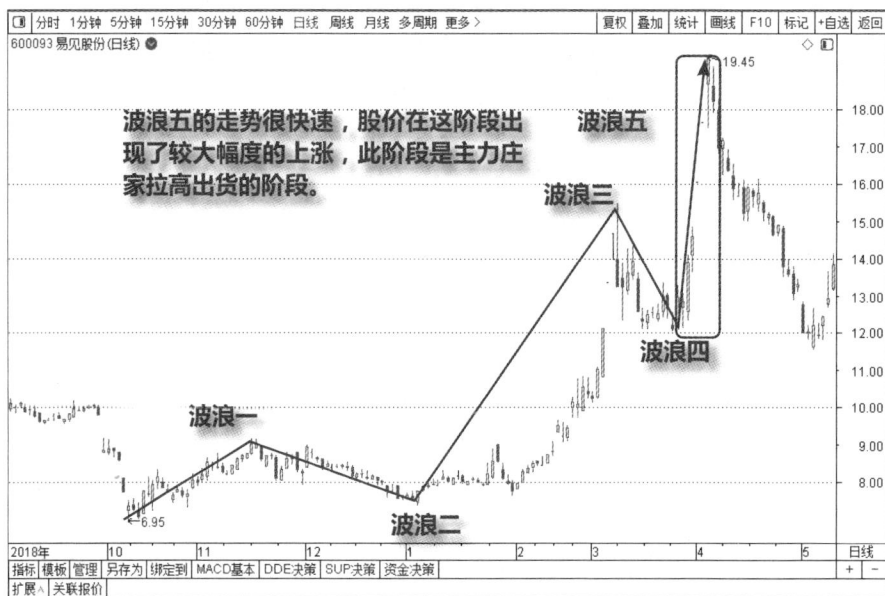

要点剖析

总的来说，股价在波浪五阶段的快速拉升是主力庄家刻意的行为所致，在股价被快速拉高的时候，市场大多数投资者觉得股价上涨动力十足，由此纷纷买入股票，谁知便跳进了主力庄家的陷阱中了。

操盘精髓

　　波浪五是卖出股票的最好时期，尽管有时卖出位置在股价顶部的左边，这也是很有价值的操作。

　　针对波浪五的快速拉开走势，投资者也可以展开快进快出的短线操作。

分析实例　生益科技（600183）波浪五快速拉升操作分析

　　生益科技在2018年6月至2019年10月的走势如下图所示。

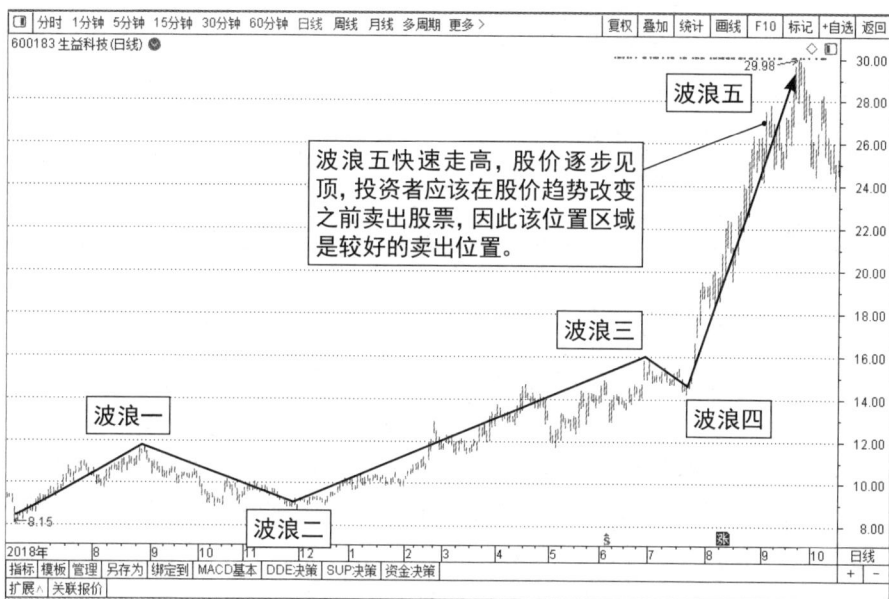

生益科技2018年6月至2019年10月的走势

　　从上图可以看到，该股在2018年6月创出8.15元的最低价后股价企稳回升进入到上涨行情中，在上涨五浪模式的推动下，股价最高被推到29.98元的高价位区，涨幅超过267%。

　　在这轮上涨中，波浪五的快速拉升使得市场多数投资者对后市充满了信心，但是在这一轮的上涨中，主力庄家却悄悄地完成了出货任务。另一方面，投资者也有了短线买入的机会，如下图所示。

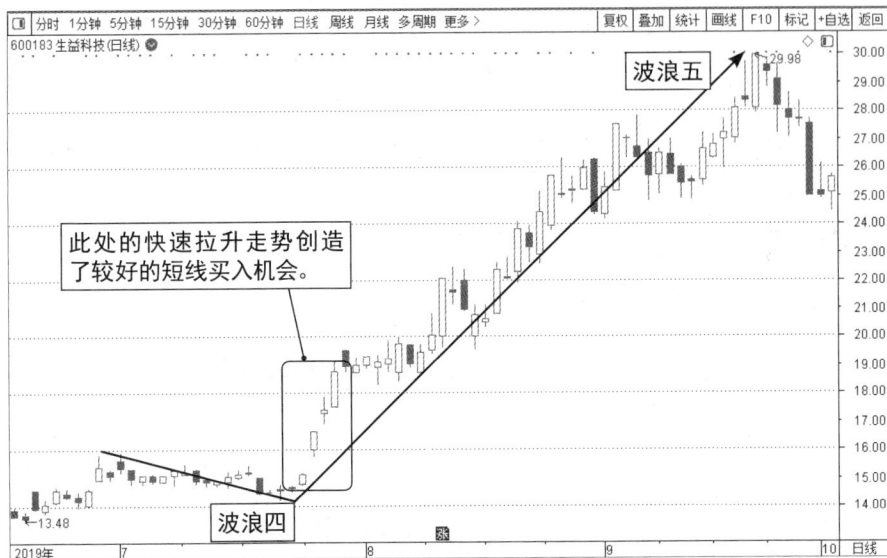

此处的快速拉升走势创造了较好的短线买入机会。

波浪五

波浪四

生益科技2019年6月至10月的走势

　　波浪五阶段的总体操作是逢高卖出股票，但是在快速拉升的阶段，股价的快速上涨也创造出了短线买入机会。

　　从图中可以看到，该股在2019年7月出现过一波短暂的回调整理走势，即波浪四，在这之后股价出现了快速拉高的行情，这就是非常不错的短线买入机会，股价在短短几个交易日后，就从14.5元上涨到19元附近，股价上涨了4.5元左右。

　　在投资者进行短线买入操作时，投资者必须牢记应快进快出，特别是在股价上涨速度趋缓时，更应该及时卖出股票。

NO.076
波浪五延长走势图谱

波浪五的延长走势指的是波浪五由小一级别波浪的构成，出现了增加涨幅、拉长上涨时间的现象。

一图展示

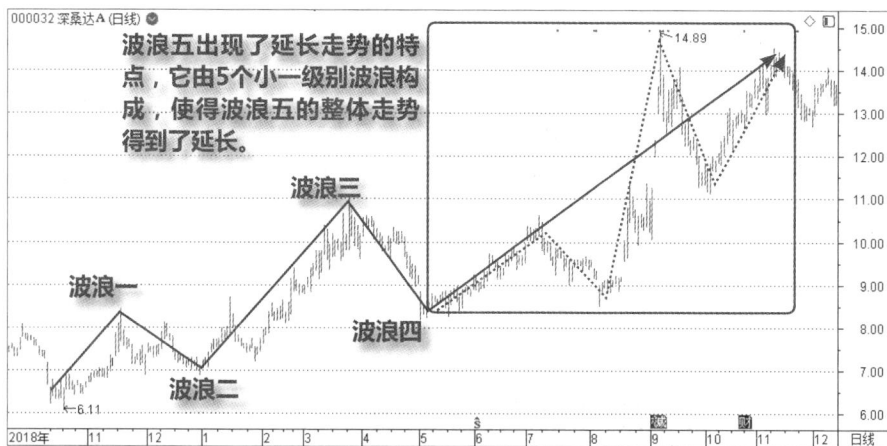

波浪五出现了延长走势的特点，它由5个小一级别波浪构成，使得波浪五的整体走势得到了延长。

要点剖析

正确理解波浪五的延长需要注意以下 4 个方面的内容。

◆ 波浪五延长趋势是由小一级别的波浪构成。

◆ 5个小一级别的波浪构成了波浪五的上涨状态，且5个小一级别的波浪构成了小一级别的五浪上升趋势。

◆ 波浪五出现延长走势的特点后，股价的上涨幅度会增加，同时波浪五的持续运行时间也会拉长。

◆ 波浪五的延长是股价强势上涨动力的表现，同时也为投资者提供了更好的操作机会。长线投资者可以获得较好机会出货，短线投资者可以获得较好的短线操作区间。

NO.077
波浪 A 下跌走势图谱

在五浪上升趋势结束后，股价的趋势就会发生根本性质的改变，由此展开下降趋势，而浪 A 就是下降趋势的开端。

一图展示

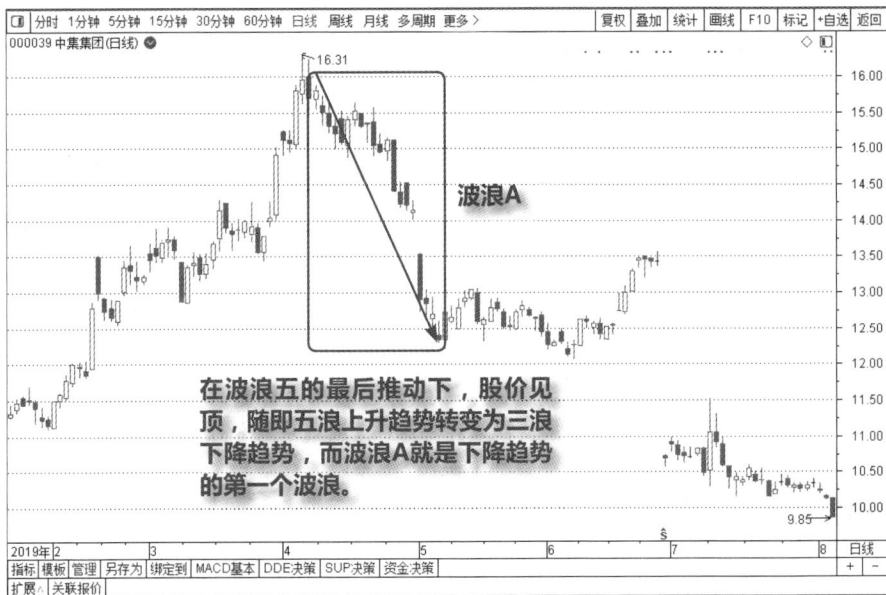

| 分时 1分钟 5分钟 15分钟 30分钟 60分钟 | 日线 周线 月线 多周期 更多> | | 复权 叠加 统计 画线 F10 标记 +自选 返回 |

000039 中集集团(日线)

在波浪五的最后推动下，股价见顶，随即五浪上升趋势转变为三浪下降趋势，而波浪A就是下降趋势的第一个波浪。

波浪A

16.31

9.85

要点剖析

正确认识波浪 A 的作用和意义。

◆ 波浪A是一个过渡性质的波浪，波浪A的前面是上升趋势，而其本身则是下降趋势的第一浪。

◆ 波浪A是趋势转变的推动者，五浪上升趋势将股价不断推向新高，波浪A则是将股价由高位打压到低位。

◆ 波浪A开启了下降趋势，从波浪A开始股价将会进入下降趋势，也就是说波浪A开启了熊市行情。

NO.078
波浪 A 的快速下跌走势图谱

波浪 A 开启了整个下降趋势，即开启了熊市行情走势。根据波浪 A 下跌的速度，可以把波浪 A 的下跌分成快速下跌和慢速下跌。

波浪 A 的快速下跌指的是股价在波浪 A 阶段短时间、大幅度下跌。

一图展示

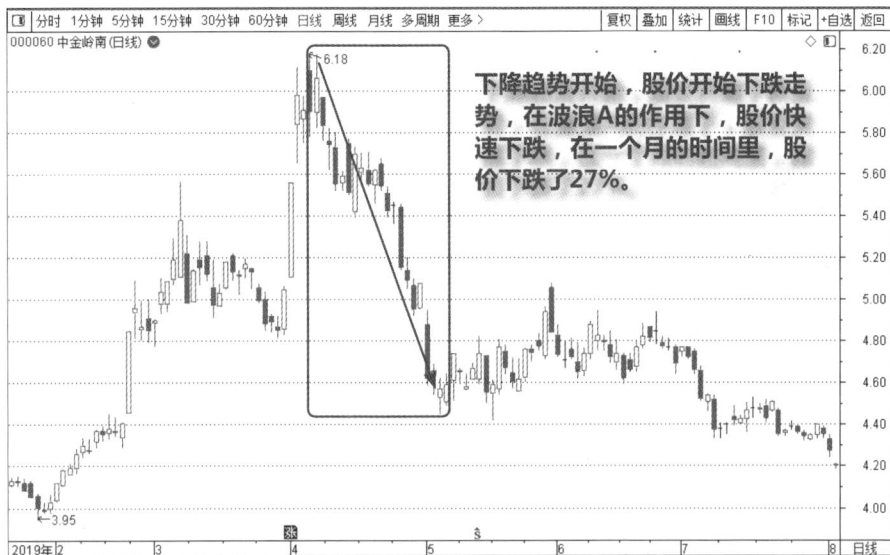

下降趋势开始，股价开始下跌走势，在波浪A的作用下，股价快速下跌，在一个月的时间里，股价下跌了27%。

要点剖析

波浪 A 的快速下跌走势告诉投资者以下 4 点内容。

◆ 下降趋势已经形成，股价走势进入熊市。

◆ 在股价见顶之后，股价随即转换趋势，此时市场中的抛盘压力逐步加大，由此形成了股价的大幅度、短时间的下跌走势，预示形成了波浪A前半部分的快速下跌阶段。

◆ 在波浪A前半部分的快速下跌现象出现时，引起了市场投资者的恐惧心理，随后抛盘继续增加，股价继续快速下跌。

◆ 波浪A下跌的最后阶段，想卖出的投资者已经低价卖出了，不想卖出的投资者仍然被套其中，这时的下跌更多的是在下跌惯性的作用下形成的。

NO.079
波浪 A 的慢速下跌走势图谱

与前面波浪 A 的快速下跌走势相比，慢速下跌走势主要是在股价下跌的速度上趋于缓和，具体表现在股价下跌的时间较长、且下跌幅度较小。

尽管波浪 A 下跌速度减缓，但是这也不能改变波浪 A 下跌的性质，以及其开启下降趋势的性质。

一图展示

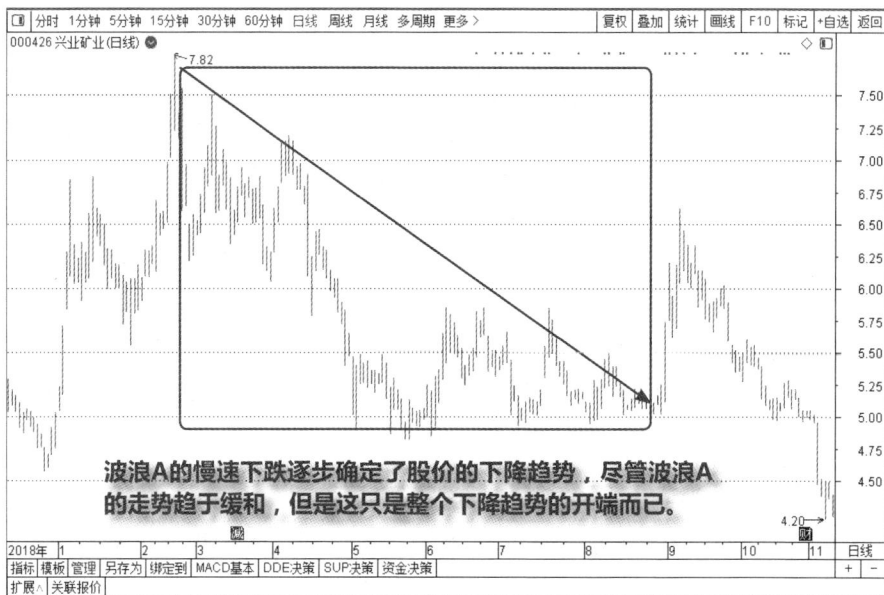

波浪A的慢速下跌逐步确定了股价的下降趋势，尽管波浪A
的走势趋于缓和，但是这只是整个下降趋势的开端而已。

要点剖析

波浪 A 的慢速下跌透露出了哪些信号。

◆ 同样是股价趋势转变的开始，开启了股价的下降趋势。

◆ 相较于波浪A的快速下跌走势而言，波浪A的慢速下跌走势特点是在主力庄家的作用下出现的。

- 在股价见顶之后，便开始了下降趋势。但是在这个时候，主力庄家还没有出货完毕。因此在波浪A的下跌走势中，主力庄家在出货的时候不断拖住股价，使其不出现大幅度的下跌，以便主力尽快出货。
- 对于没来得及卖出的投资者，波浪A的慢速下跌提供了卖出机会 。

NO.080
波浪 B 的小幅反弹走势图谱

在波浪 A 开启下降趋势之后，波浪 B 出现了，波浪 B 的出现是对前期股价下降趋势进行的修正。

根据波浪 B 反弹的强度和幅度，可以把波浪 B 的反弹分成小幅度的反弹和较大幅度的反弹。

波浪 B 小幅度的反弹指的是股价在波浪 B 的作用下，小幅度地上涨。

一图展示

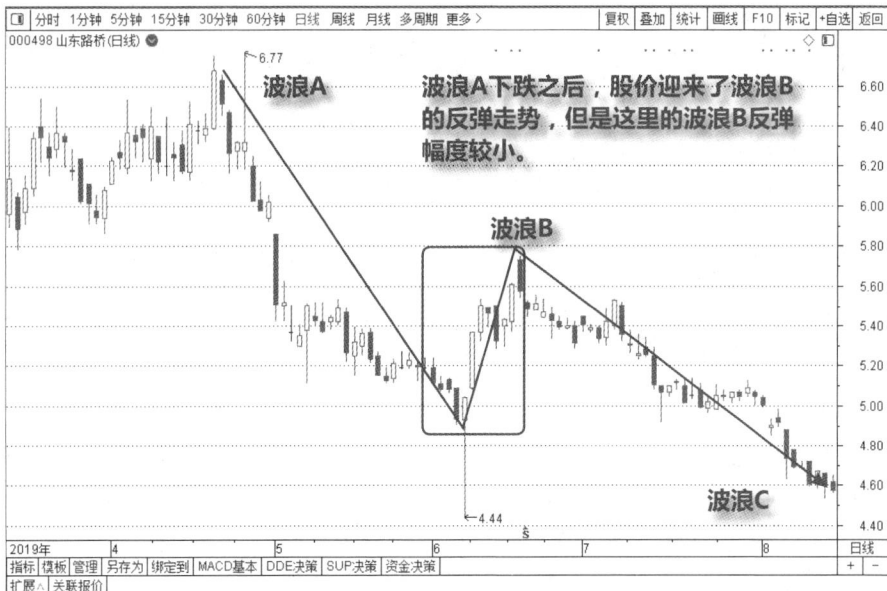

要点剖析

波浪 B 的小幅度反弹需要注意下面两点。

◆ 首先是反弹走势是对前期股价下跌的修正。

◆ 反弹的幅度有限，没有较强的上涨势头。

操盘精髓

◆ 针对波浪B的小幅度反弹走势的特点，投资者应该持观望态度，不要轻易参与，否则会被套其中。

◆ 波浪B的小幅度反弹虽然不适宜进行买入操作，但是投资者可以在此阶段逢高出逃。

分析实例　国际医学（000516）利用波浪B小幅反弹出逃操作

国际医学在2019年4月至12月的走势如下图所示。

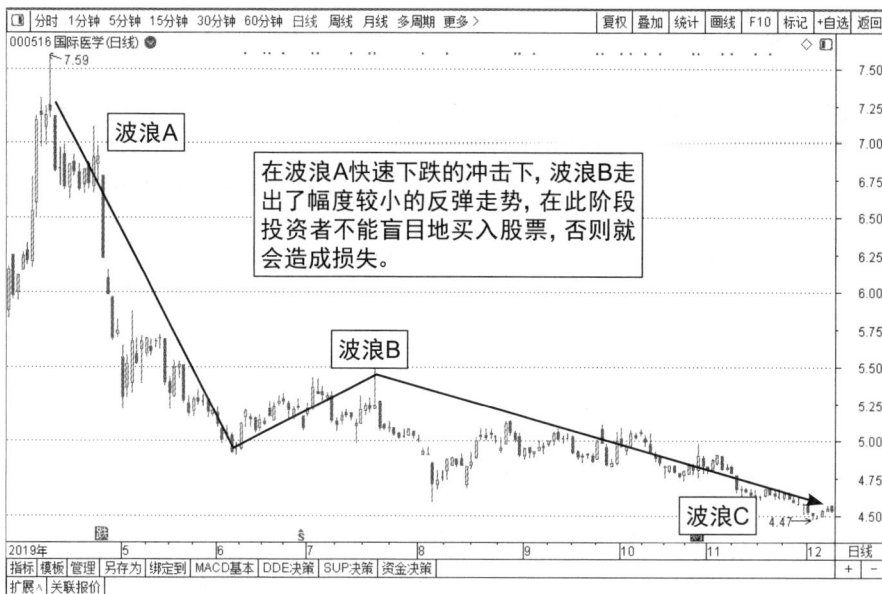

国际医学2019年4月至12月的走势

从图中可以看出，股价在波浪A的作用下出现了较大幅度的下跌，当股价下跌到了4.9元时，出现了止跌反弹走势特点。

之后股价步入波浪B的反弹走势，但是在较弱势的反弹走势中，投资者不能进行买入操作，只能借助高位进行出逃操作，如下图所示。

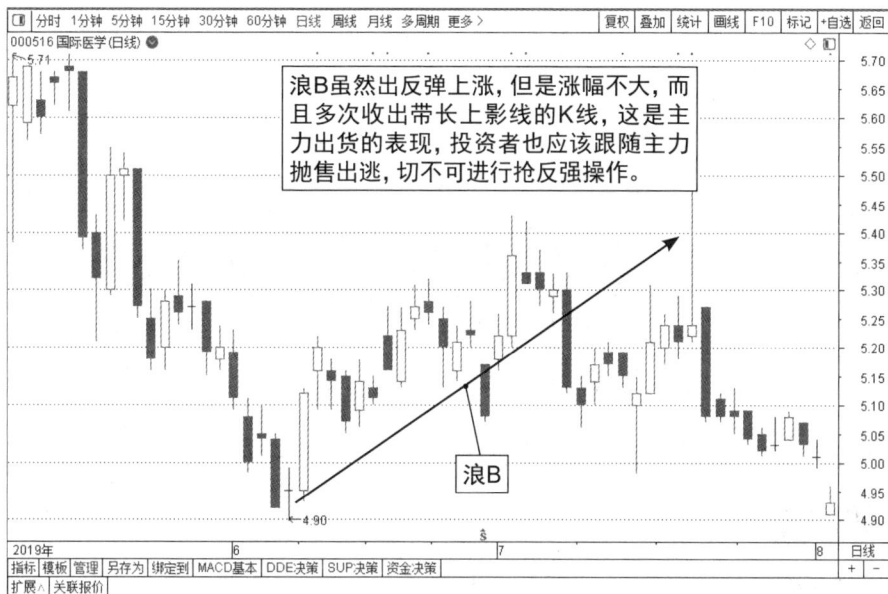

国际医学2019年5月至8月的走势

针对反弹幅度较小的波浪B，投资者不能进行买入操作，因为这样的操作极具风险，而且收益较小。

但是小幅度的反弹走势却为之前被套的投资者带来了出逃止损的机会，在波浪B的较高位置卖出股票可以有效避免之后的下跌风险。

NO.081
波浪B的大幅反弹走势图谱

不是所有波浪B的反弹都是处于弱势的，有的波浪B也会表现出较大幅度的反弹走势行情。

一图展示

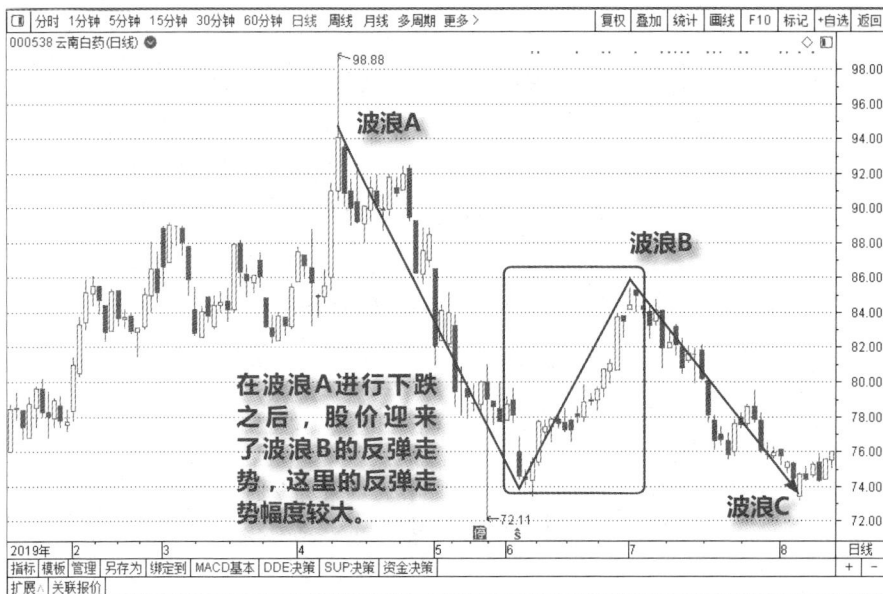

要点剖析

对波浪 B 较强劲反弹的理解。

◆ 同样是对股价前期下跌的修正。

◆ 上涨幅度较大，由此可以看出上涨势头较猛。

操盘精髓

根据波浪 B 的较强劲反弹，投资者可以进行以下两种操作。

◆ 利用反弹走势中的较高位置进行出逃，波浪B的较大幅度反弹使得出
逃能够尽量减小之前的损失。

◆ 利用较大幅度的反弹进行短线买入操作。

分析实例 海特高新（002023）利用波浪B较强反弹操作分析

海特高新在2018年5月至11月的走势如下图所示。

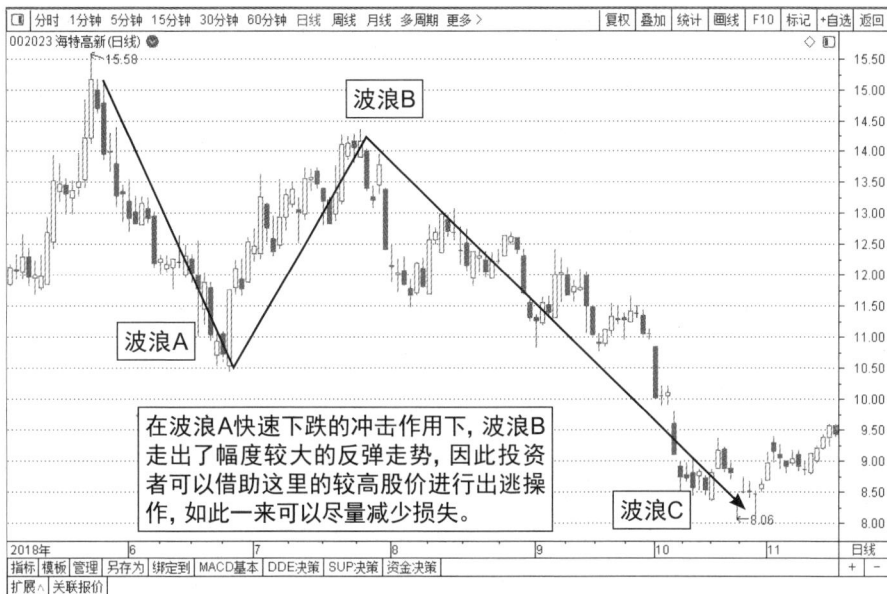

海特高新2018年5月至11月的走势

从图中可以看出，波浪B出现了较大幅度的反弹走势特点，因此可以进行出逃操作，同时投资者也可以进行适当的买入操作，如下图所示。

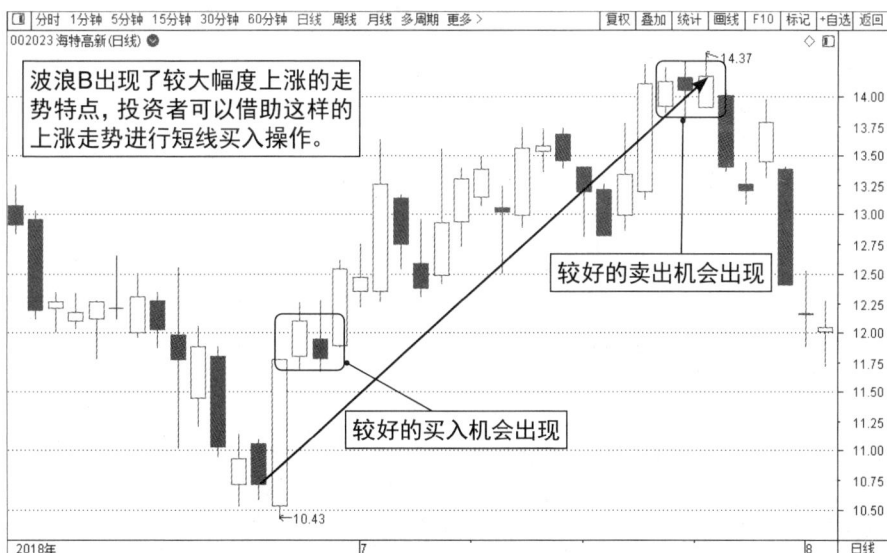

海特高新2018年6月至8月的走势

从波浪B的整体上涨幅度来看，股价从10.43元左右开始上涨，最高上涨
到了14.37元，涨幅达到了38%。

当面对较大幅度的上涨走势，投资者没有理由不进行买入操作，以此达
到赚钱的目的。

NO.082
波浪C的急速下跌走势图谱

波浪C是整个三浪下降趋势的最后一个波浪，为完成整个下降趋势波浪C往往会
进行较大幅度的下跌，且这种下跌走势速度较快。

波浪C的急速下跌走势指的是股价在短时间、大幅度的下跌走势。

一图展示

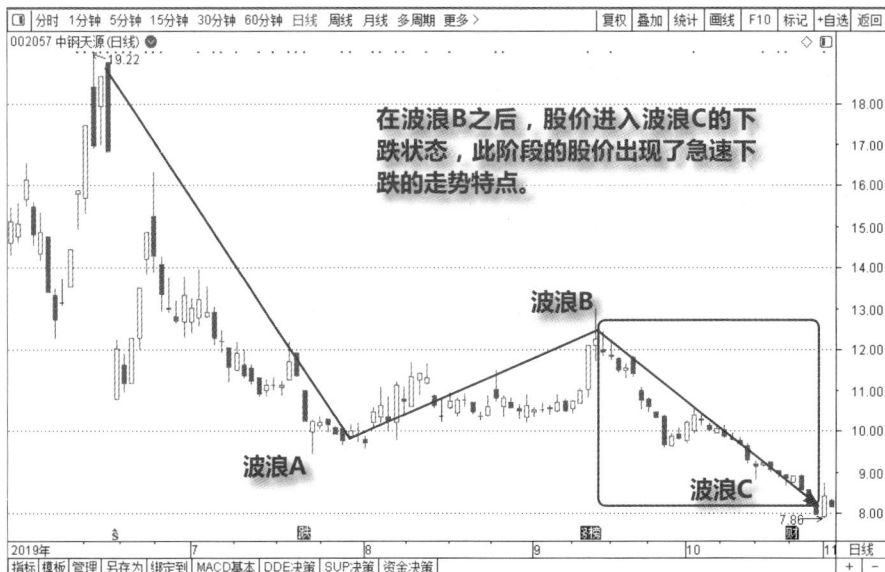

要点剖析

怎么理解波浪C出现的急速下跌走势特点？

◆ 波浪B的反弹没有彻底改变股价的下降趋势，使得部分寄予波浪B反弹期望的投资者开始抛售手中的股票。

◆ 股价经过前面的大跌后，在波浪B反弹没有成功改变趋势的情况下，出现了惯性下跌走势特点。

NO.083
波浪C的延长走势图谱

在三浪下降趋势中，波浪C处于下降趋势的结束阶段，往往在这一阶段的波浪C会出现延长走势的特点，以此来达到更加充分下跌的目的。

波浪C的延长指的是构成波浪C的小一级别波浪推动波浪C的下跌幅度加大，下跌持续时间增长。

一图展示

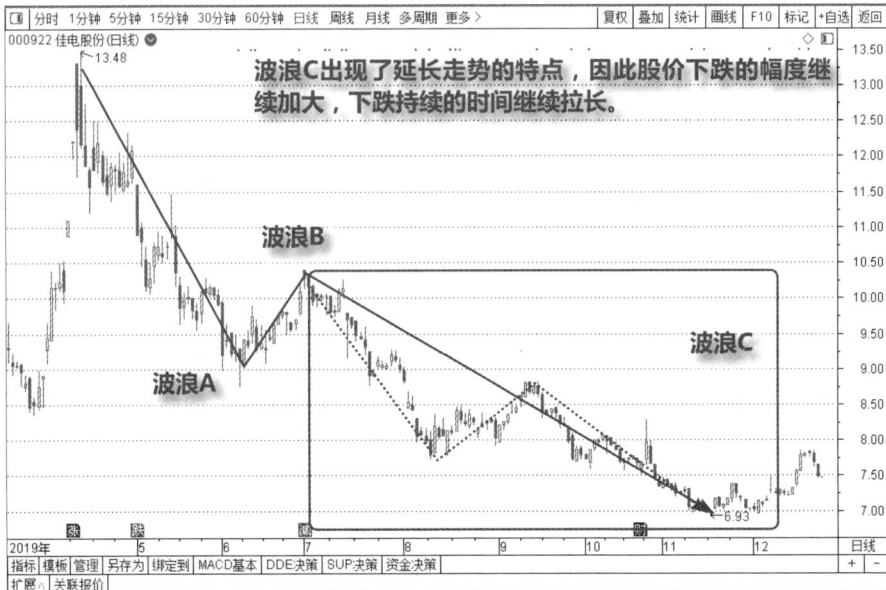

波浪C出现了延长走势的特点，因此股价下跌的幅度继续加大，下跌持续的时间继续拉长。

要点剖析

对波浪 C 延长走势的理解如下。

◆ 由小一级别的波浪构成了延长的趋势，即通过小一级别的三浪下跌
　　组成了小一级别的三浪下降趋势。

◆ 在延长的波浪 C 的作用下，股价继续走低，其下跌幅度加大，下跌持
　　续的时间将拉长。

◆ 尽管波浪 C 的下跌走势延长，但是不能改变的是波浪 C 将是下降趋势
　　的最后一轮下跌阶段。

第 5 章
一图掌握上升趋势实战

上升趋势是指股价处于上涨的阶段，是投资者赚钱的趋势。抓住股价的上升趋势，投资者可以更有效的获得盈利。本章将用图谱展示的方式，向投资者讲解掌握上升趋势的实战技巧，从而提高投资者的实战操作技能，进而使之获得更多的投资收益。

NO.084 上升趋势线上买入图谱
NO.085 上升轨道线中的买入图谱
NO.086 长期上升趋势线支撑位图谱
NO.087 长期上升轨道线内重仓买入图谱
NO.088 中期上升趋势线支撑位买入图谱
NO.089 中期上升轨道线内波段操作图谱
NO.090 短期上升趋势线上的积极追涨图谱
NO.091 短期上升轨道线操作图谱

NO.084
上升趋势线上买入图谱

上升趋势线决定了股价只会向上运行，由此确定了投资者可进行买入操作的大前提。

在股价获得上升趋势线的支撑之后，股价开始上涨，并不断远离上升趋势线，这时股价运行于上升趋势线之上，由此出现了较好的买入机会。

一图展示

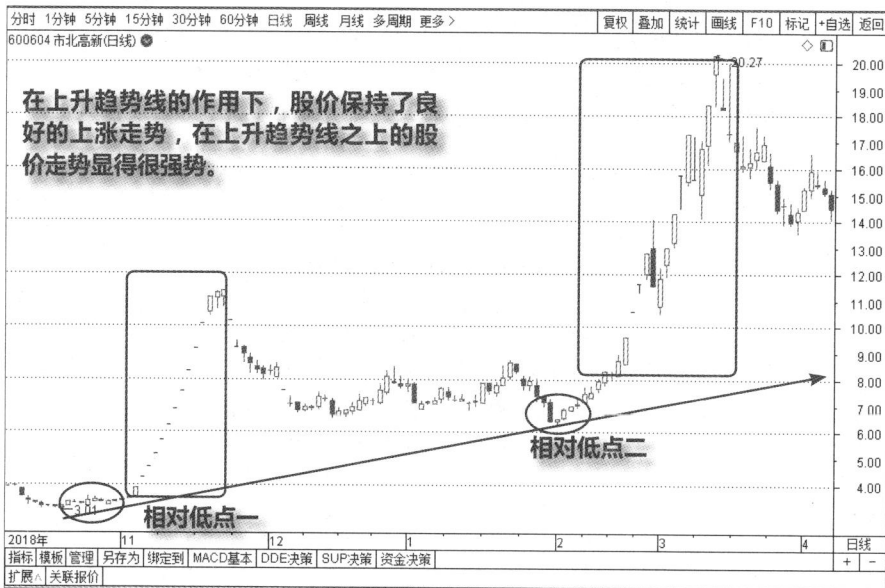

要点剖析

上升趋势线之上的股价走势有以下两点特点。

◆ 股价每一次下跌便会获得上升趋势线的支撑，之后股价会继续之前的上涨走势。

◆ 在每一次获得支撑之后，股价会加快上涨的速度，因此股价逐步地远离上升趋势线，并出现一段较好的上涨走势。

操盘精髓

　　长线投资者在每一次股价走强的阶段可以建仓，然后在股价上升趋势结束前卖出股票。

　　对于进行波段区域操作的投资者，可以抓住每一轮股价较强的上涨势头，进行多次波段区间操作。

　　针对更强势的股价走势，短线投资者可以进行短线操作，进而快速获得短线盈利。

分析实例　老凤祥（600612）不断建仓操作分析

　　老凤祥在2018年8月至2019年9月的走势如下图所示。

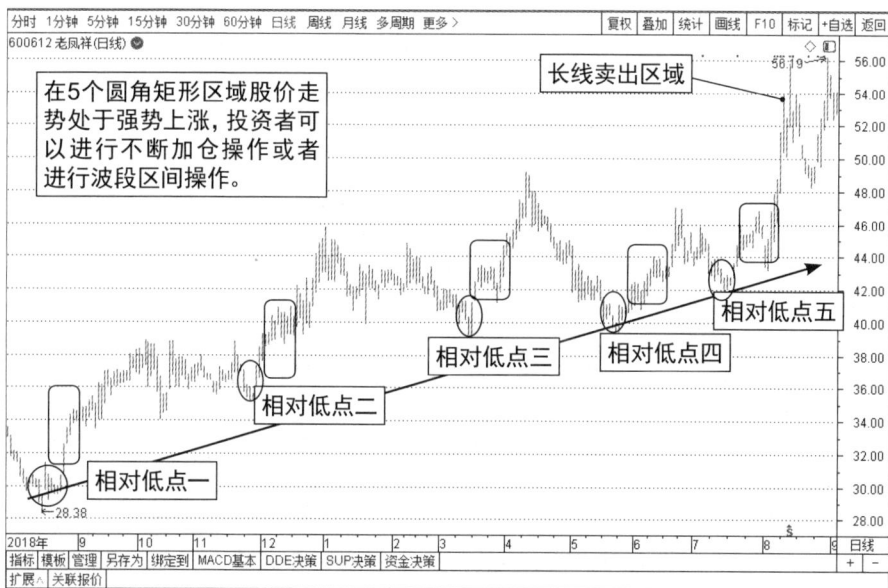

老凤祥在2018年8月至2019年9月的走势

　　从上图可以看出，该股在2018年8月中旬创出28.38元的最低价后出现止跌企稳的走势，随后该股股价见底反转步入上涨行情，股价在趋势线上方走出一波可观的上涨行情。在经过一年的时间，股价最高上涨到58.19元，涨幅惊人，达到了105%。

在这轮上涨行情中，每次股价接近或者触及上涨趋势线后，都会出现一波较强的上涨趋势，如图中的圆角矩形区域标识位置，投资者可以抓住机会进行买入操作，长线持股待涨，等待股价的上升趋势结束时再择机卖出手中持股。

分析实例 新世界（600628）上升趋势线之上的短线买入操作

新世界在2019年4月至12月的走势如下图所示。

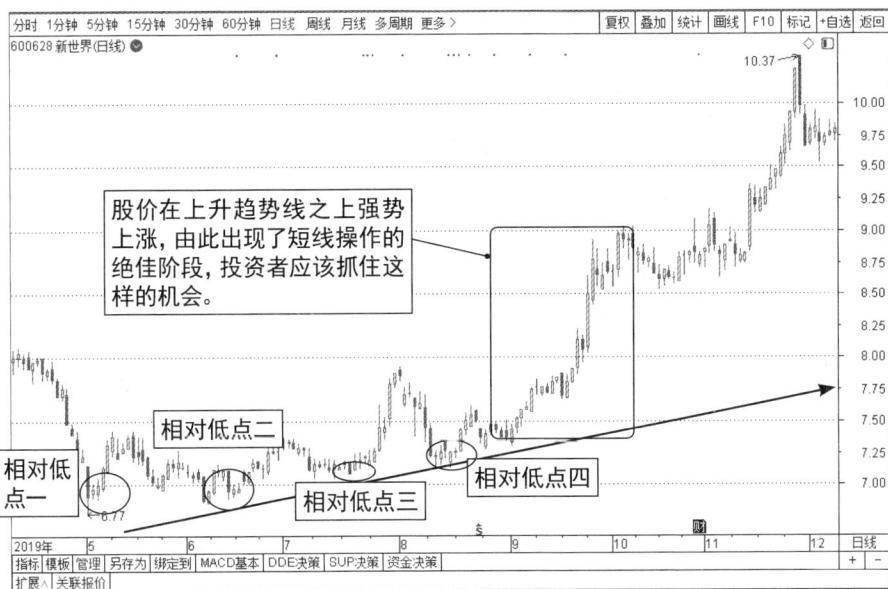

新世界2019年4月至12月的走势

从图中可以看到，该股股价运行在上升趋势线之上，在2019年5月至9月期间，股价走势相对平稳，没有出现大涨大落。进入9月后，股价在保持了良好上升趋势的情况下，展开了快速的上涨走势，因此出现了绝佳的短线操作区域。

如果投资者能够及时在相对低点四的7.25元左右的位置买入该股，短线持股一个月左右的时间，在股价上涨到9.00元附近回落时卖出，将获得涨幅

24%的收益。

上升轨道线中的买入图谱

上升轨道线推动股价在轨道线之内展开上升趋势，在整个上升轨道线之内是较好的买入位置。

一图展示

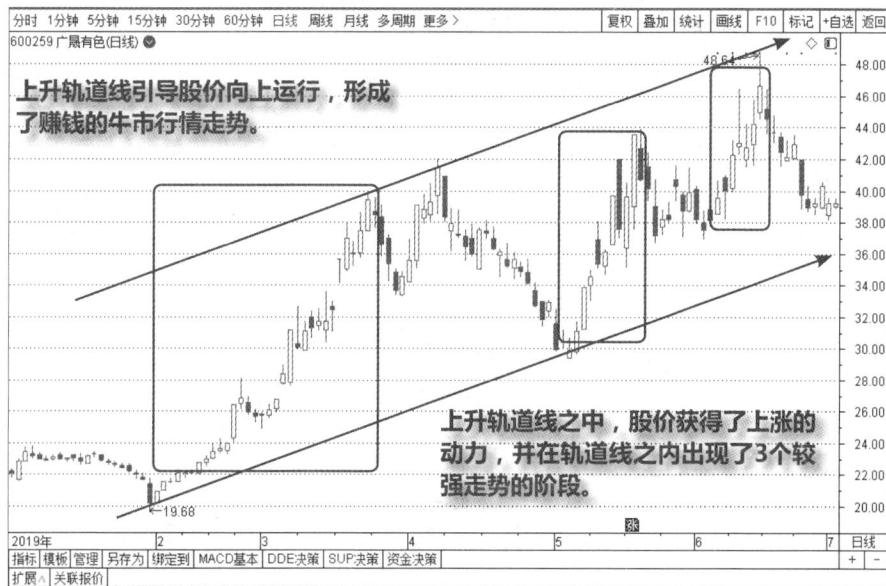

要点剖析

上升轨道线中股价的运行特点如下。

◆ 在上升轨道线之内，股价始终处于良好的上升趋势之中。

◆ 在上升轨道线之内，股价的走势呈现出规律性，即股价有规律地进行上涨和下跌。

◆ 每一次的上涨会形成较强劲的走势特点，并在轨道线上边缘停止上
涨回调，下跌则会在轨道线下边缘止跌回升。

操盘精髓

长线投资可以进行逐步的加仓操作，使得持有股票的数量逐步增加，并
在股价转换趋势之前卖出。

短线投资者则可在强势波段短线买入，同时投资者也可以进行波段区间
操作，达到不断获利的目的。

分析实例 安琪酵母（600298）波段区间操作分析

安琪酵母在2018年11月至2019年7月的走势如下图所示。

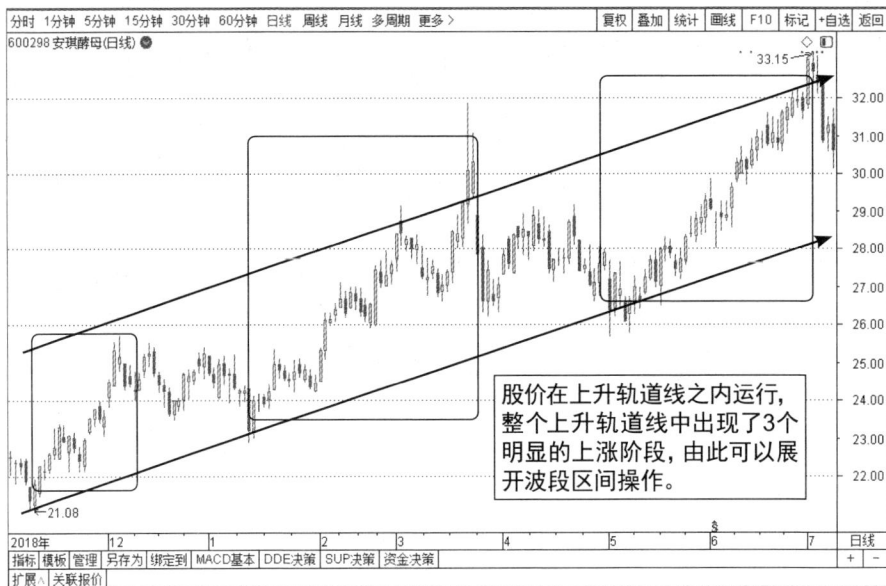

安琪酵母2018年11月至2019年7月的走势

从图中可以看到，该股在上升轨道线之内，股价得到了上升趋势的保
障，由此可知整体走势是向上的。

借助轨道线中股价的每一次强势上涨走势，投资者可以进行波段区间操作或是进行不断加仓操作。

波段区间操作的买卖时机分别是当股价触及上升轨道线的下边线并受到支撑止跌时为最佳买入时机，当股价触及上升轨道线的上边线并受到压制上涨受阻回落时为最佳卖出时机。如此依据上升轨道线不断进行波段区间操作，可以有效规避上升过程中的回落调整风险。

分析实例 万华化学（600309）轨道线内的短线买入操作

万华化学在2019年5月至11月的走势如下图所示。

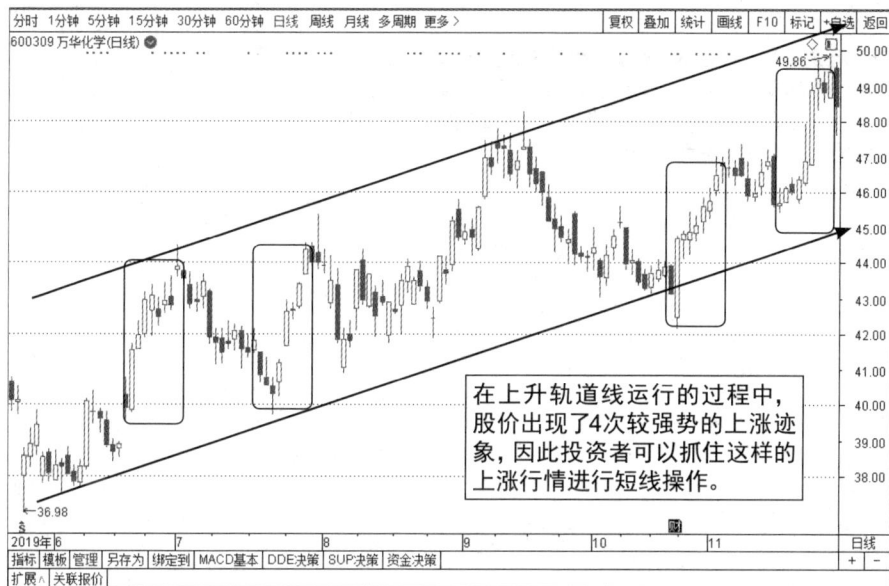

万华化学2019年5月至11月的走势

从图中可看到，该股在上升轨道线中展开了一轮良好的上涨行情，并且在这期间出现了4次较强势的走势，股价在短短时日内被快速拉高。短线投资者可以抓住上升轨道线中的较强走势行情，进行短线买入操作。

这种操作灵活多变且成功性较高，原因在于上升轨道线已经确保了股价的大趋势向上，同时个别阶段股价上涨势头较猛。

NO.086
长期上升趋势线支撑位图谱

根据第1章的内容可知，上升趋势线中长期上升趋势线是推动股价进行长期上涨走势的趋势线。

因此在长期上升趋势线的支撑位置就是长线操作较好的买入位置。

一图展示

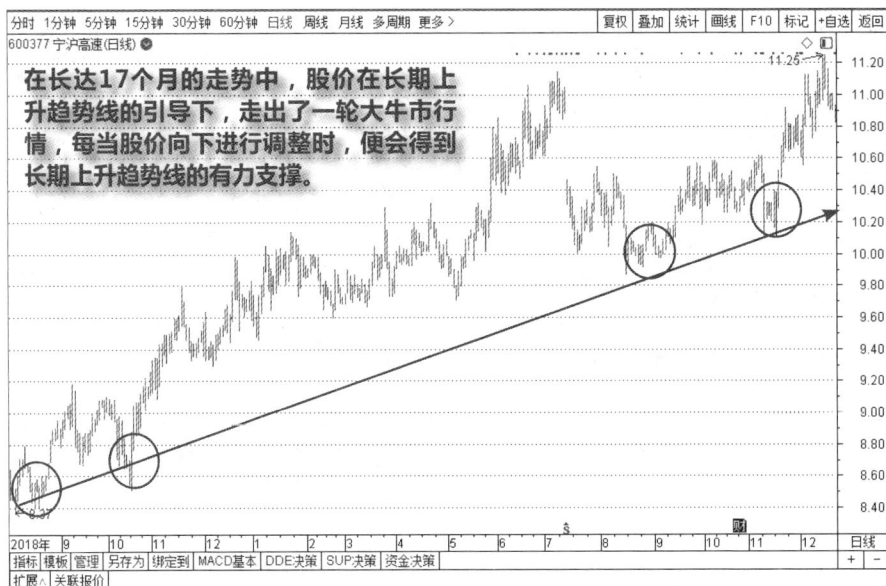

要点剖析

长期上升趋势线引导股价长期向上运行，股价的每一次下跌调整会在长期趋势线附近结束。

操盘精髓

根据长期上升趋势线对于股价的长期支撑作用，投资者可以在股价回调至长期上升趋势线附近，并受到趋势线支撑，重新步入上升趋势时进行长线建仓操作。

但是在操作中要注意主力庄家故意打压股价造成破位现象，使投资者掉入其布置的陷阱之中。

分析实例 国电南瑞（600406）长期上升趋势线支撑位置买入操作

国电南瑞在2018年6月至2019年12月的走势如下图所示。

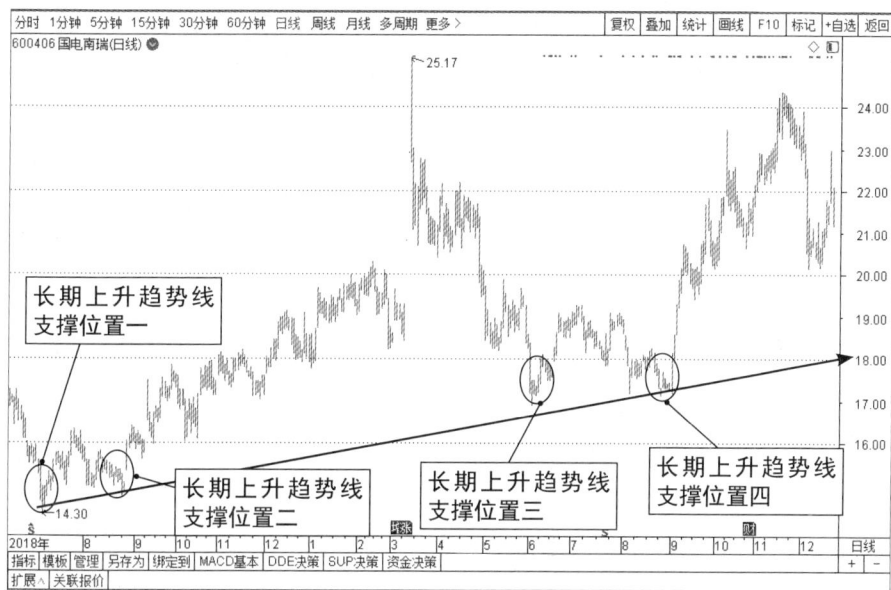

国电南瑞2018年6月至2019年12月的走势

从图中可以看到，该股在长期趋势线的作用下走出了一波长期上涨行情，尽管从图中可以看出股价在上升趋势中出现了4个支撑位置，但是具有可操作性的只有长期上升趋势线支撑位置二和长期上升趋势线支撑位置四，原因在于支撑位置难于判断具体在哪里。

分析实例 中国软件（600536）主力刻意破位长期上升趋势线支撑位分析

中国软件在2018年1月至2019年6月的走势如下图所示。

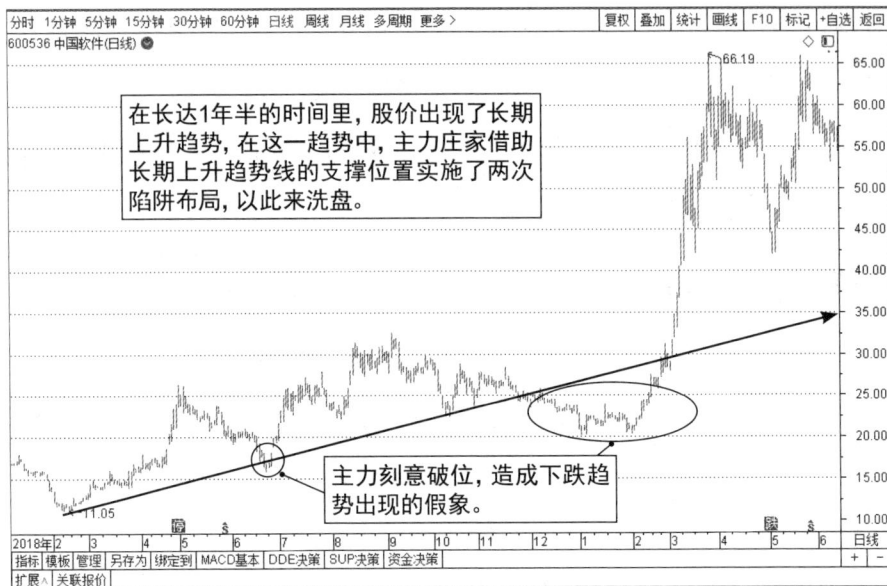

中国软件2018年1月至2019年6月的走势

从图中可以看出，该股在2018年2月初见底后企稳回升步入长期上涨行情中，主力庄家在整个股价的长期上升趋势之中，利用长期上升趋势线的支撑位置施行了两次陷阱布置。

第一次陷阱是在2018年6月底，股价短暂跌破长期趋势线后快速被拉回；第二次陷阱是在2018年12月至2019年2月之前，股价出现长时间的破位下跌，最终在2019年2月止跌企稳，重启上涨。

这两次陷阱都是主力庄家刻意在长期趋势线的股价支撑位置打压股价，使之出现破位走势特点，这一陷阱使得很多投资者卖出了手中的股票。主力则在破位之后继续展开新一轮的上涨行情。

NO.087
长期上升轨道线内重仓买入图谱

长期上升轨道线确定了股价的长期上升趋势，并且确定了股价的变化范围，由此投资者可以逐步加仓，在整个牛市行情中进行重仓位操作。

一图展示

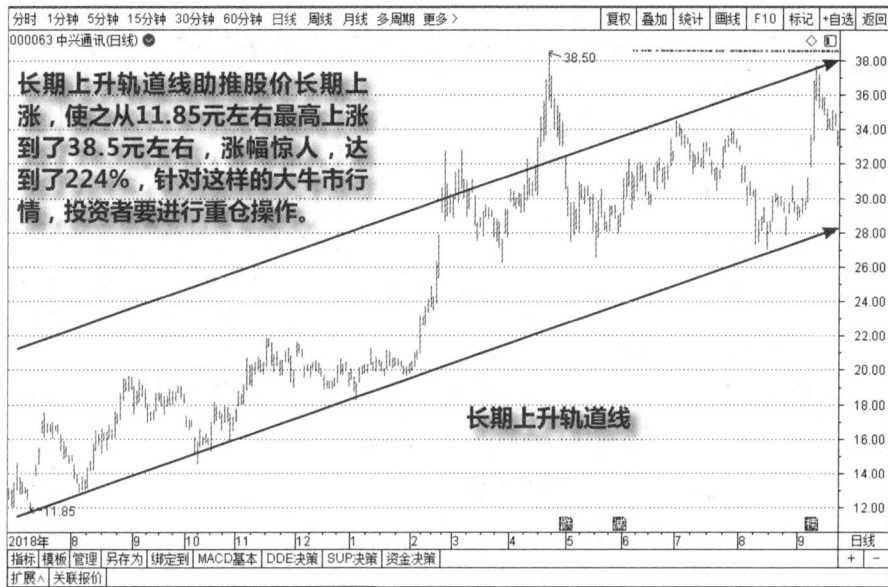

长期上升轨道线助推股价长期上涨，使之从11.85元左右最高上涨到了38.5元左右，涨幅惊人，达到了224%，针对这样的大牛市行情，投资者要进行重仓操作。

长期上升轨道线

要点剖析

◆ 长期上升轨道线对股价产生了长期向上的推动力，使得股价走出长期上涨的大牛市行情。

◆ 长期上升轨道线同时也限制了股价变化的范围，由此可知股价在变化中不会离开轨道线的范围。

操盘精髓

在长期上升轨道线的作用下，股价走势处于大牛市行情状态，因此在面对如此巨大涨幅的上涨行情时，投资者要不断加仓，对其进行重仓操作。

分析实例　美的集团（000333）多次加仓操作

美的集团在2016年7月至2018年2月的走势如下图所示。

大牛市行情走势是很难遇到的，因此在发现大牛市行情走势的时候，投资者就应该抓住机会，进行重仓位的操作，如图标注的4次加仓机会。这样一来，投资者可以根据投入资金量大而获得丰厚的利润。

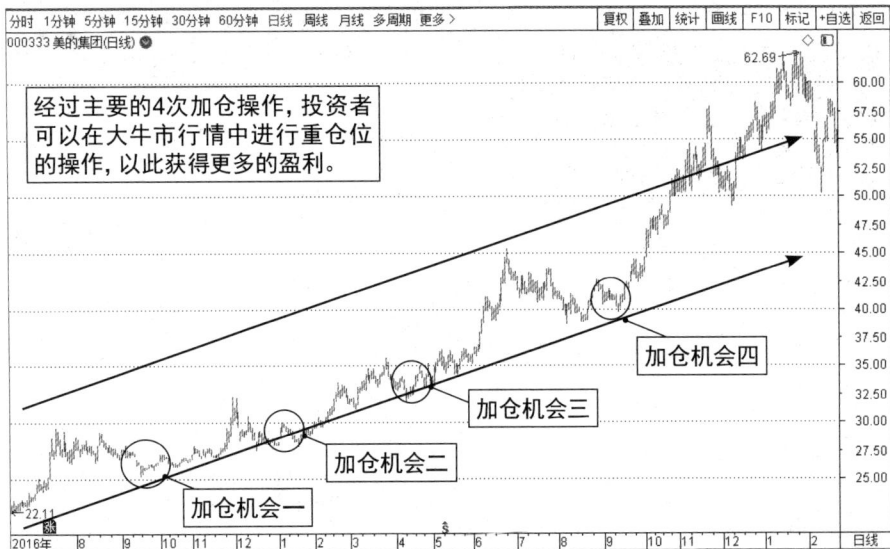

美的集团2016年7月至2018年2月的走势

分析实例 双林生物（000403）选准位置一次重仓买入操作

双林生物在2018年10月至2019年11月的走势如下图所示。

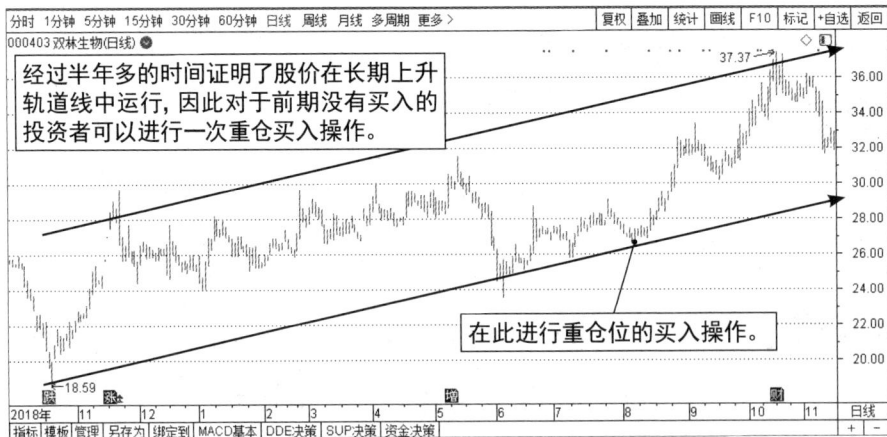

双林生物2018年10月至2019年11月的走势

从图中可以看到，长期上升轨道线在经过前面半年多的股价运行趋势中得到了验证，由此投资者可以放心进行买入操作。

之后股价多次回调到长期上升轨道线的下边缘位置时均受到支撑，由此出现了买入机会，此时在前期没有买入或者没有大幅度买入的投资者就可以进行重仓位的买入操作。

该股后面的走势很有力量，股价从27元左右上涨到了37.37元，涨幅接近40%。

NO.088
中期上升趋势线支撑位买入图谱

中期上升趋势线引导股价出现的是中期上升趋势，在中期上升趋势线支撑位置买入的操作是中线操作。

一图展示

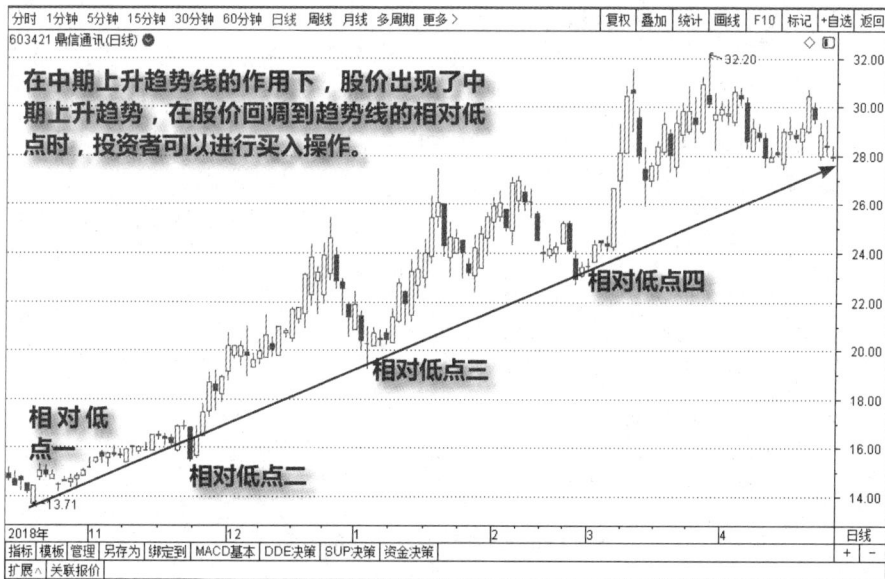

要点剖析

中期上升趋势线引导股价出现中期上升趋势，其对应的也是中期牛市上涨行情。

操盘精髓

◆ 当股价回调至中期上升趋势线时，出现了中线买入位置。

◆ 和长期上升趋势线一样，主力庄家也会利用中期上升趋势线进行陷阱布置，具体讲就是通过在趋势线附近打压股价，使股价破位来吓唬投资者。

分析实例 韦尔股份（603501）利用支撑位进行逐步加仓操作

韦尔股份在2019年6月至12月的走势如下图所示。

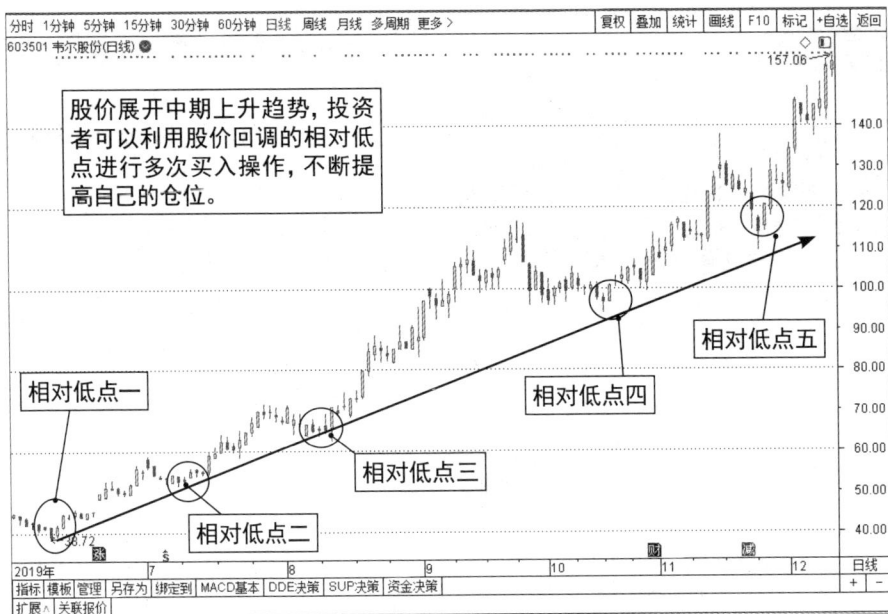

韦尔股份2019年6月至12月的走势

从图中可以看出，股价在2019年6月创出38.72元的低价后止跌重新进入到上涨行情中，整个股价在上升趋势线的作用下步步拉高，期间共出现了5个相对低点，即出现了5个支撑位置。

在中期上升趋势逐步明朗后，投资者可以根据这些支撑位置进行买入操作或者进行不断地加仓操作。

其中，根据前面两个低点绘制上升趋势线后，第三个相对低点和第四个相对低点都有效地受到了趋势线的支撑，说明趋势线的可靠性，所以在这两个位置进行买入或者加仓都是比较好的位置。

虽然第五个相对低点也在趋势线上方受到了支撑，但是毕竟此时股价从38.72元上涨到120元左右，涨幅已经超过200%，因此追涨风险相对来说比较大，投资者要谨慎操作。

分析实例 豫能控股（001896）识破主力陷阱分析

豫能控股在2018年10月至2019年6月的走势如下图所示。

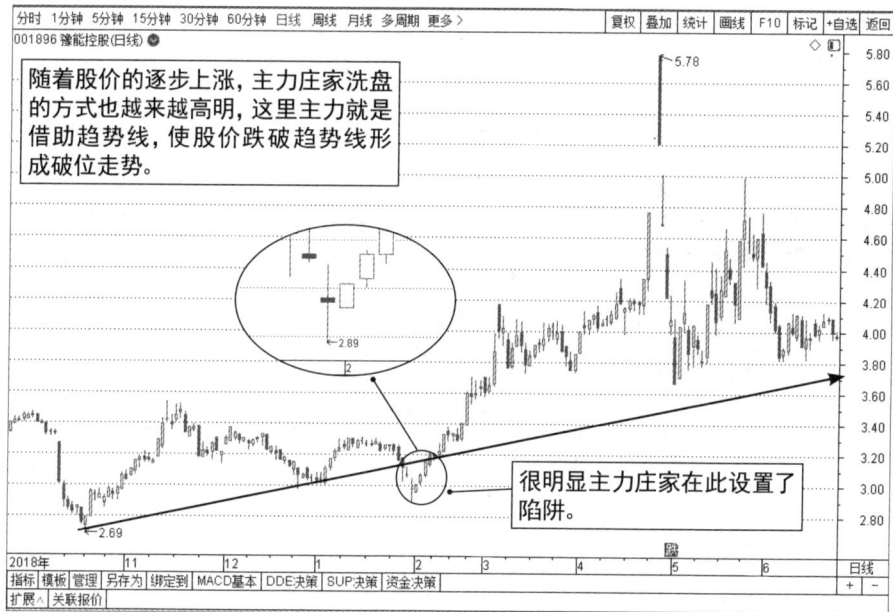

豫能控股2018年10月至2019年6月的走势

从图中可以看到，该股在2018年10月中旬创出2.69元的低价后企稳回升步入上涨行情，在股价逐步上涨过程中绘制了一条趋势线，但是在趋势线确定不久的2019年2月。主力庄家刻意使得股价跳空破位，但是股价的日K线显示了这一陷阱，长下影线明显是洗盘标志，之后的连续7阳线报收步步拉高股价，显示了股价仍然上涨动力十足的信息。

随后股价继续受到中期上升趋势线的支撑，股价逐步上涨，重新步入上升趋势之中。

NO.089
中期上升轨道线内波段操作图谱

中期上升轨道线不同于长期上升轨道线，它的股价涨幅没有长期上升轨道线的大，因此为了提高操作的获利幅度，投资者可以利用中期上升轨道线进行波段买入操作。

一图展示

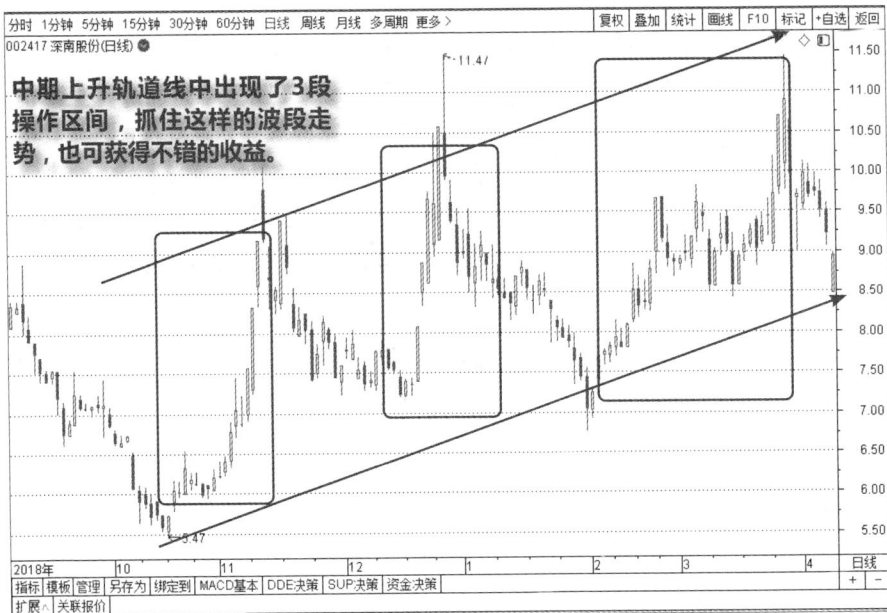

要点剖析

轨道线内的波段主要指的是股价受到支撑后，出现的上涨走势阶段。

操盘精髓

◆ 波段操作最好选择中期轨道线基本确立后的波段，这样安全性更高，股价上涨的幅度也会相对较大。

◆ 波段操作的每一次卖出位置是在股价接近轨道线的上边缘附近，当股价触及了这一位置时，投资者必须及时卖出，否则就会失去良好的机会。

分析实例 富春环保（002479）后程波段买入操作分析

富春环保在2018年12月至2019年10月的走势如下图所示。

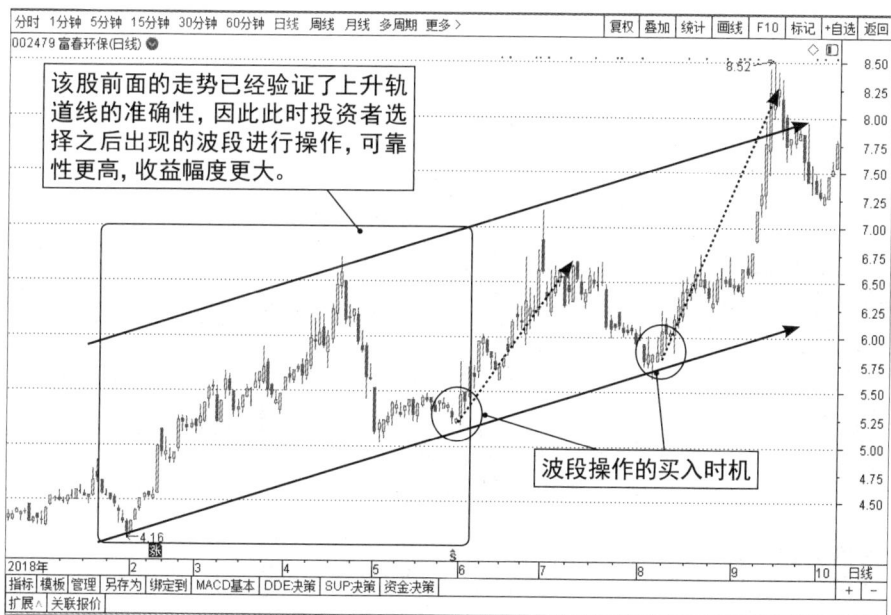

富春环保2018年12月至2019年10月的走势

从图中可以看到，该股股价在2019年2月回调到4.16元的低价后重启上涨，根据2019年2月至6月的股价绘制上升轨道线，并且根据这一走势准确地验证了轨道线的准确，那么在之后出现的上涨波段就是较好的操作波段了。

如图在6月和8月，股价在触及上升轨道线的下边线时受到有力的支撑，此时就是波段操作的绝佳买入时机，尤其在8月后的波段操作中，股价更是出现冲破上升轨道线上边线的强势走势，如果投资者准确把握这次波段操作，将获得不菲的收益。

下面来看看这轮波段的具体走势，如下图所示。

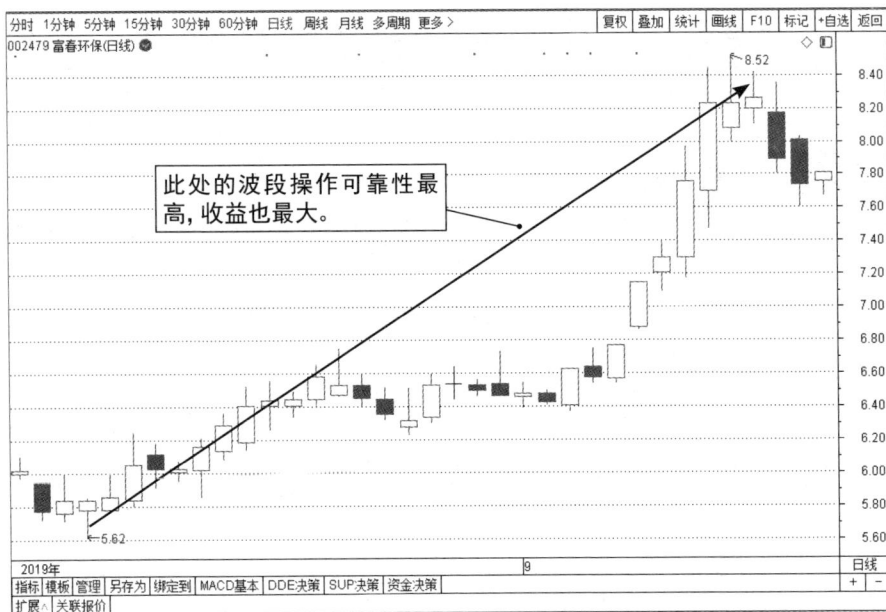

富春环保2019年8月至9月的走势

从图中可以看到，这次波段股价从5.62元开始上涨，在短短一个多月的时间，最高上涨到8.52元，涨幅达到52%左右。

分析实例 嘉麟杰（002486）波段卖出位置分析

嘉麟杰在2018年8月至2019年4月的走势如下图所示。

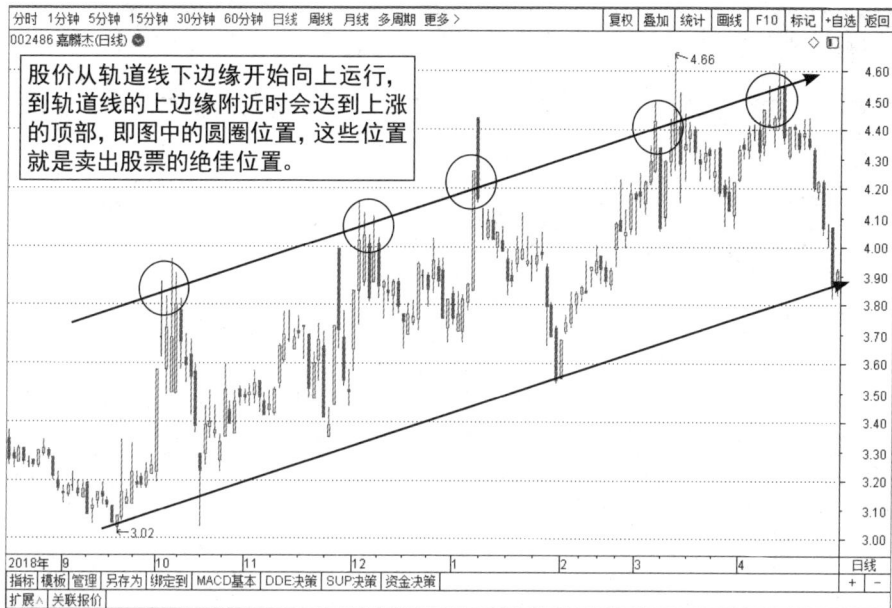

股价从轨道线下边缘开始向上运行，
到轨道线的上边缘附近时会达到上涨
的顶部，即图中的圆圈位置，这些位置
就是卖出股票的绝佳位置。

嘉麟杰2018年8月至2019年4月的走势

从图中可以看到，该股大幅下跌后于2018年9月中旬企稳，在创出3.02元的最低价后股价见底反转步入中期上涨行情。

整个中期上涨行情在中期上升轨道线之内运行。上升轨道线不仅仅决定了股价运行的方向，同时轨道线也限定了股价的变化范围，具体而言就是股价在轨道线下边缘止跌，在轨道线的上边缘达到顶部，所以投资者必须在股价触及轨道线上边缘附近时卖出股票。

如图中的圆形标识位置，当股价运行到轨道线的上边缘后都受到其的压力作用阶段性见顶回落。

NO.090
短期上升趋势线上的积极追涨图谱

短期上升趋势线引导股价出现短期上升趋势，股价在短期上升趋势中的上涨时间较短，所以投资者应该抓住机会及时追涨。

一图展示

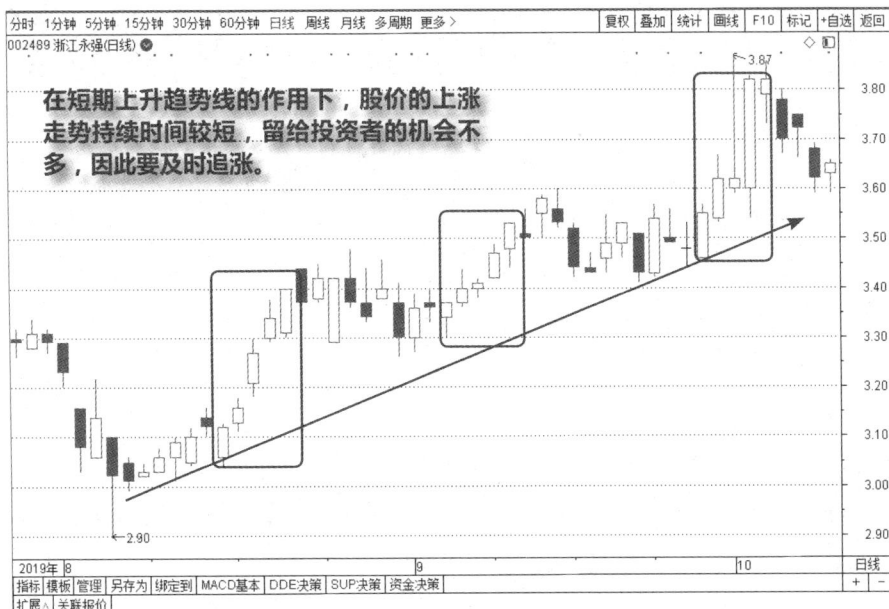

要点剖析

- ◆ 短期上升趋势线对股价产生的上涨推动时间是短期的。
- ◆ 在短期上升趋势线作用下，股价上涨幅度还是很可观的。

操盘精髓

- ◆ 短期上升趋势线附近大阳线重拾升势，应该及时追涨。
- ◆ 当股价下跌到短期上升趋势线附近时，出现连续的阳线重拾升势，
   此时投资者也应该及时追涨。

分析实例 涪陵榨菜（002507）大阳线出现追涨操作

涪陵榨菜在2019年1月至4月的走势如下图所示。

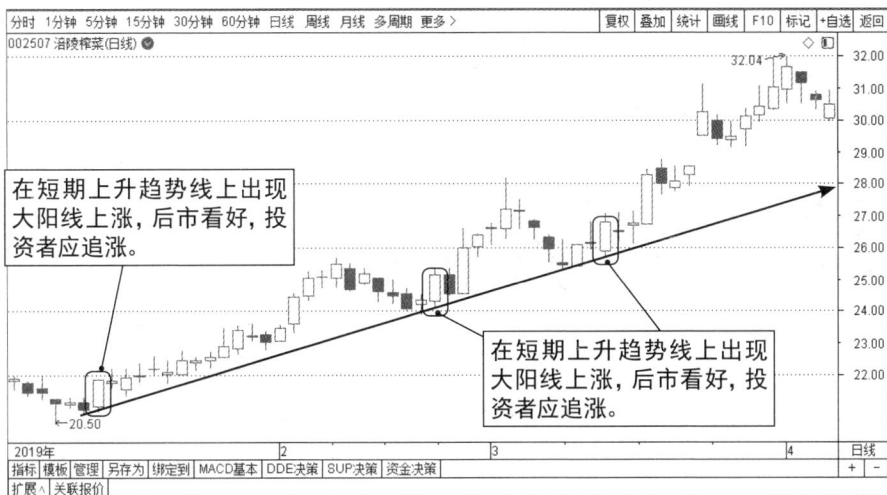

涪陵榨菜在2019年1月至4月的走势

从图中可以看到，当股价回调到了短期上升趋势附近后，K线以大阳线的方式重拾升势，反映了市场的积极心态，投资者可放心追涨。

分析实例 兄弟科技（002562）串阳线出现追涨操作

兄弟科技在2019年1月至4月的走势如下图所示。

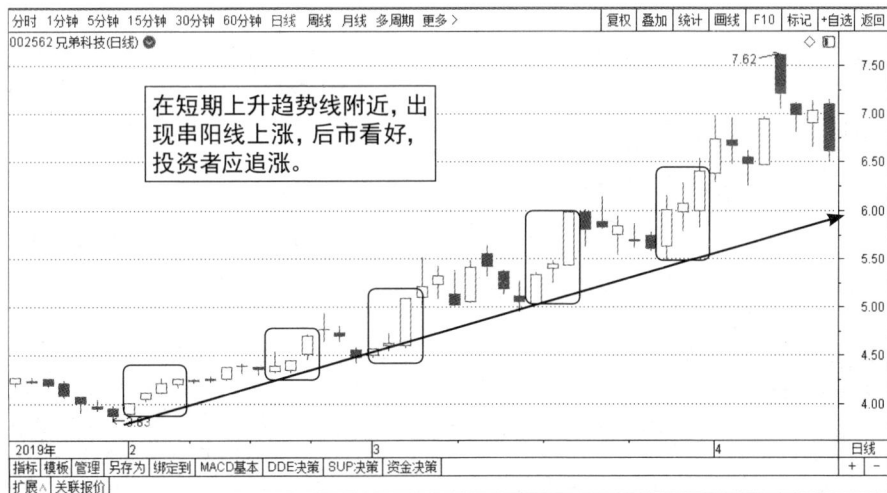

兄弟科技在2019年1月至4月的走势

从图中可以看到，在股价下跌回调到了短期上升趋势线附近时，股价立刻出现了连续的阳线，将股价拉回上升趋势，因此能够看出该股后市可以期待，投资者应该及时追涨。

NO.091
短期上升轨道线操作图谱

短期上升轨道线引导股价展开了短期上升趋势，有时会带来很不错的上涨行情走势，因此投资者要灵活运用短期上升轨道线进行买入操作。

一图展示

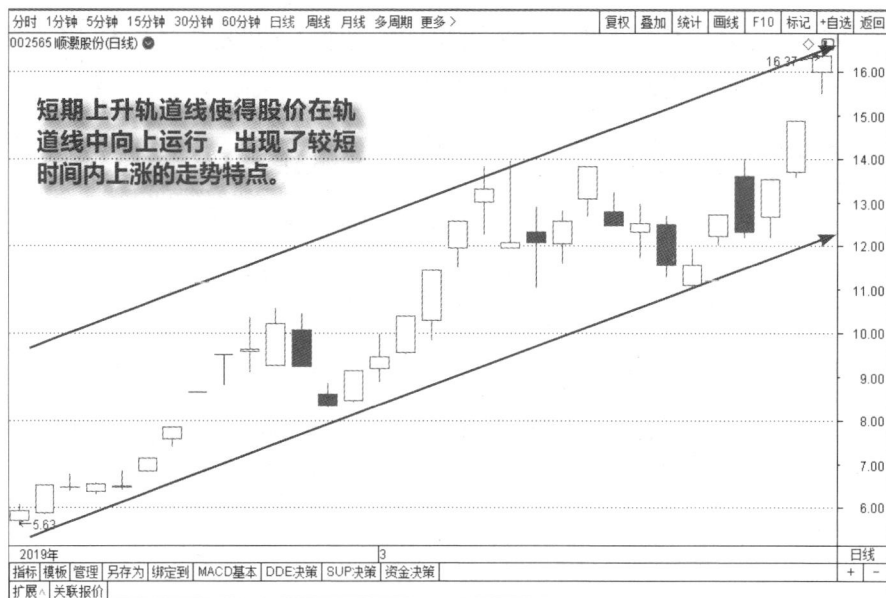

要点剖析

◆ 短期上升轨道线在短时间内确定了股价的上升趋势，并且也规定了股价向上变化的具体范围。

◆ 有时在短期上升轨道线的作用下，股价会进行较大幅度的上涨。

操盘精髓

◆ 在振幅较大的短期上升轨道线中，股价可能出现幅度较大的上下震荡，针对这样的运行态势，投资者可以进行短线的反复操作，以此达到积少成多的目的。

◆ 在振幅较小的短期上升轨道线中，股价上下运行幅度不大，此时投资者可以灵活看待短期上升轨道线，将其视为中线操作的指引线，展开中线操作。

分析实例 唐人神（002567）短线反复操作分析

唐人神在2018年10月至12月的走势如下图所示。

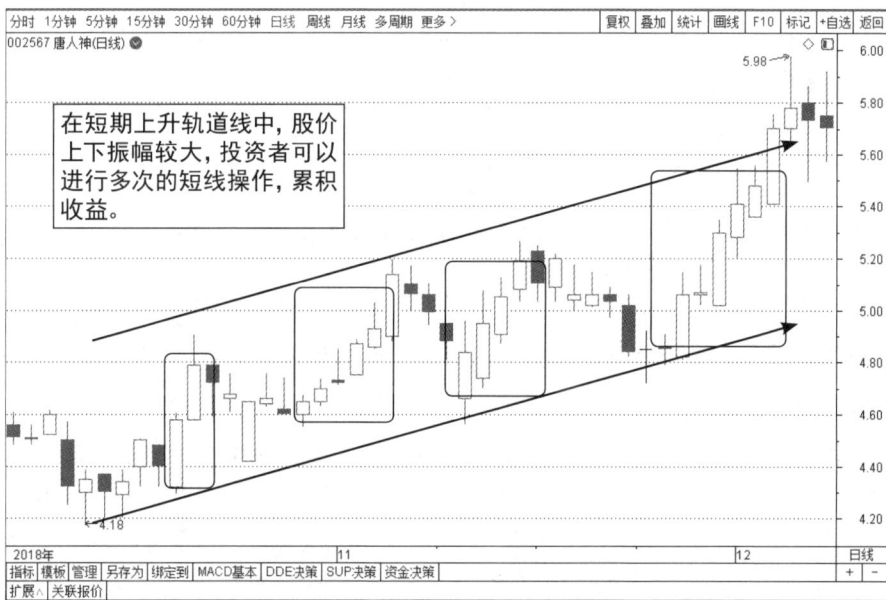

唐人神在2018年10月至12月的走势

从图中可以看到，在短期上升轨道线中，股价振幅较大，呈现出小波浪的上涨走势，由此投资者可以根据这样的股价走势特点，进行短线反复操作。短线反复操作虽然获益较少，但通过累积也可以获得较好的收益。

分析实例 索菲亚（002572）短期上升轨道中线操作

索菲亚在2019年1月至4月的走势如下图所示。

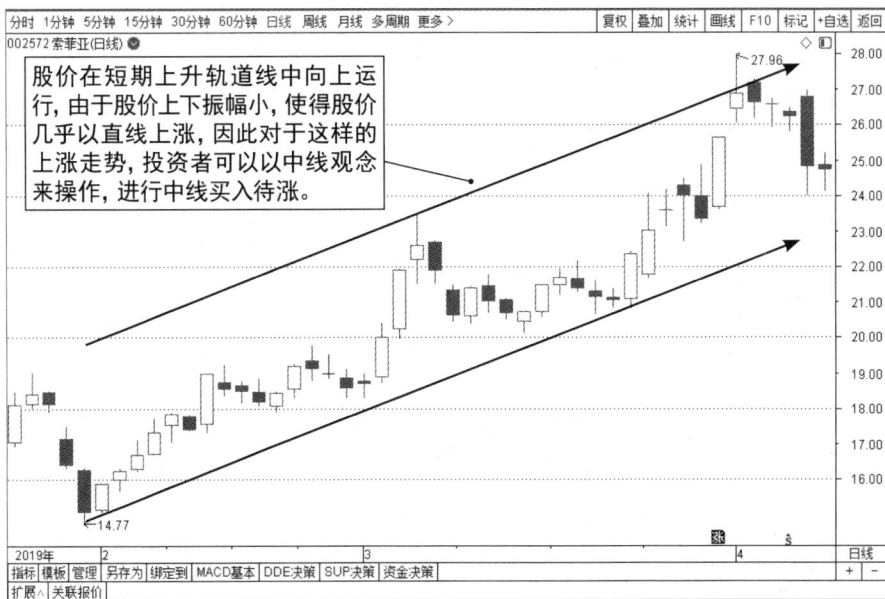

股价在短期上升轨道线中向上运行，由于股价上下振幅小，使得股价几乎以直线上涨，因此对于这样的上涨走势，投资者可以以中线观念来操作，进行中线买入待涨。

索菲亚2019年1月至4月的走势

如上图所示，短期上升轨道线确定了股价上涨的方向和变化的范围，但是这里的股价上涨势头较猛，在轨道线中几乎没有出现明显的回调走势特点。

因此在振幅不大的短期上升轨道线中，投资者应该进行中线买入操作。

第 6 章
一图掌握下降趋势实战

　　下降趋势是股价下跌的趋势，是股市熊市的标志，虽然投资者不能进行买入操作，但是掌握股价的下降趋势，能够使投资者获得更多股价运行信息，能够更好地把握市场的变化。本章将从下降趋势弱势图谱开始，逐步展示股价下降趋势的各种态势和实战信号，从而提高投资者的分析技巧。

NO.092　下降趋势弱势图谱
NO.093　下降轨道弱势图谱
NO.094　长期下降趋势线操作图谱
NO.095　长期下降轨道线破位操作图谱
NO.096　中期下降趋势线操作图谱
NO.097　中期下降轨道线破位操作图谱
NO.098　短期下降趋势线操作图谱
NO.099　短期下降轨道线破位操作图谱

NO.092
下降趋势弱势图谱

下降趋势左右着股价的下跌走势，使得股价向下形成弱势态势。在弱势中，股价没有最低，只有更低，即股价会不断跌出新低。

一图展示

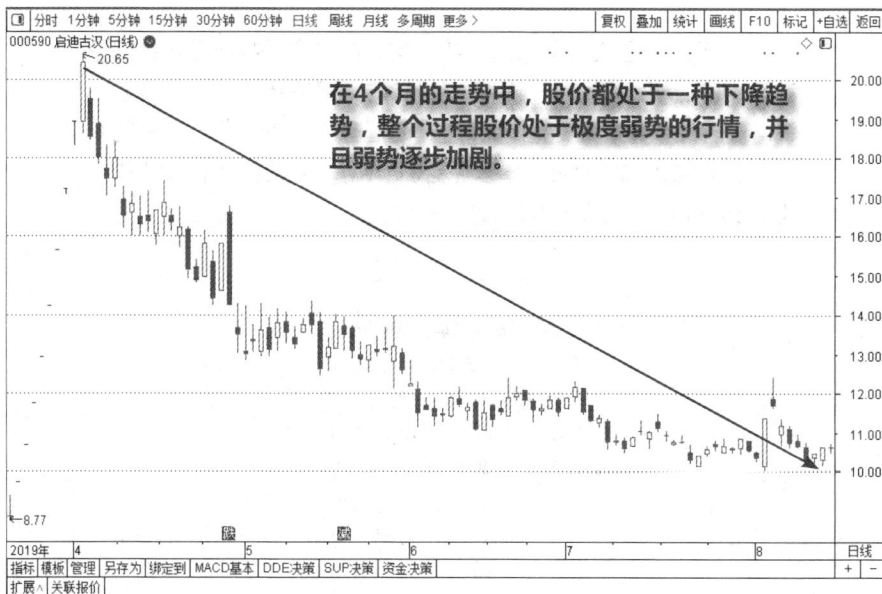

在4个月的走势中，股价都处于一种下降趋势，整个过程股价处于极度弱势的行情，并且弱势逐步加剧。

要点剖析

◆ 下降趋势引导股价步入下跌走势，使得股价步入弱势的下跌行情，由此拉开了弱势走势。

◆ 随着下降趋势逐步引导股价向下运行，股价的弱势走势逐步加剧。

操盘精髓

股价弱势走势的不断加剧，使得股价熊市走势连续展开，由此投资者不能买入股票，只能细致分析股价走势，等待机会的到来。

下降趋势引导的股价下跌弱势分为两种。

◆ 直线下跌，形成极度弱势走势，这种下跌走势会使得股价快速下
探，但同时这种下跌走势也不会持续太长时间。

◆ 带有反弹迹象的下跌走势，形成相对较弱的下跌态势，此种弱势走
势显得比较温和，股价也伴随着反弹迹象。

分析实例 东北制药（000597）极度弱势下跌走势分析

东北制药在2019年4月至6月的走势如下图所示。

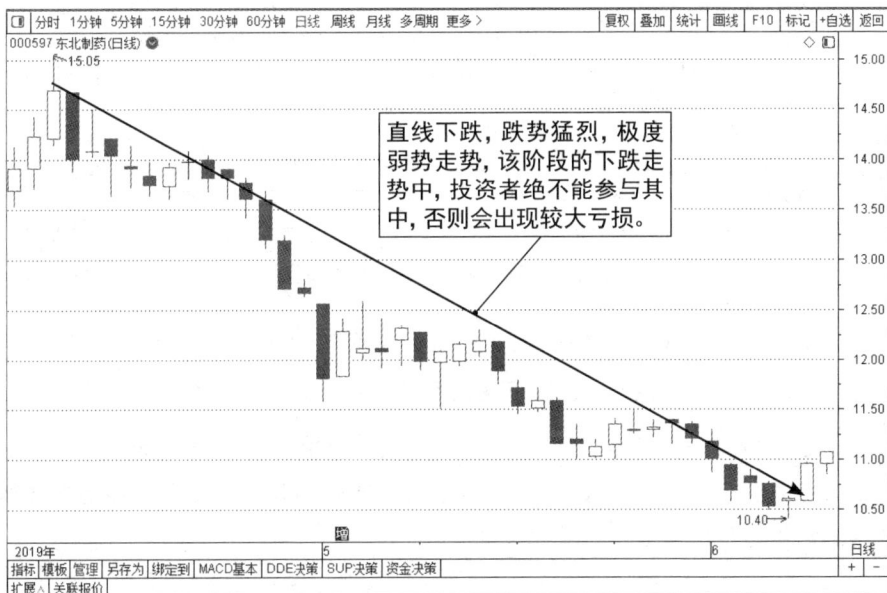

东北制药2019年4月至6月的走势

从图中可以看到，该股价在15.05元见顶后反转直线下跌，使得股价处于
极度弱势之中。

在短短两个多月的时间，股价快速下跌到10.40元，跌幅达到30%以上，
投资者必须回避这样的下跌走势。

分析实例 华媒控股（000607）温和弱势下跌走势分析

华媒控股在2019年3月至12月的走势如下图所示。

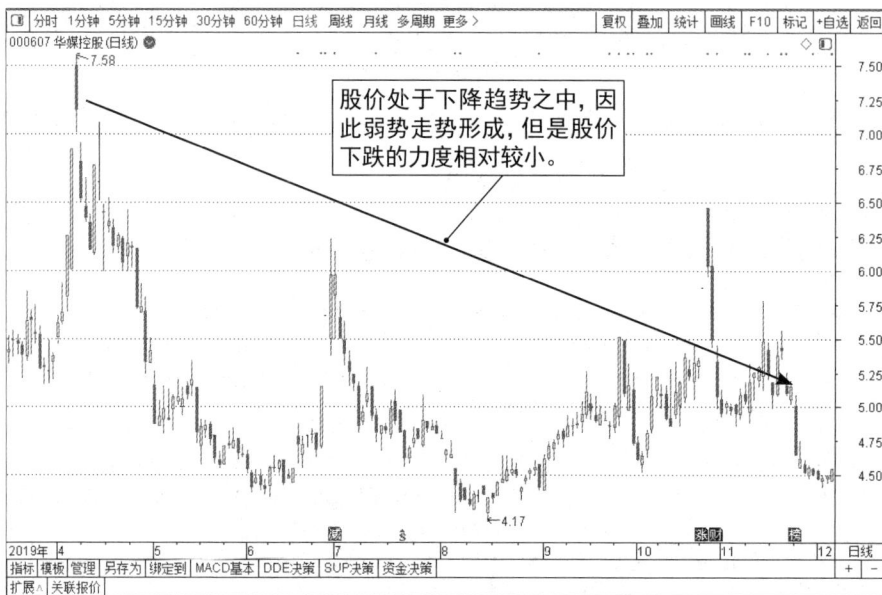

华媒控股2019年3月至12月的走势

从图中可以看到，该股出现了大幅震荡向下运行的走势，在长达8个多月的时间内，股价从7.58元最低下跌到4.17元，跌幅达到44%。

在这样的弱势下跌状态中，股价的下跌并没有出现直线式的走势特点，相反伴随着股价的一次次反弹，由此可见此种弱势相对较温和，但即便是这样的走势，投资者也不应该参与其中。

NO.093
下降轨道弱势图谱

下降轨道刻画的是股价的下降趋势，同时也是对股价弱势走势的刻画，在下降轨道中，股价弱势会得到轨道下边缘的支撑，由此弱势整体上相对温和。

一图展示

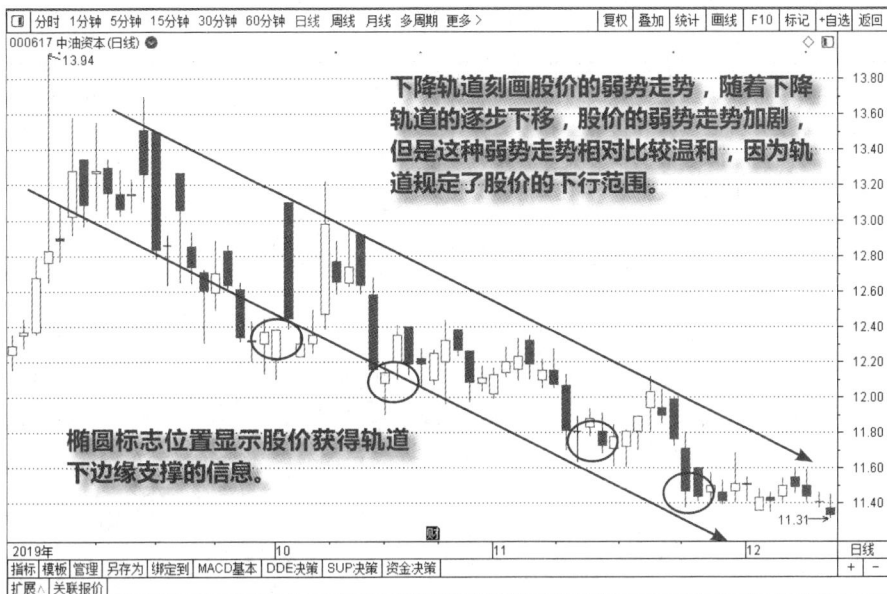

下降轨道刻画股价的弱势走势，随着下降轨道的逐步下移，股价的弱势走势加剧，但是这种弱势走势相对比较温和，因为轨道规定了股价的下行范围。

椭圆标志位置显示股价获得轨道下边缘支撑的信息。

要点剖析

◆ 下降轨道引导股价不断地下跌，而股价的下跌走势又使得股价出现弱势向下的走势特点，如此一来在下降轨道的作用下，股价弱势走势形成。

◆ 下降轨道中出现的股价弱势走势不会很急剧，因为轨道不仅限定了股价的下跌幅度，同时对于股价具有支撑作用。

操盘精髓

但是根据轨道宽、窄的不同，弱势走势还是有分别的。

◆ 在窄幅下降轨道中，股价的弱势走势会比较急剧，但是这样的弱势不可能维持很长时间。

◆ 在宽幅下降轨道中，股价的弱势走势会比较温和。

分析实例 攀钢钒钛（000629）股价窄幅轨道中的弱势走势

攀钢钒钛在2019年6月至11月的走势如下图所示。

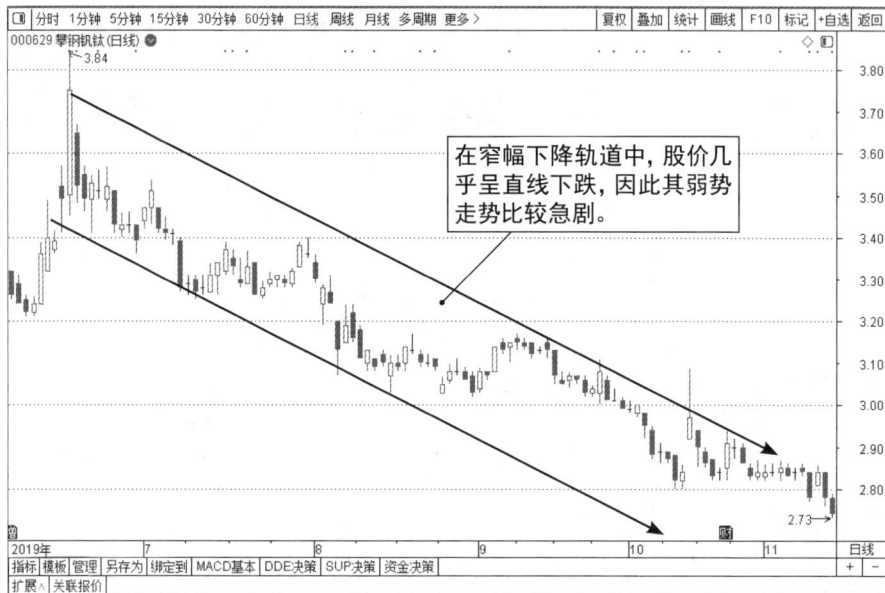

攀钢钒钛2019年6月至11月的走势

从图中可以看到，该股在2019年6月中旬创出3.84元的最高价后见顶回落步入下跌行情中。

在整个下跌走势中，股价始终在一个窄幅下降的轨道中运行，窄幅下降轨道不会给股价提供较高的反弹机会，由此使得股价几乎直线向下，投资者要规避这样的走势。

分析实例 铜陵有色（000630）股价宽幅轨道中的弱势走势

铜陵有色在2019年3月至9月的走势如下图所示。

从图中可以看到，该股在这段时间内出现了震荡下跌的走势，在整个走势中，股价保持在宽幅下降轨道中运行，使得股价上下震荡的范围更大，即股价获得支撑后，反弹的幅度也更大，如图中股价在5月止跌后出现一波较大的反弹。因此较高的反弹使得股价弱势走势得到缓解，整体上显得比较温和。

铜陵有色2019年3月至9月的走势

要点提示 宽幅轨道中的弱势不弱

为什么讲宽幅轨道中的弱势不弱呢？原因在于，宽幅轨道中，股价的下跌会得到轨道下边缘的支撑，而且在这种支撑下，股价往往会出现较大幅度反弹的走势焦点。在这样的反弹面前，投资者甚至可以适当参与买入，所以可以说宽幅轨道中的弱势不弱。

NO.094
长期下降趋势线操作图谱

长期下降趋势线引导股价出现长期下降趋势，在长期下降趋势的作用下，股价会不断下跌，但是其中也存在着买卖点，同时只有长期下跌后的股价才有重新上涨的动力。

一图展示

要点剖析

　　长期下降趋势线致使股价展开长时间的下降趋势，从长线操作上讲，长期下降趋势没有操作的价值。

操盘精髓

◆　长期下降趋势中的反弹阶段，投资者可以做中、短线，且股价触及下降趋势线时就是卖出的最好时机。

◆　当股价获得上涨动力，并不断上行，在成功突破长期下降趋势线的压制后，股价趋势会转变，由此拉开上涨行情。

分析实例　联创股份（300343）反弹卖出操作分析

　　联创股份在2017年5月至2019年11月的走势如下图所示。

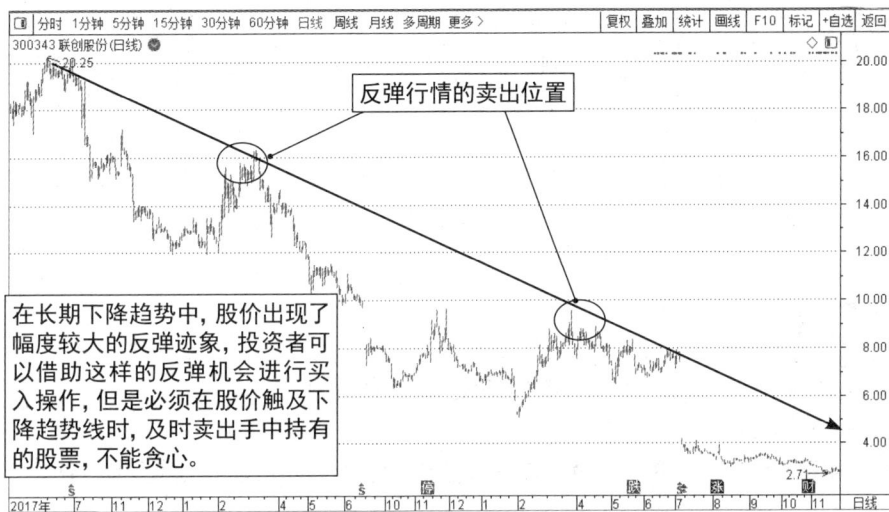

反弹行情的卖出位置

在长期下降趋势中，股价出现了幅度较大的反弹迹象，投资者可以借助这样的反弹机会进行买入操作，但是必须在股价触及下降趋势线时，及时卖出手中持有的股票，不能贪心。

联创股份2017年5月至2019年11月的走势

从图中可以看到，下降趋势线是压力线，反弹走势会在下降趋势线附近结束，所以必须及时卖出。

分析实例 红宇新材（300345）股价成功突破长期下降趋势线分析

红宇新材在2018年6月至2019年9月的走势如下图所示。

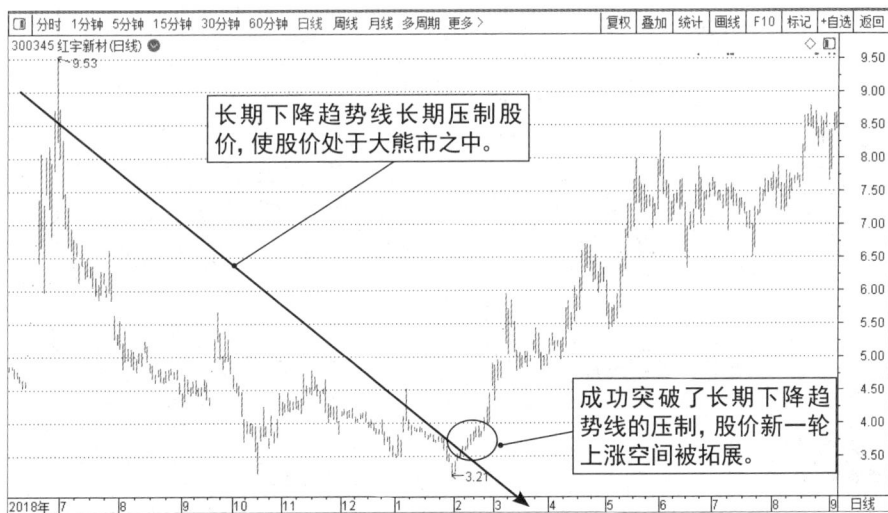

长期下降趋势线长期压制股价，使股价处于大熊市之中。

成功突破了长期下降趋势线的压制，股价新一轮上涨空间被拓展。

红宇新材2018年6月至2019年9月的走势

从图中可以看到，股价在长期下降趋势线的压制下出现长时间的深幅下跌走势。但是通过股价的长期下跌后，也使得股价的风险得到充分释放甚至是处于超跌状态。

当股价得到资金关注不断走高，并成功突破了长期下降趋势线的压制后，股价新一轮的上涨阶段就到来了。

NO.095
长期下降轨道线破位操作图谱

同长期下降趋势线一样，长期下降轨道线确定的也是股价长时间的下降趋势，不同之处在于长期下降轨道线对股价的下跌范围有所限制。

一图展示

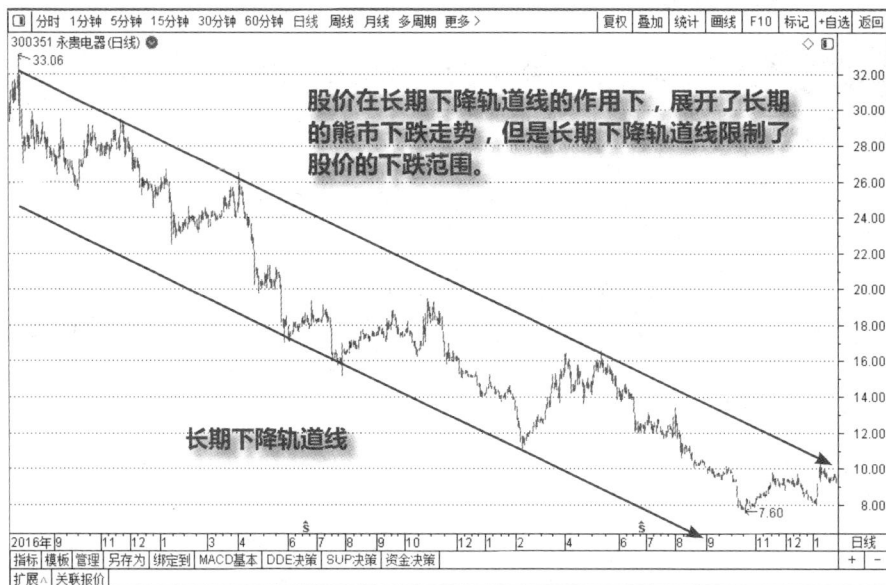

要点剖析

◆ 长期下降轨道线限制股价下跌范围和下跌的幅度。

◆ 在限制股价运行的同时，长期下降轨道线使股价存在3种可能的走势：沿着轨道下跌、向下跌破轨道破位和向上突破轨道上涨。

操盘精髓

◆ 股价沿着轨道运行，投资者必须看跌后市，不能参与操作。

◆ 股价向下破越轨道，跌势加剧，表明后市存在大跌的可能，更要避免介入。

◆ 股价向上突破轨道，显示股价上涨动力充足的信息，投资者应该积极关注股价的变化，择机买入股票待涨。

分析实例 易事特（300376）股价向下破位长期轨道线卖出分析

易事特在2017年5月至2018年8月的走势如下图所示。

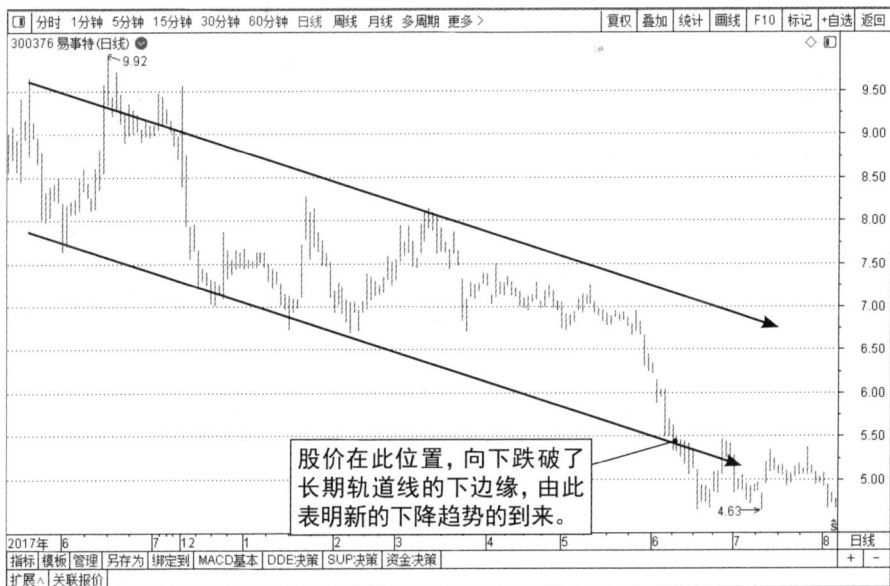

易事特2017年5月至2018年8月的走势

从图中可以看到，股价在2018年6月初向下跌破轨道线的支撑，这是股价继续下跌的强烈信号，所以必须回避。后市的走势如下图所示。

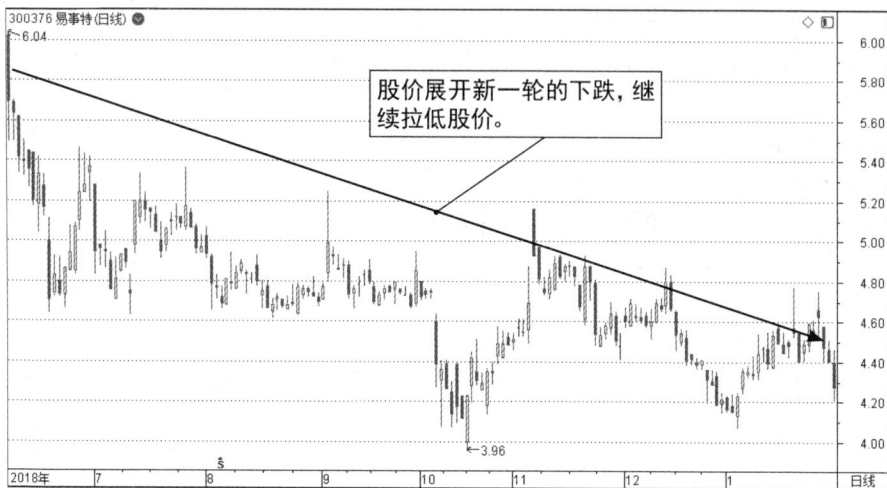

易事特2018年6月至2019年1月的走势

从图中可以看到，该股在2018年6月跌破长期下降轨道线的下边线后，又展开了新一轮的下跌走势，且新的下跌走势又持续了半年多的时间。

分析实例 鼎捷软件（300378）股价向上突破长期下降轨道线买入分析

鼎捷软件在2017年2月至2019年4月的走势如下图所示。

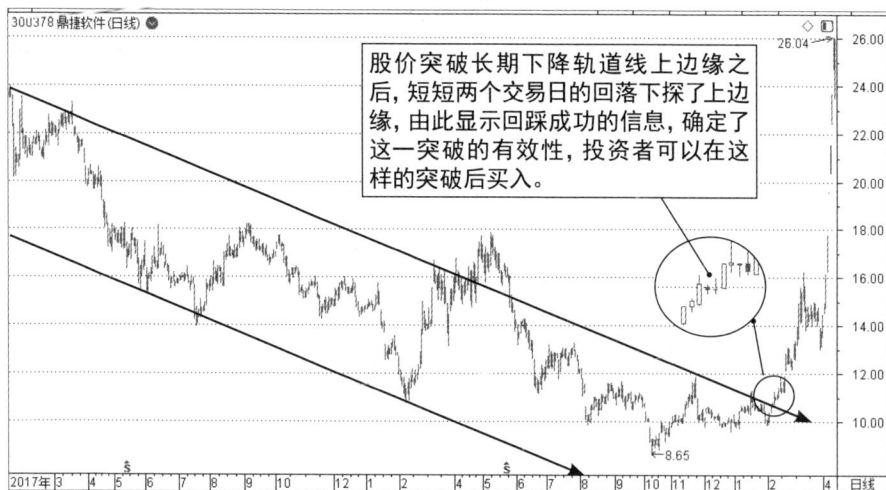

鼎捷软件2017年2月至2019年4月的走势

从图中可以看到，该股在长期下降轨道线的长期压制下，股价进行了充分的下跌，由此股价逐步见底，随后开始上涨。

当股价成功突破了长期下降轨道线的上边缘之后，股价显得上涨动力十足，由此将会出现一轮新的上涨行情，所以投资者可以抓住这样的走势，进行买入操作。

NO.096
中期下降趋势线操作图谱

中期下降趋势线压制股价使之处于中期下降趋势，在中期下降趋势线之下，股价运行虽然以下跌状态为主，但是中间仍然存在着可操作的机会。

一图展示

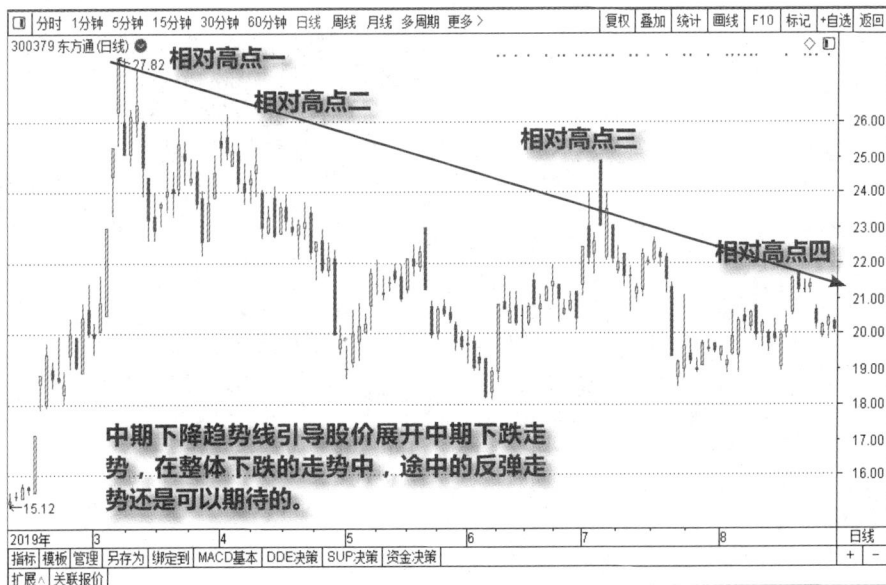

要点剖析

中期下降趋势线刻画股价的中期下跌走势，在中线操作上，投资者不应该在此阶段介入股票。

操盘精髓

◆ 在中期下降趋势中，股价会在下跌走势中形成反弹走势，此时前期
未出逃的投资者可以抓住反弹走势出逃，对于技术型投资者来说也
可以在反弹中短期买入，抢反弹，但是一定要注意快进快出。

◆ 当股价获得上涨动力，逐步上行，并最终突破了中期下降趋势线的
压制时，显示出一个较强的买入信号，由此股价会展开一轮新的中
期上升趋势。

分析实例　中建环能（300425）利用反弹出逃、做短线操作分析

中建环能在2019年4月至12月的走势如下图所示。

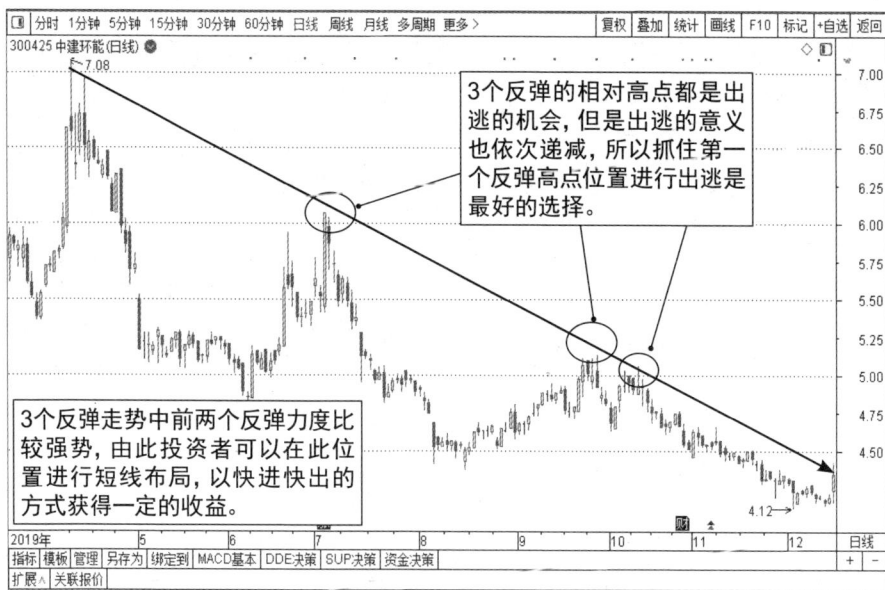

中建环能2019年4月至12月的走势

从图中可以看到，随着相对高点的位置不断下移，越在后面的高点出
逃，那么损失也会越大。针对较强的反弹走势，投资者可以选择强势位置，

快进快出的进行短线操作。

分析实例 中信证券（600030）突破中期下降趋势线压制后买入操作分析

中信证券在2018年5月至2019年4月的走势如下图所示。

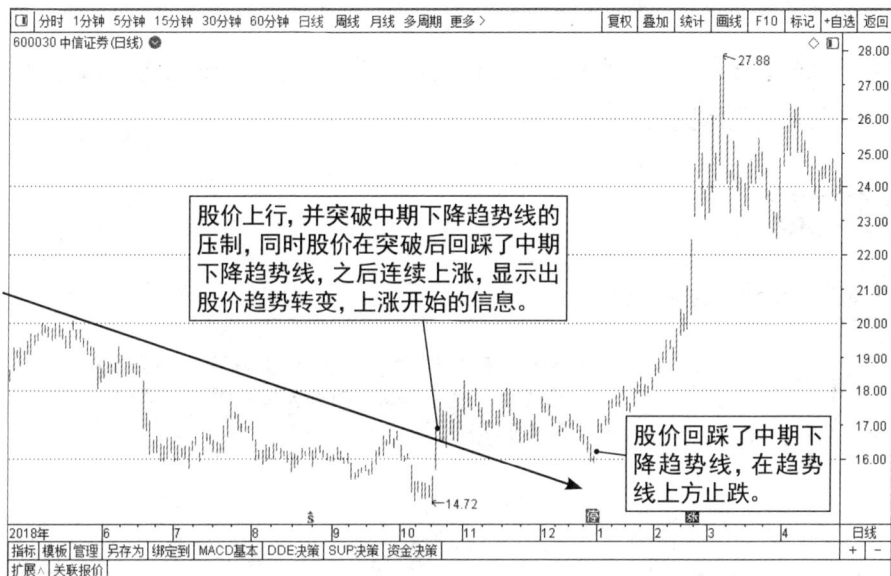

中信证券2018年5月至2019年4月的走势

从图中可以看到，该股在2018年10月中旬前，股价经历了一波大幅下跌行情，股价在中期下降趋势线的压制下一路向下运行，当股价下跌到一定程度，市场资金涌入该股，使得股价上涨。

如图中所示，该股在2018年10月中旬创出14.72元的最低价后，次日以涨停大阳线拉高股价突破中期下降趋势线的压制。

随后该股逐步走强出现回踩中期下降趋势线的走势，但是股价在下降趋势线上方的16元价位线止跌后再次被拉起，由此可见股价趋势转变成功，上涨空间拓展开来。此时投资者可逢低吸纳，积极买入做多。

从后市的涨势来看，该股在短短两个月的时间，股价就从16元左右上涨到27.88元，涨幅达到74%。

NO.097
中期下降轨道线破位操作图谱

与中期下降趋势线一样，中期下降轨道线刻画的也是股价的下降趋势，只不过在时间周期上相对较短一些。

中期下降轨道线的破位指的是股价向上和向下的两种破位，方向上的相反也造成了趋势变化的截然相反。

一图展示

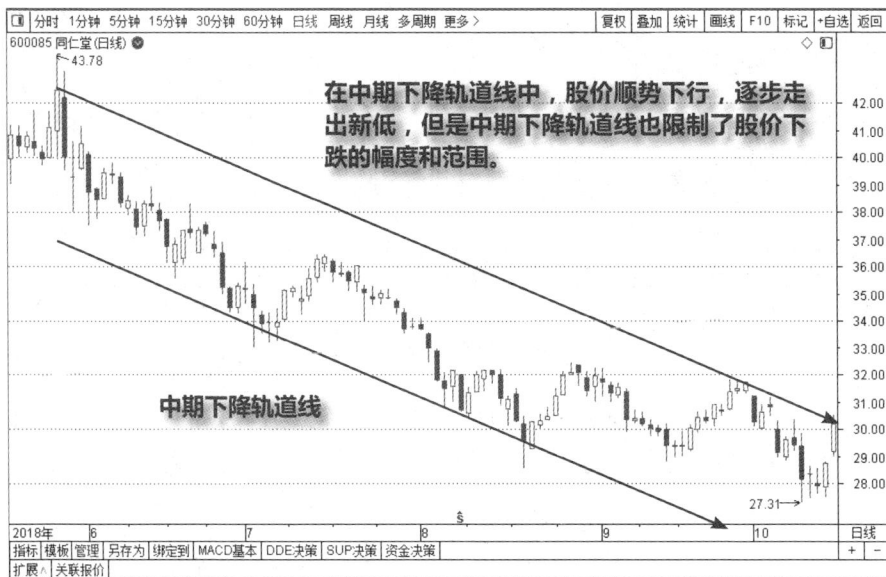

在中期下降轨道线中，股价顺势下行，逐步走出新低，但是中期下降轨道线也限制了股价下跌的幅度和范围。

中期下降轨道线

要点剖析

中期下降轨道线中股价的运行会出现 3 种情况：股价继续按照轨道线下行、股价向下破越轨道和股价向上突破轨道。

操盘精髓

◆ 股价向下破越轨道线，显示了股价新的下跌迹象，由此展开一轮新的下跌走势。

◆ 股价向上突破轨道，股价显得上涨的动力十足，由此将会展开上涨
走势。

分析实例 *ST飞马（002210）股价向下破位中期下降轨道线分析

*ST飞马在2017年10月至2018年10月的走势如下图所示。

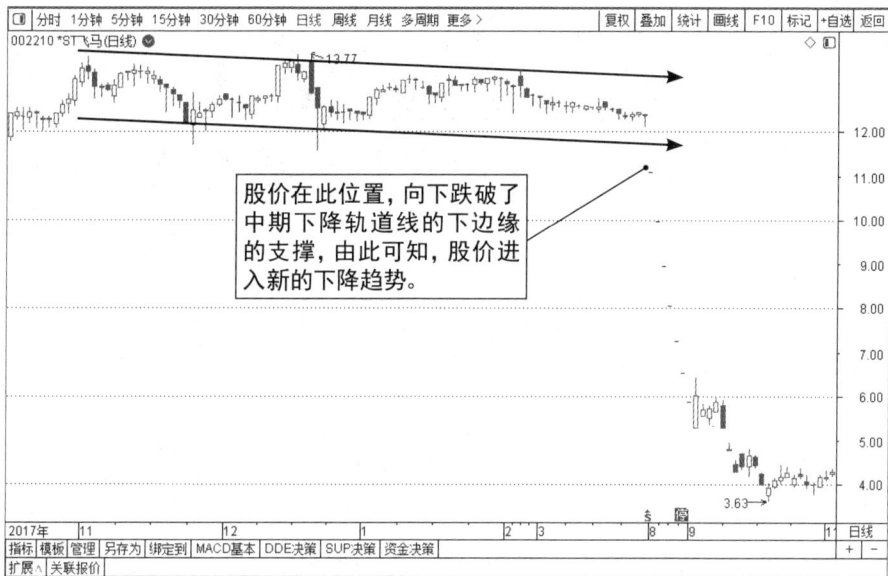

*ST飞马2017年10月至2018年10月的走势

从图中可以看到，该股在前期经历了一波中期下降趋势，股价出现窄幅
缓慢向下运动，而且中期下降轨道线的下边缘对股价的下跌起到明显的支撑
作用。

随后该股经历了长时间的停牌，在2018年8月13日复牌当天股价出现一字
跌停，强势跌破中期下降轨道线的下边缘，当股价破位这一支撑位置后，显
示出了股价下降趋势的加剧。

随后该股出现强势下降，在短短时间内，股价就从从11元下跌到了3.63
元，跌幅达到了67%。

分析实例 安妮股份（002235）股价向上突破中期下降轨道线分析

安妮股份在2019年4月至11月的走势如下图所示。

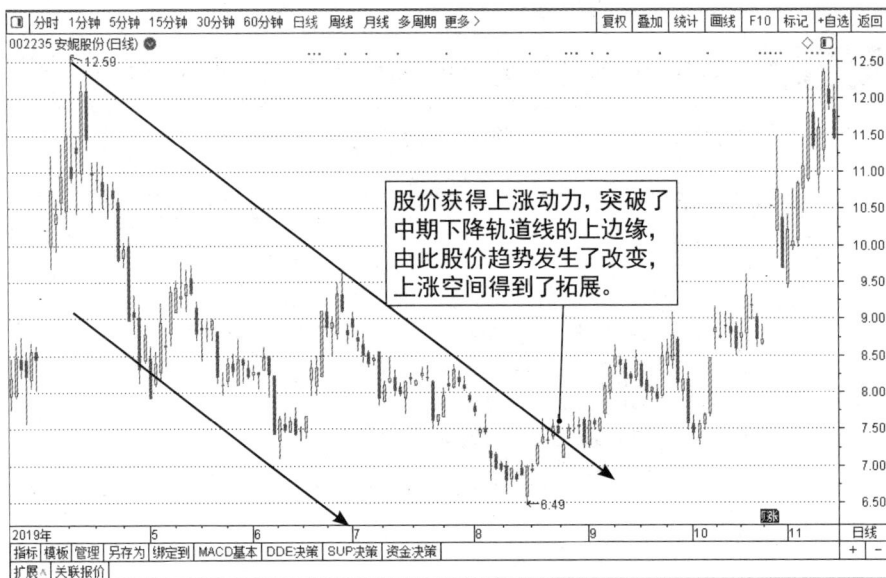

安妮股份在2019年4月至11月的走势

从图中可以看到，该股股价在2019年4月中旬上涨到12.59元，并出现阶段性见顶，随后该股回调，在中期下降轨道线的引导下进入中期下降趋势，这种下跌走势可以看作是股价的一次深度回调整理。

回调整理结束后，股价出现上涨现象，并最终突破中期下降轨道线的压制，随后股价上升趋势确定。

由此可知，股价突破中期下降轨道线之后，投资者可以抓住机会进行中线建仓买入操作。

NO.098
短期下降趋势线操作图谱

短期下降趋势线引导股价展开短期下跌走势，在短时间的下跌走势中，投资者要保持清醒的头脑，理智分析短期下跌的本质，进而指导操作。

一图展示

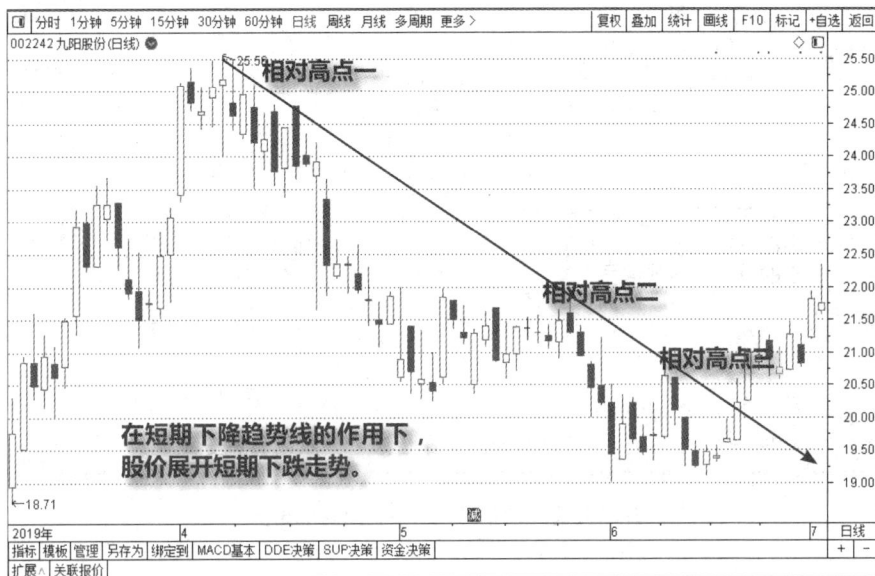

要点剖析

短期下降趋势出现的位置：中、长期下降趋势中，中、长期上升趋势中。在中、长期下降趋势中短期下降趋势作为下降走势的一部分，在中、长期上升趋势中短期下降趋势作为上涨的回调阶段。

操盘精髓

◆ 对于长期下降趋势中的短期下跌，投资者应该看跌，但可能存在着超短线机会。

◆ 长期上升趋势中的短期回调，投资者应该看好，当股价突破短期下降趋势线后就应该买入。

分析实例　恩华药业（002262）短期下降趋势看跌分析

恩华药业在2018年5月至2019年1月的走势如下图所示。

恩华药业2018年5月至2019年1月的走势

从图中可以看到，该股在2018年5月29日上涨到高价位区域，在创出21.53元的高价后见顶，随后股价见顶回落经历了一波中期震荡下跌行情。

在大趋势的下跌过程中，该股于2018年9月出现一波短期下降趋势，短短几个交易日的时间内，股价从9月12日的17.6元左右快速下跌到9月18日的12.74元，跌幅达到27%。

在这一波短暂的快速下跌的作用下使得股价进一步下跌，因此股价后市继续看跌，投资者此时应持币继续观望。

分析实例 国轩高科（002074）短期下降趋势看涨分析

国轩高科在2018年10月至2019年4月的走势如下图所示。

从图中可以看到，该股在2018年10月中旬快速下跌创出10元的最低价后，企稳回升步入上涨趋势。11月运行到阶段性的高价位后出现回落的行情，股价经历了一波短期下降趋势。

　　短期下降趋势的实质是处于股价短期回调整理阶段，回调结束后，股价重新转入上涨状态，因此投资者可以在股价突破短期下降趋势线后积极跟进做多。

　　从该股后市的表现来看，股价在突破短期下降趋势线后重启上涨行情，并且在短短两个多月的时间内就从12元左右上涨到19.27元，涨幅超过60%。

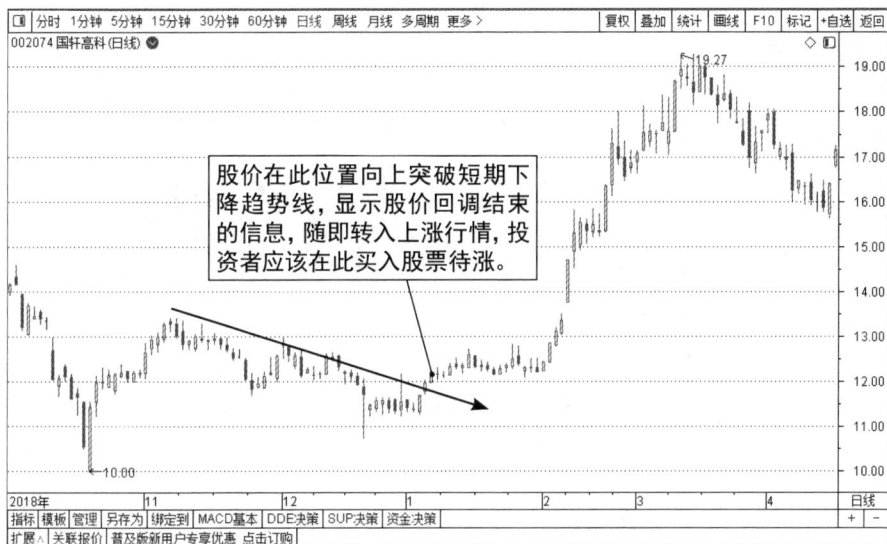

国轩高科在2018年10月至2019年4月的走势

要点提示 *短期上升、下降趋势的比较*

短期下降趋势可能是中、长期上升趋势中的回调整理部分，那么短期上升趋势也可能是中、长期下降趋势中的反弹走势部分。当作为回调阶段的短期下降趋势结束后，投资者就可以跟进买入股票；当作为反弹过程的短期上升趋势出现时，投资者要视反弹的强弱进行布局。

在具有可操作性的短期上升趋势出现在中、长期下降趋势中时，投资者可以进行买入操作，具体方法在第5章的相关章节已经作出详细分析。

NO.099
短期下降轨道线破位操作图谱

短期下降轨道线引导股价展开短期下跌走势，投资者应该注重对短期下降轨道线的分析，并从中获得指导实际操作的信息。

一图展示

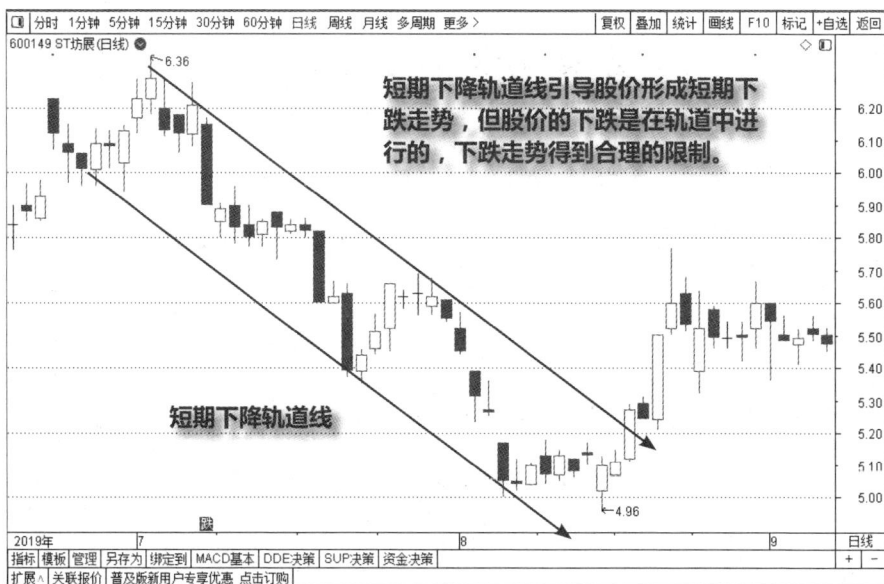

短期下降轨道线引导股价形成短期下跌走势，但股价的下跌是在轨道中进行的，下跌走势得到合理的限制。

短期下降轨道线

要点剖析

短期下降轨道线对于股价走势的影响：股价可以继续处于轨道中下跌，也可能出现股价向下破位和股价向上突破。

操盘精髓

短期下降轨道线的破位提供了以下操作思路。

◆ 股价向下破位，显示股价跌势状态未结束，不能参与买入。

◆ 股价向上运行，显示股价上涨信号，应该买入。

分析实例 商赢环球（600146）股价向下破位轨道看跌分析

商赢环球在2018年4月至2019年1月的走势如下图所示。

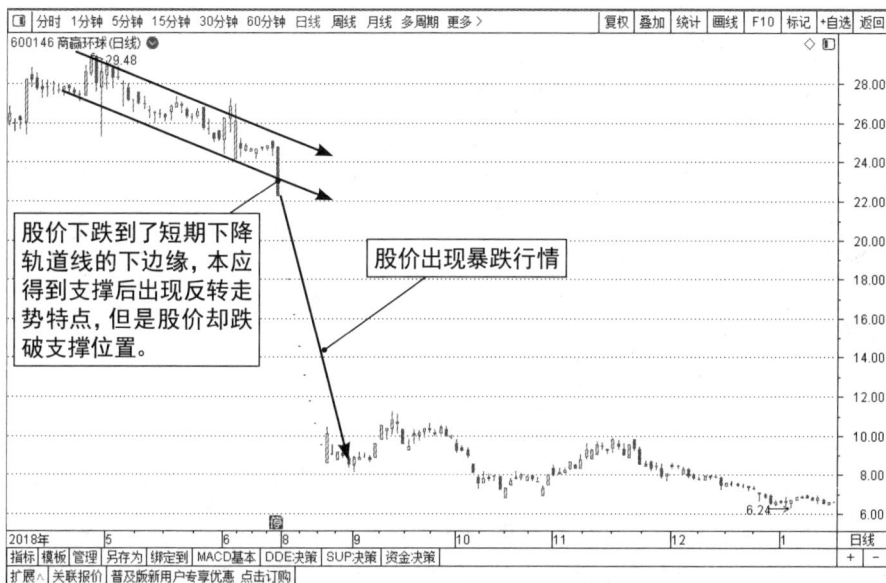

商赢环球在2018年4月至2019年1月的走势

从图中可以看到，该股在创出29.48元的阶段性高点后出现见顶回落的走势，股价下跌但始终在短期下降轨道线内运行。

2018年6月15日该股开盘后快速被打压至跌停价后封跌停板，当日收出一根大阴线跌破短期下降轨道线下边缘，显示股价跌势状态未结束，后市会继续下跌，投资者此时坚决不能参与买入操作。

从后市的走势来看，该股出现了一波快速的暴跌行情，使得股价进一步下跌的空间拓展开来。

分析实例 苏州固锝（002079）股价向上突破轨道看涨分析

苏州固锝在2018年10月至2019年2月的走势如下图所示。

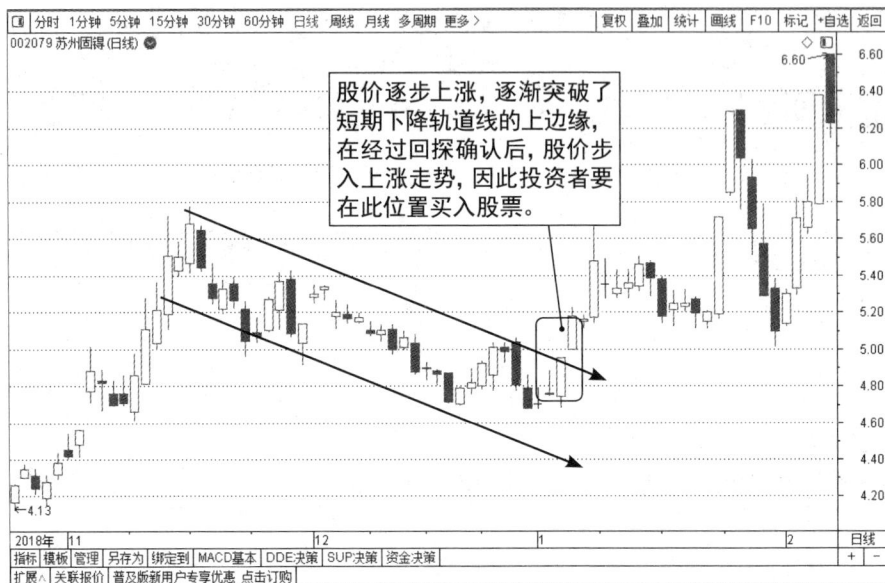

苏州固锝在2018年10月至2019年2月的走势

从图中可以看到，该股在上涨到阶段性的高位后出现见顶回落，股价在短期下降轨道的作用下展开了一轮短期下跌行情。股价在2019年1月止跌后，步步上行，逐步突破了短期下降轨道线上边缘的压制，然后，股价对轨道线的上边缘线进行了回探，在回探后投资者就应该进行买入操作。

要点提示 *短期下降轨道线出现的特殊位置*

一般而言，短期下降轨道线出现在股价的中、长期下降趋势之中，但是介于短期下降轨道线的短期下跌走势，它可能出现在相对特殊的位置，即发生在股价中、长期的上升趋势之中，此时的短期下降轨道线就是股价在上涨中的回调标志。正如上面的实例一样，当股价回调完成后，股价就会重新回到上涨走势之中。那么在股价成功突破了短期上升轨道线的上边缘之后，投资者就应该迅速买入股票。

第 **7** 章
一图掌握水平趋势实战

　　股价的水平趋势指的是股价的水平整理走势，在这样的走势作用下，股价整体上不会出现上涨和下跌。本章集中展示股价水平趋势下的操作技巧，通过一张张图谱，不仅展示股价水平趋势的各种走势，还会给投资者展现应对不同水平趋势的操作方案，进而丰富投资者的实战操作经验。

NO.100　长期震荡后的暴涨行情走势图谱
NO.101　中期震荡后的中线买入操作图谱
NO.102　短期水平震荡后的短线买入操作图谱
NO.103　底部水平震荡孕育牛股图谱
NO.104　上升趋势中途水平震荡整理图谱
NO.105　股价顶部水平震荡卖出图谱
NO.106　水平轨道线破位操作图谱
NO.107　宽幅水平轨道线操作图谱
......

NO.100
长期震荡后的暴涨行情走势图谱

长期震荡走势即股价的长期水平趋势，在长期震荡之后，股价得到了有效的整理，同时市场的筹码也经过了充分的换手，这就为之后的股价大幅度的上涨提供了条件。

长期震荡后的暴涨行情是很好的赚钱行情，投资者要抓住机会。

一图展示

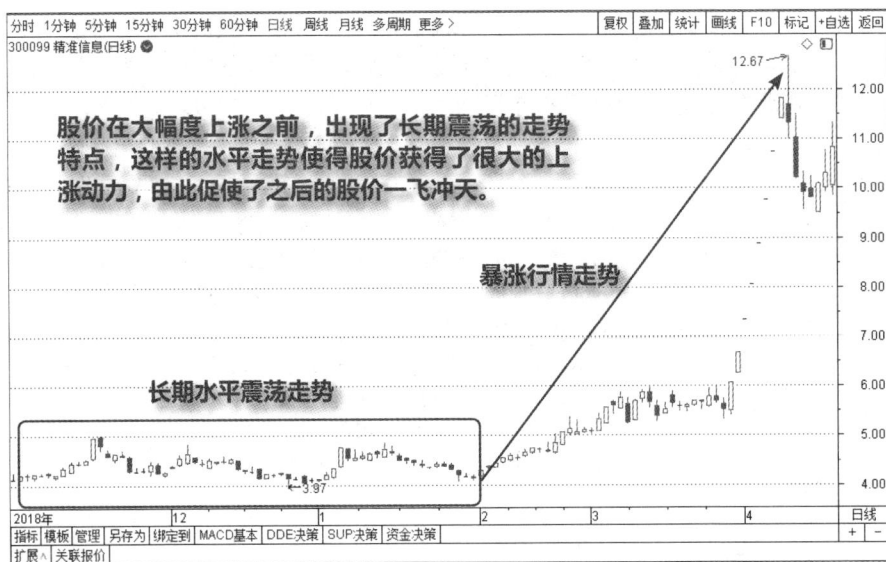

| 分时 1分钟 5分钟 15分钟 30分钟 60分钟 日线 周线 月线 多周期 更多 > | 复权 叠加 统计 画线 F10 标记 +自选 返回 |

300099 精准信息(日线)

股价在大幅度上涨之前，出现了长期震荡的走势特点，这样的水平走势使得股价获得了很大的上涨动力，由此促使了之后的股价一飞冲天。

暴涨行情走势

长期水平震荡走势

要点剖析

　　长期震荡是对股价长期水平趋势的刻画，只是将水平趋势中的上下震荡描述得更加具体。股价经过长期的水平震荡后，在低位经过了比较充分的蓄势准备，那么后面的上涨就变得顺其自然了。

操盘精髓

股价在长期震荡后出现的暴涨行情走势，提醒投资者可进行以下两个方面的操作。

◆ 投资者认清长期水平震荡趋势是很必要的，这是利用该走势行情获利的关键前提，只有出现了长期水平震荡的整理蓄势，之后股价才有上涨的动力。

◆ 突破之前水平震荡区间的高位压力区，显示了股价良好的上升趋势，那么投资者也应该在突破之后不断建仓。

分析实例　深南电A（000037）长期震荡后追涨暴涨行情操作分析

深南电A在2018年10月至2019年4月的走势如下图所示。

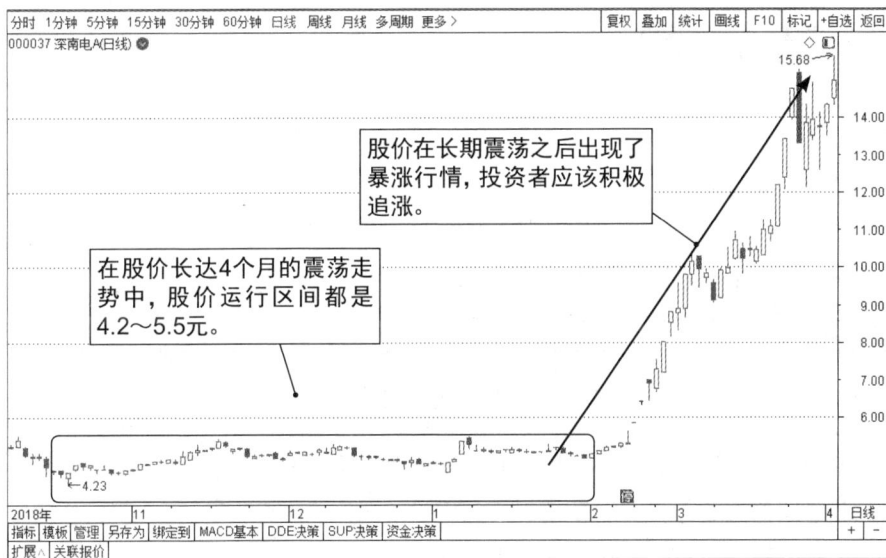

深南电A在2018年10月至2019年4月的走势

从图中可以看出，该股股价在下跌到2018年10月中旬后创出4.23元的最低价，随后该股企稳步入横盘整理阶段，股价始终保持在4.2～5.5元的价位区间波动。整个整理时间接近4个月，使得股价在低位蓄势充分，说明后市出现大幅上涨的可能性很高，投资者要密切关注。

在2019年2月初，在连续阳线和跳空一字涨停的作用下，股价出现暴涨行情，股价快速突破前期横盘高点。从后市的走势来看，在两个月的上涨过程中，股价从5.5元左右上涨到了15.68元，涨幅达到了185%。因此投资者在如此暴涨的走势中要积极追涨。

分析实例 格力电器（000651）长期震荡后长线建仓操作分析

格力电器在2018年7月至2019年12月的走势如下图所示。

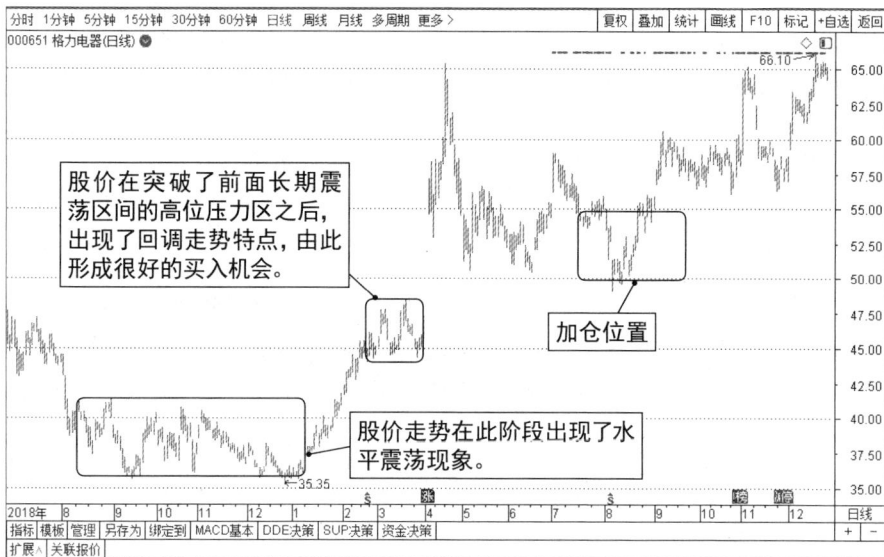

格力电器2018年7月至2019年12月的走势

从图中可以看到，该股大幅下跌到股价的低价位区后在底部经历了长达5个月的水平震荡走势。

之后股价被快速拉高，并在2019年2月左右成功突破了震荡区间的压力位，之后股价上涨到2019年3月后出现了小幅度的回调走势特点，由此形成很好的跟进买入机会。

随着股价大幅度上涨行情的确定，在上涨中，同样出现了较好的跟进加仓机会，如途中标识的位置。

NO.101
中期震荡后的中线买入操作图谱

相比较长期震荡，中期震荡持续的时间相对较短，因此在之后的股价上涨过程中，
股价也会出现中期的上涨行情走势特点。

一图展示

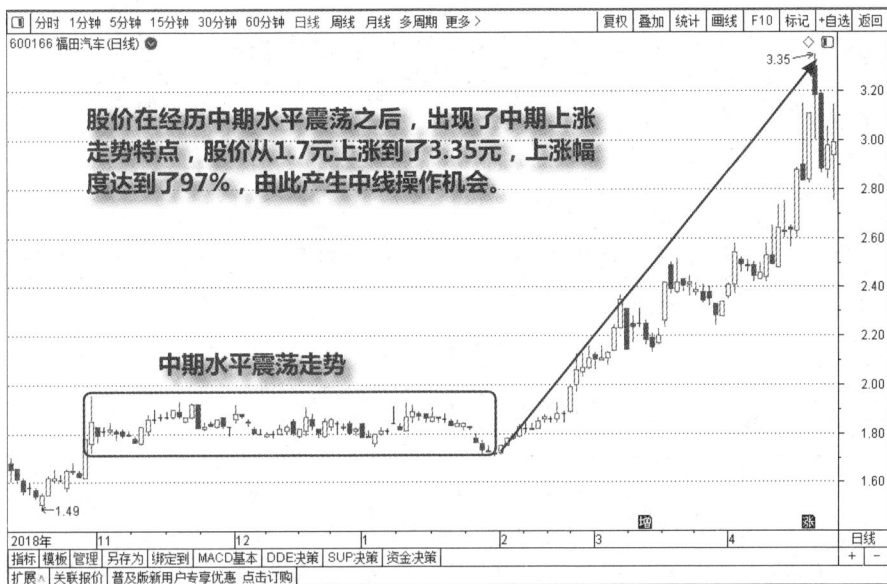

要点剖析

中期水平震荡使得股价蓄积了中期上涨的动力，由此拉开的上涨序幕是
中期上涨行情走势的开始。

操盘精髓

◆ 在中线操作阶段中，投资者可以进行中线持股操作，尽可能地抓住
整个中线上涨幅度。

◆ 同时在中线上涨过程中，投资者也可以借助短期的强势上涨机会反复进行短线操作。

分析实例 瑞普生物（300119）中线买入操作分析

瑞普生物在2018年10月至2019年5月的走势如下图所示。

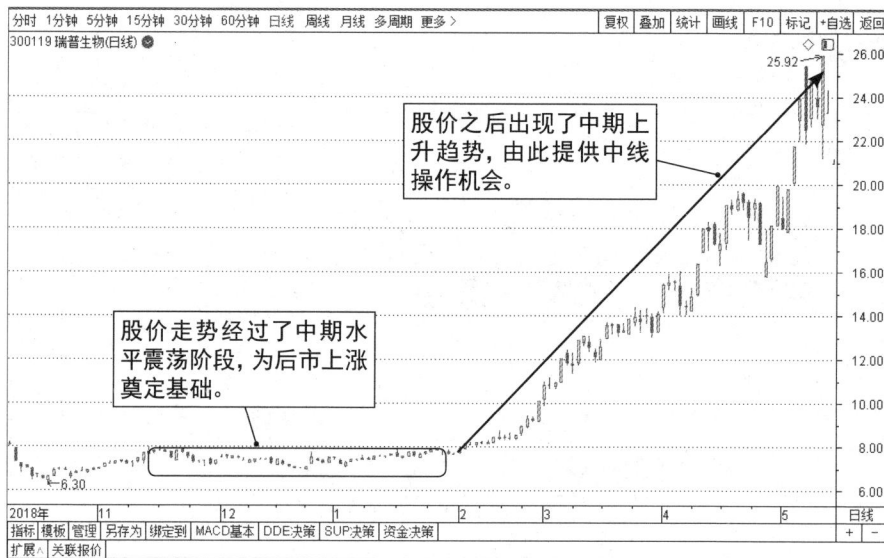

瑞普生物2018年10月至2019年5月的走势

从图中可以看出，该股股价在2018年10月中旬创出6.3元的最低价后见底，随后股价企稳回升出现缓慢上涨的行情，在一轮短期上涨走势的作用下股价摆脱下跌走势。

随后该股出现阶段性见顶，随后经历了一波中期的水平震荡走势，这是主力拉升前的洗盘动作，一旦整理完毕，就将迎来上涨。

从该股的后市走势来看，该股在2019年1月底结束中期水平震荡行情，随后展开一轮中期上涨走势，股价从8元附近上涨到25.92元，中期涨幅为224%，说明这是一次较好的中线操作机会。

分析实例　银河磁体（300127）中期上涨中的短线买入操作分析

银河磁体在2018年10月至2019年6月的走势如下图所示。

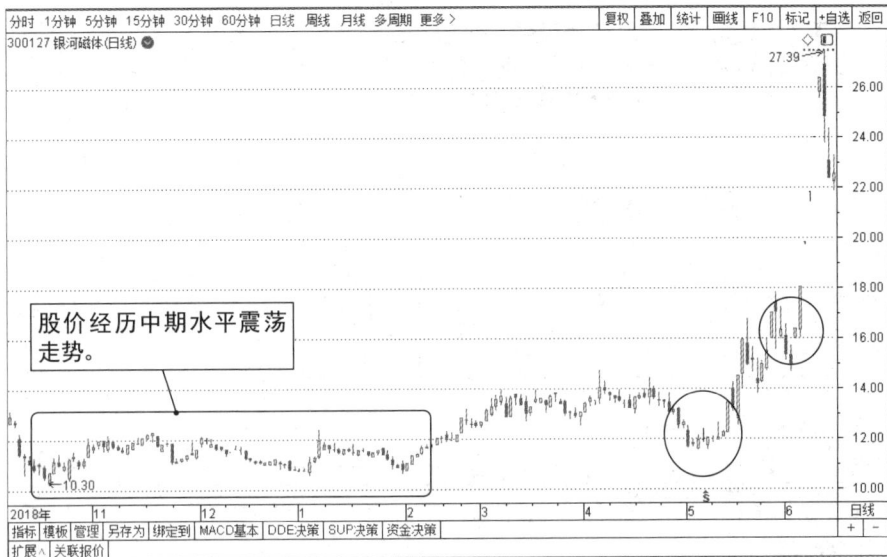

银河磁体2018年10月至2019年6月的走势

从图中可以看出，股价经过了左侧中期的水平震荡整理阶段，右侧出现了中期上涨行情。股价从11元左右上涨到了27.39元，涨幅达到了149%。

在股价的中期上涨阶段，股价在两个明显的位置，即图中的椭圆区域，出现了更强势的上涨走势特点，因此投资者可以抓住这样的上涨走势特点，进行短线买入操作。

NO.102
短期水平震荡后的短线买入操作图谱

短期的水平震荡走势使得股价出现了短时间的整理状态，这样的整理可能使股价出现短期的上涨走势特点。

一图展示

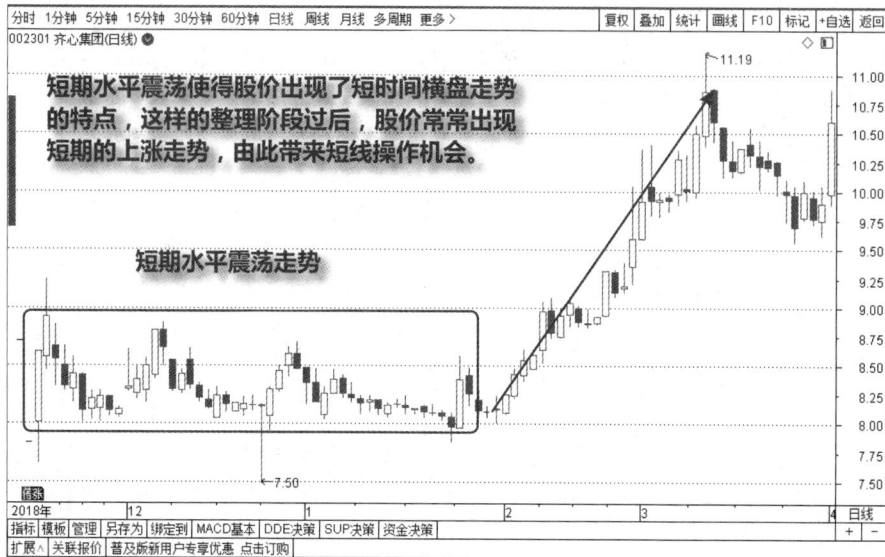

要点剖析

短期水平震荡走势，使得股价在较短时间中，出现横盘整理态势，这是一种短期蓄势走势，之后可能出现短期的上涨走势特点。

操盘精髓

◆ 短期上涨走势，即是上涨时间较短、涨幅较小的走势，投资者只能抓住机会做短线操作。

◆ 有的情况下，短期水平震荡阶段之后，股价会出现涨停走势特点，这就形成了追涨的机会。

分析实例　美盈森（002303）短线操作分析

美盈森在2019年7月至9月的走势如下图所示。

从图中可以看出，该股大幅下跌到2019年8月后企稳，随后出现了短期水平震荡走势特点，使得股价的短期走势得到巩固。之后该股出现了短期上涨走势特点，为投资者提供了很好的短线获利机会。

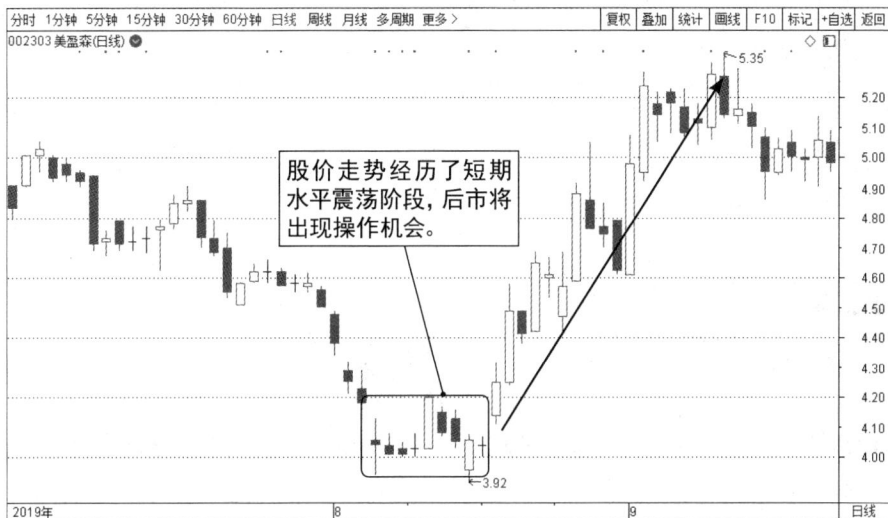

美盈森2019年7月至9月的走势

分析实例 新纶科技（002341）涨停出现积极追涨操作分析

新纶科技在2019年7月至9月的走势如下图所示。

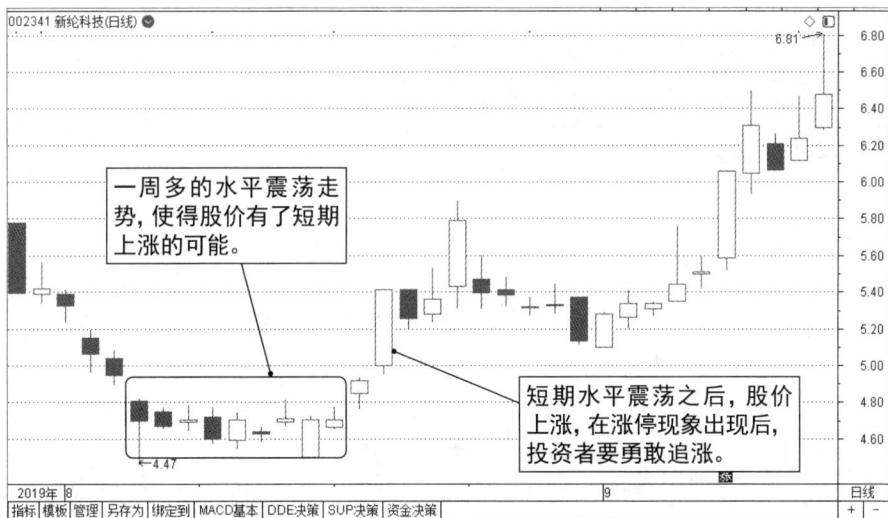

新纶科技在2019年7月至9月的走势

从图中可以看出，该股在股价的低价位区经历了一波快速下跌，在创出4.47元的最低价后股价止跌，随后该股在低位经过了一周左右的水平震荡之后，逐步展开了上涨走势。

在8月20日，该股脱离了震荡走势后出现跳空高开快速打到涨停价后封涨停，当日涨停收出大阳线继续拉高股价，股价短线上涨的势头强劲，因此投资者要及时追涨该股，以免错过好机会。

NO.103
底部水平震荡孕育牛股图谱

当股价下跌到一定幅度后，会形成底部。当股价的底部是水平震荡走势时，显示出了股价底部的坚实，说明后市极有可能出现牛市走势特点，所以投资者要特别注意股价底部的水平震荡走势。

一图展示

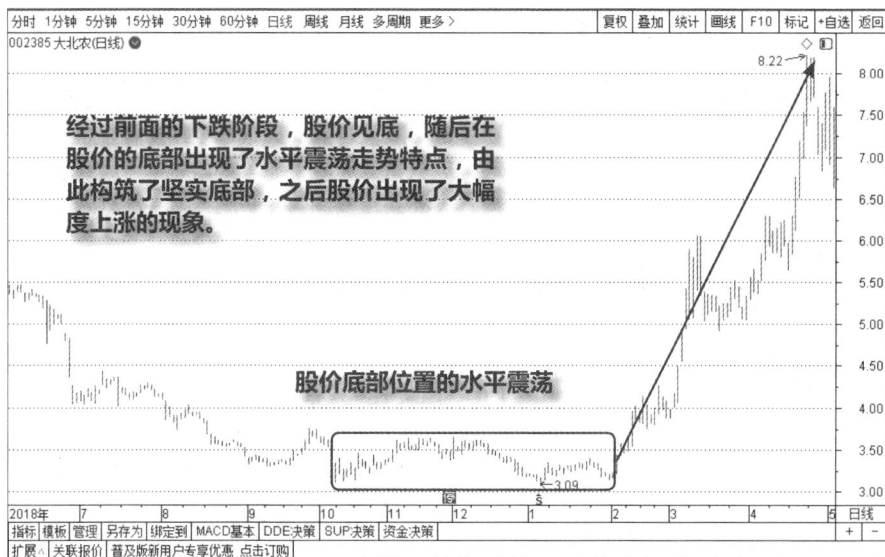

经过前面的下跌阶段，股价见底，随后在股价的底部出现了水平震荡走势特点，由此构筑了坚实底部，之后股价出现了大幅度上涨的现象。

股价底部位置的水平震荡

要点剖析

底部水平震荡走势后的牛股出现，必须具备两个条件：一是股价见底，二是股价在底部位置出现了水平震荡走势特点。

操盘精髓

◆ 股价在底部的水平震荡走势是很好的中、长线建仓机会，中、长线投资者要抓住震荡区域的低价位进行建仓操作。

◆ 在水平震荡走势结束后，即股价底部得到成功构筑后，股价就会出现上涨走势特点，由此开始形成投资者的赚钱走势行情。

分析实例 凯撒文化（002425）底部多次建仓操作

凯撒文化在2018年6月至2019年3月的走势如下图所示。

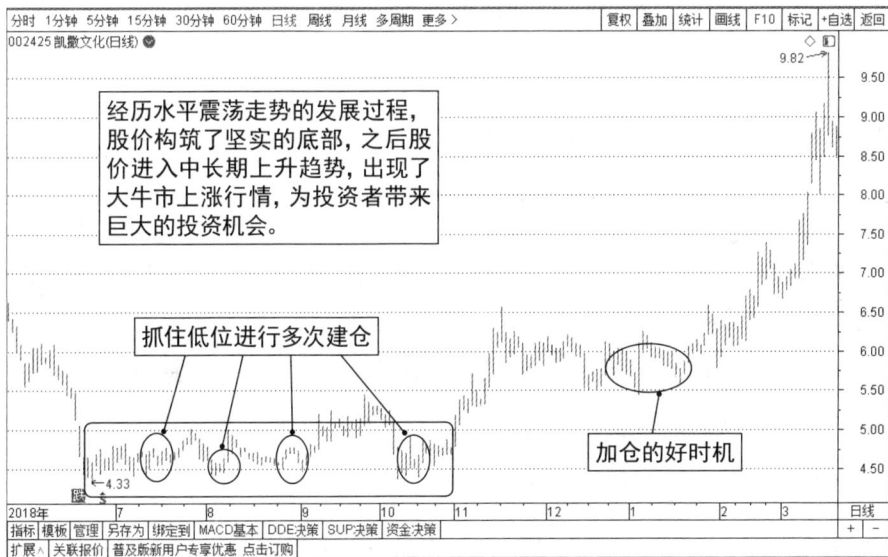

凯撒文化2018年6月至2019年3月的走势

从图中可以看出，股价大幅下跌创出4.33元的最低价后止跌，随后该股在底部水平震荡变化，投资者要利用低位进行中、长线建仓，如图中水平震荡走势中的椭圆标注位置，并在之后不断加仓，如图中在股价上涨过程中的椭圆标注位置。

分析实例 *ST尤夫（002427）底部确立后的买入操作分析

*ST尤夫在2018年6月至2019年4月的走势如下图所示。

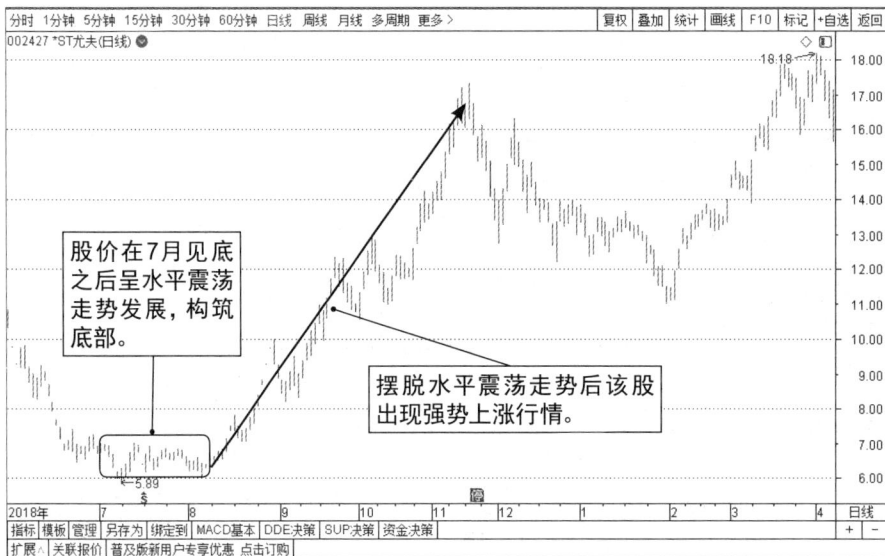

*ST尤夫2018年6月至2019年4月的走势

从图中可以看出，股价大幅下跌到2018年7月后见底，之后股价通过水平震荡走势构筑底部。

当股价底部构筑成功后，就开始转入上升趋势，因此在股价通过上涨阶段走出底部区间后，投资者就要抓住强势上涨阶段进行买入操作，然后中长期持股待涨。

NO.104
上升趋势中途水平震荡整理图谱

在上升趋势中，股价经过一定幅度的上涨后，就会出现调整走势的特点。这种调整状态很多情况下以下跌走势发展，但是也有水平震荡整理走势的特点出现。

一图展示

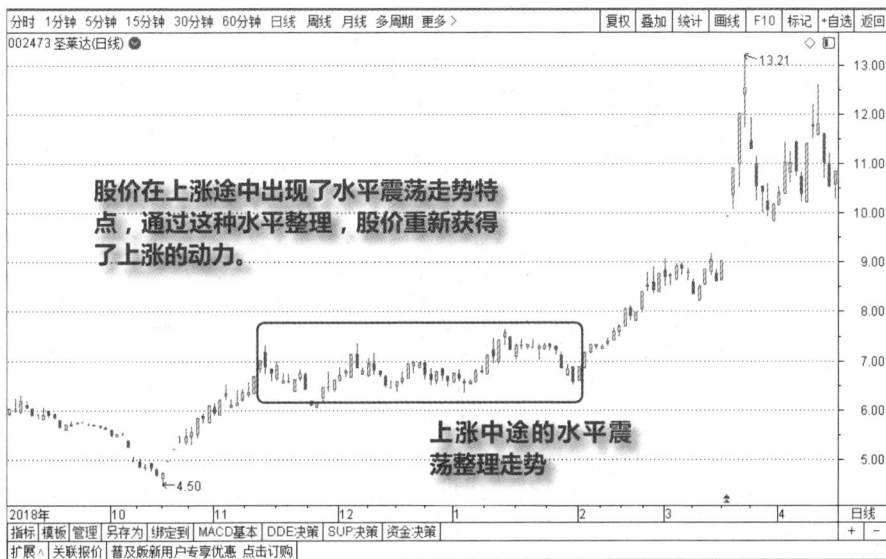

| 分时 1分钟 5分钟 15分钟 30分钟 60分钟 日线 周线 月线 多周期 更多 > | 复权 叠加 统计 画线 F10 标记 +自选 返回 |

002473 圣莱达(日线)

股价在上涨途中出现了水平震荡走势特点，通过这种水平整理，股价重新获得了上涨的动力。

上涨中途的水平震荡整理走势

要点剖析

这种水平震荡走势出现的位置：股价上涨的途中。出现在上涨途中的意义——释放前期上涨风险，积蓄后市上涨动力。

操盘精髓

◆ 水平震荡走势中的每一个低位是较好的中、长线买入位置，投资者要重点关注。

◆ 股价重新上涨，突破水平震荡区域的高位后，出现了较好的跟进买入机会，在此位置投资者可以买入和加仓。

分析实例 宝鼎科技（002552）上涨中途水平震荡低位买入操作分析

宝鼎科技在2018年10月至2019年12月的走势如下图所示。

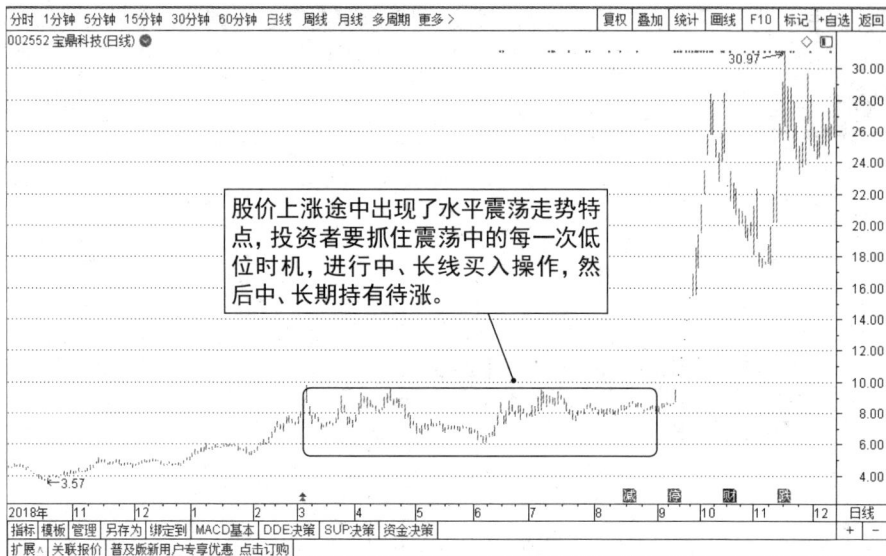

股价上涨途中出现了水平震荡走势特点，投资者要抓住震荡中的每一次低位时机，进行中、长线买入操作，然后中、长期持有待涨。

宝鼎科技2018年10月至2019年12月的走势

从图中可以看出，该股在2018年10月运行到股价的低价位区，在创出3.57元的最低价后股价企稳回升步入上涨趋势。

在上涨初期，股价不大，在经过4个月的缓慢上涨后股价于2019年3月出现阶段性见顶，随后该股股价出现水平震荡走势特点，而且此轮水平震荡走势持续了长达6个月的时间，说明主力蓄势充分，后市出现暴涨的可能性很大，因此投资者要抓住股价处于低价位的时机，进行中长线布局操作。

从后市的走势来看，该股在9月开始出现强势拉升的走势，在经过3个多月的中期上涨后，该股从8元左右最高上涨到30.97元的高价，涨幅达287%。

要点提示 *上涨途中出现水平震荡走势特点的原因*

为什么股价在上涨途中出现水平震荡整理走势特点呢？一般而言，股价的回调是以下跌走势为主，但在主力庄家的刻意操作下，股价也会出现水平震荡走势的回调阶段。当股价上涨了一定幅度后，主力庄家就开始洗盘，以收集更多浮筹，减小后市拉升的难度。但同时，主力庄家并不想打压股价，以免股价下跌引入大量买盘，所以主力庄家选择水平震荡的手段进行洗盘操作。

NO.105
股价顶部水平震荡卖出图谱

当股价在较高位置出现水平震荡走势特点时，很可能这是主力庄家借助反复上下震荡的机会，进行的出货操作，因此投资者在此位置要及时卖出股票。

一图展示

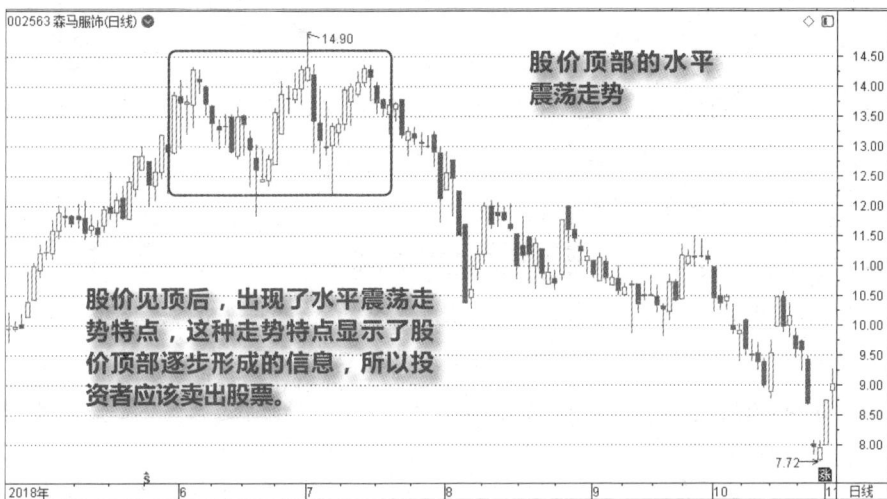

要点剖析

顶部出现水平震荡走势特点时，显示的是主力庄家震荡出货的操盘状态。

操盘精髓

当股价在较高位置出现水平震荡走势特点时，投资者要在震荡中的高点卖出股票。

分析实例 台海核电（002366）股价见顶卖出操作分析

台海核电在2018年9月至2019年4月的走势如下图所示。

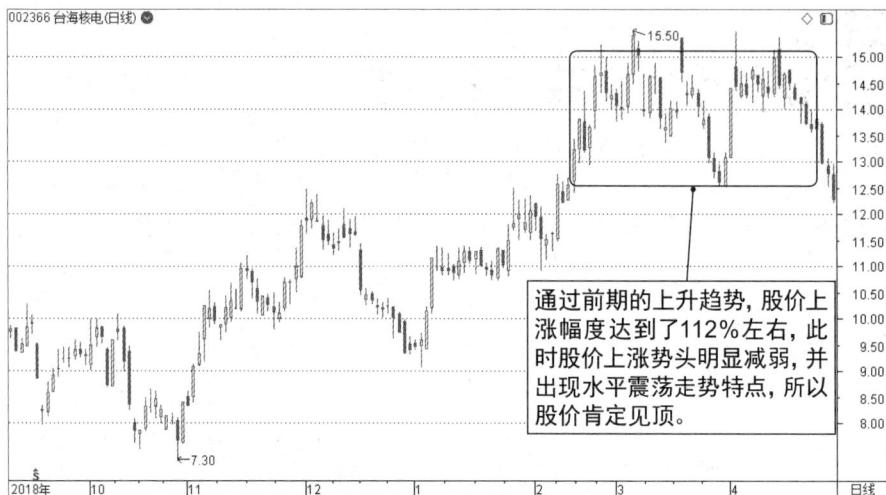

台海核电2018年9月至2019年4月的走势

从图中可以看出，股价在前期出现了大幅度的上涨走势区域，从7.3元左右上涨到了15.5元左右，涨幅达到了112%左右。

观察图中的圆角矩形区域可知，股价在此位置处，明显上涨势头减弱，同时水平震荡走势展开，由此可见该股在此位置见顶。

当得知股价见顶后，投资者要果断卖出股票，否则之后的下跌会使投资者出现巨大损失，如下图所示。

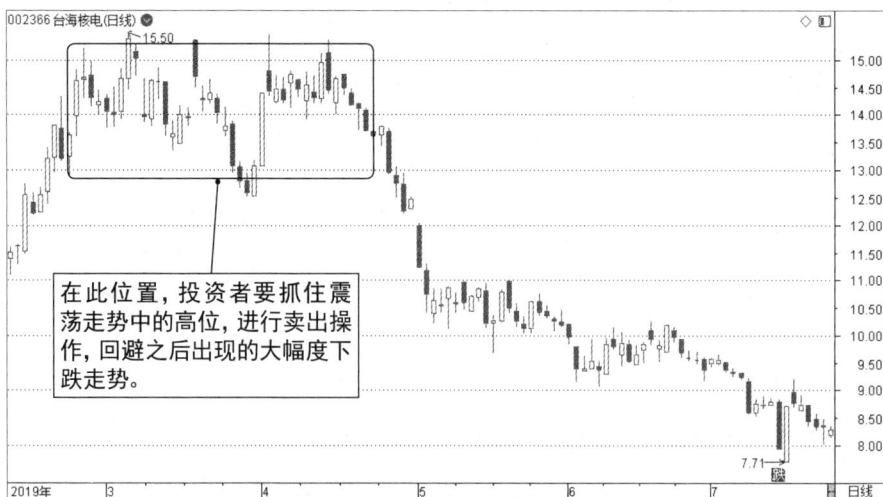

台海核电2019年2月至2019年7月的走势

从图中可以看出，当股价在顶部区间进行水平震荡时，投资者要抓住时机，选择股价的高位进行卖出操作。

从后市的走势来看，该股之后出现了大幅度的下跌走势区域，在短短3个多月的时间，股价就从15.5元左右快速下跌到了7.71元左右，跌幅达到了50%。

NO.106
水平轨道线破位操作图谱

股价在水平轨道线中进行着水平震荡走势，轨道线的上、下边缘对于股价的震荡起到了较好的限制作用。

一图展示

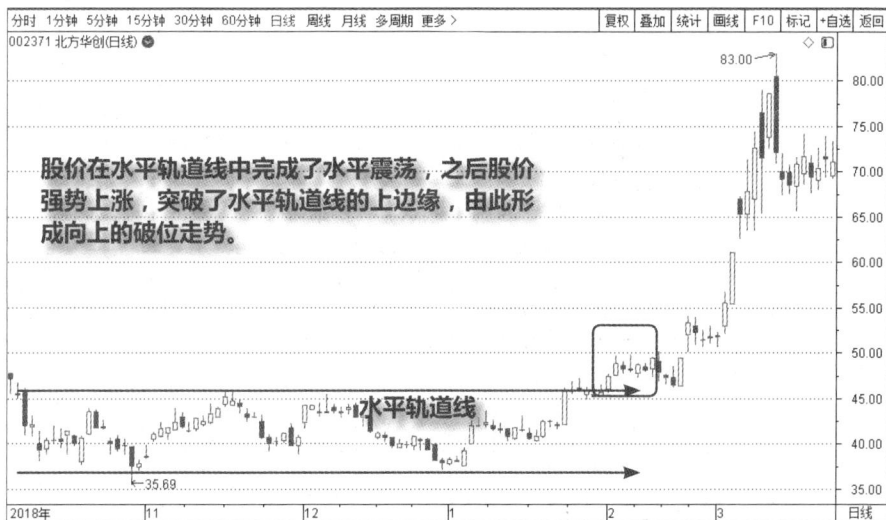

要点剖析

水平轨道线使得股价出现水平震荡走势特点，在震荡走势结束之后，股价就要选择运行的方向：一是向上破位，拉开上涨行情序幕；二是向下破位，展开深度下跌回调步骤。

操盘精髓

◆ 水平轨道线使股价进行了充分的震荡整理，当股价选择向上突破轨道线时，由此拉开了上涨行情序幕，所以投资者要抓住之后的上涨走势布局。

◆ 水平轨道线使得股价处于横盘走势发展阶段，所谓久盘必跌，股价向下跌破了原来轨道线的下边缘，由此预示后市的进一步下跌，所以这是一个看空信号。

分析实例 联发股份（002394）向上突破后的买入操作分析

联发股份在2018年10月至2019年4月的走势如下图所示。

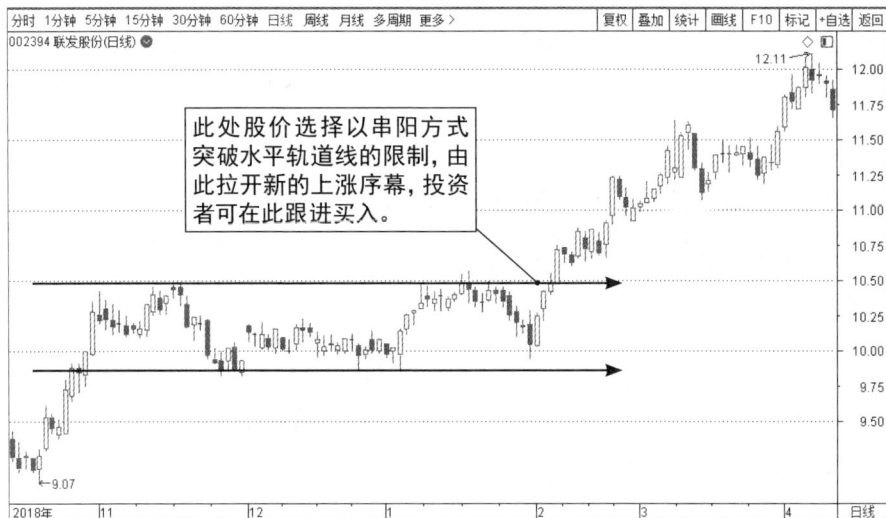

此处股价选择以串阳方式突破水平轨道线的限制，由此拉开新的上涨序幕，投资者可在此跟进买入。

联发股份2018年10月至2019年4月的走势

从上图可以看出，水平轨道线使股价进行了3个月的水平震荡，之后该股以串阳的方式强势突破水平轨道线的上边缘。由此可知后市看涨，投资者应当在突破后及时买进，持股待涨。

分析实例 申通快递（002468）久盘后的下跌走势分析

申通快递在2019年7月至12月的走势如下图所示。

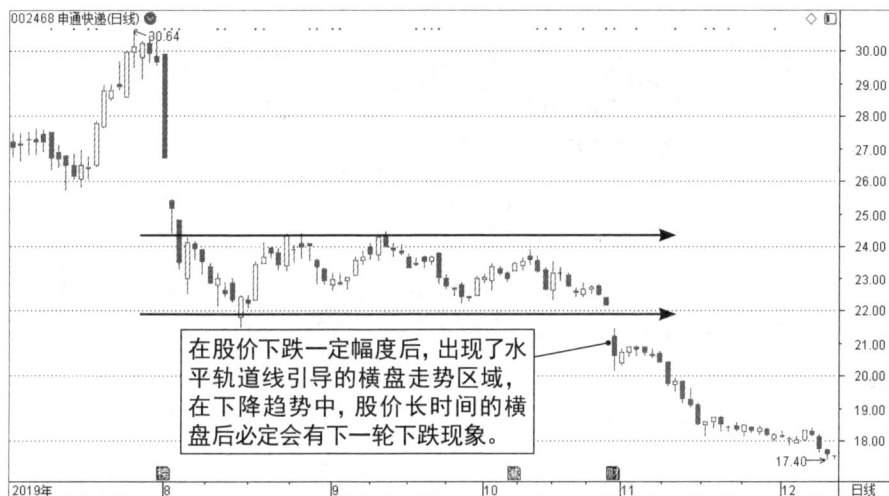

申通快递2019年7月至12月的走势

从图中可以看出，前期股价已经出现了较大幅度的下跌现象。当股价在水平轨道线中进行水平震荡后，股价向下破越轨道线，显示的是看空信号，后市还会有新一轮的下跌走势出现。

要点提示 *若是股价向上破位轨道线，又怎么理解呢*

如果股价在下跌一定幅度后，并在水平轨道线中完成水平震荡走势，此后股价向上突破了轨道线，这就是股价的见底信号，说明股价前期的下跌已经结束，之后将会出现上涨行情走势特点，此时就与之前讲到的股价底部的水平震荡走势一样了。

NO.107
宽幅水平轨道线操作图谱

根据轨道波动大小的不同，轨道也有宽、窄之分，这里所说的宽幅水平轨道线指的是股价上、下波动幅度较大的水平轨道线。

一图展示

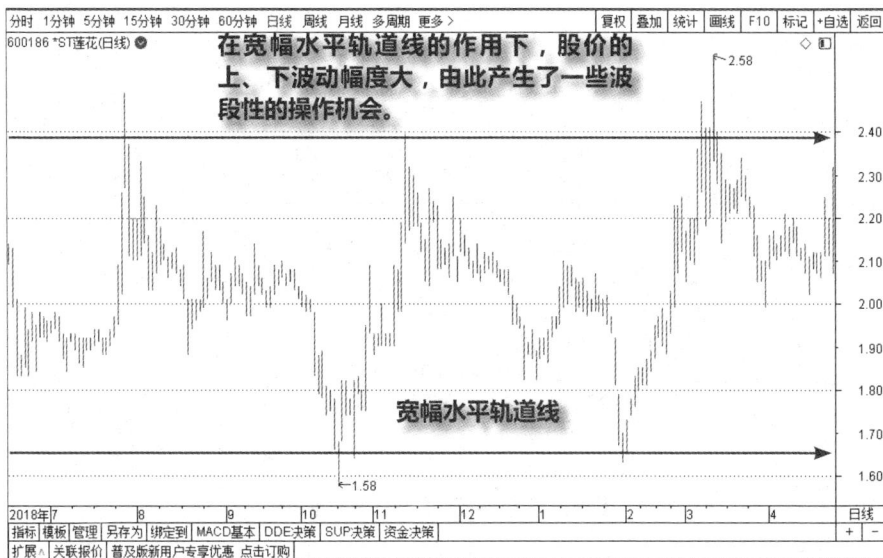

要点剖析

宽幅水平轨道线使得股价震荡幅度更大，由此产生了一些波段短线操作机会，但同时震荡幅度的加大，也使得投资者心生畏惧。

操盘精髓

股价在震荡走势的发展状态中，股价走势的上、下高低点之间的距离较大，由此形成了波段短线操作的良好机会。根据这样的震荡走势特点，投资者可以在水平轨道线下边缘附近买入股票，进行短线操作。

分析实例　深康佳A（000016）宽幅震荡中支撑位置买入操作分析

深康佳A在2017年10月至2018年3月的走势如下图所示。

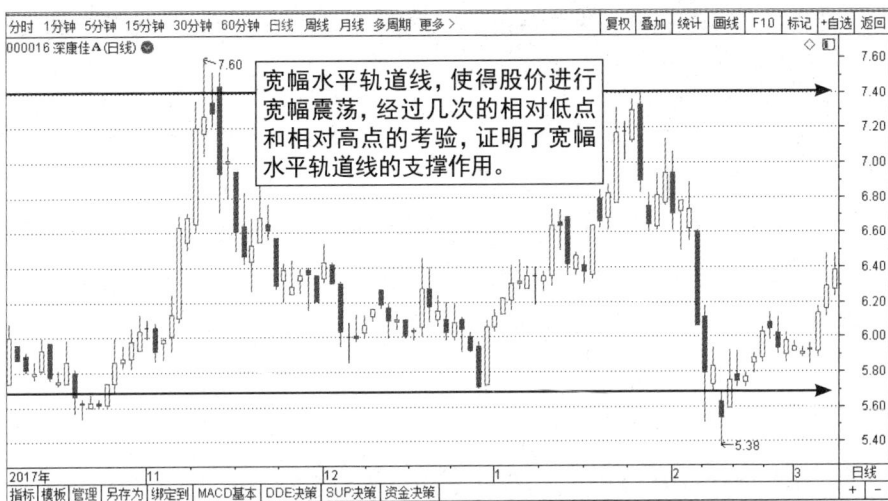

深康佳A在2017年10月至2018年3月的走势

从图中可以看出，宽幅水平轨道线促使股价在其中以震荡走势发展，且上、下波动的幅度较大。

经过几次的下跌—上涨可知，宽幅水平轨道线对股价的运行具有较好的限制作用，所以投资者可以在下一次股价下跌到轨道线附近时买入股票，如下图所示。

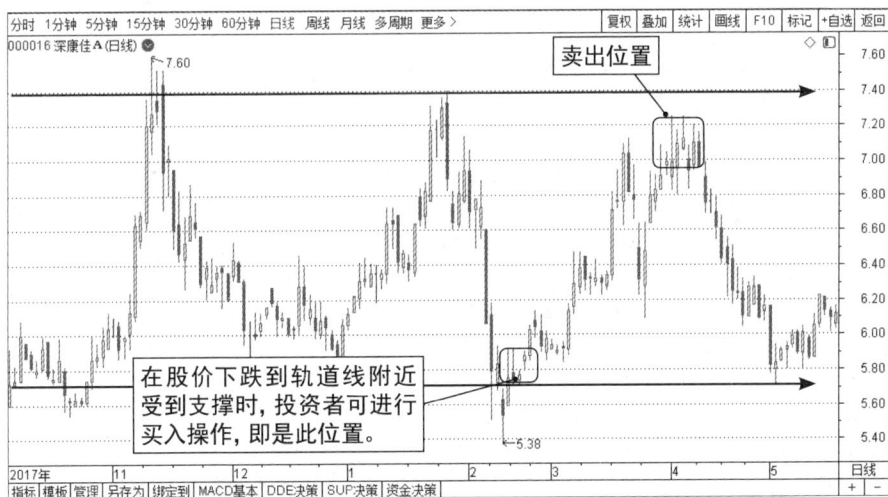

深康佳A在2017年10月至2018年5月的走势

从图中可以看出，在股价再一次下跌到了宽幅水平轨道线的下边缘附近时，投资者就可以进行买入操作。

随着股价获得支撑企稳回升的同时，股价逐步上涨，当股价上涨到了宽幅水平轨道线的上边缘附近时，投资者就要卖出手中的股票。

通过上面的操作方法可知，这里投资者的盈利区间在于股价上、下震荡中的差价区间，由此看来买入必须在轨道线下边缘，卖出则必须在轨道线的上边缘附近。

NO.108
窄幅水平轨道线快速整理图谱

与前面的宽幅震荡洗盘相对，主力庄家也会采取窄幅水平整理的方式进行拉升前的准备。

一图展示

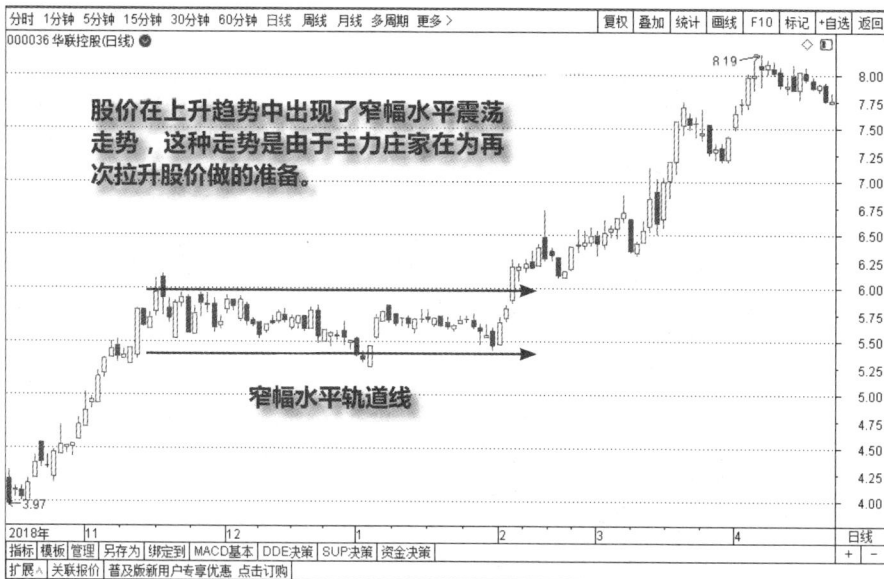

要点剖析

窄幅水平震荡走势出现在上升趋势中，是主力庄家拉升前的准备。

操盘精髓

窄幅水平震荡走势也提供了两次可操作的机会：一是窄幅水平震荡中的建仓机会；二是股价再次拉升时的跟进机会。

分析实例 星网锐捷（002396）窄幅水平整理操作分析

星网锐捷在2018年10月至2019年1月的走势如下图所示。

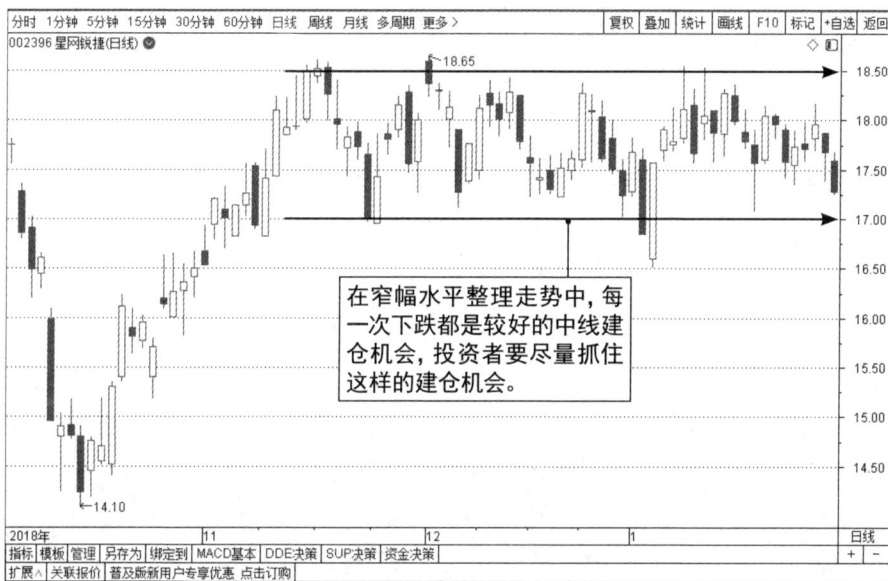

星网锐捷2018年10月至2019年1月的走势

从图中可以看出，该股下跌到2018年10月中旬创出14.1元的最低价后企稳回升，出现了一波快速拉升行情，股价在上涨到了18.5元左右时，开始了窄幅水平整理走势，且这一窄幅水平整理走势持续时间长达两个多月。

在窄幅水平整理过程中，投资者可以中线买入待涨，如下图所示。

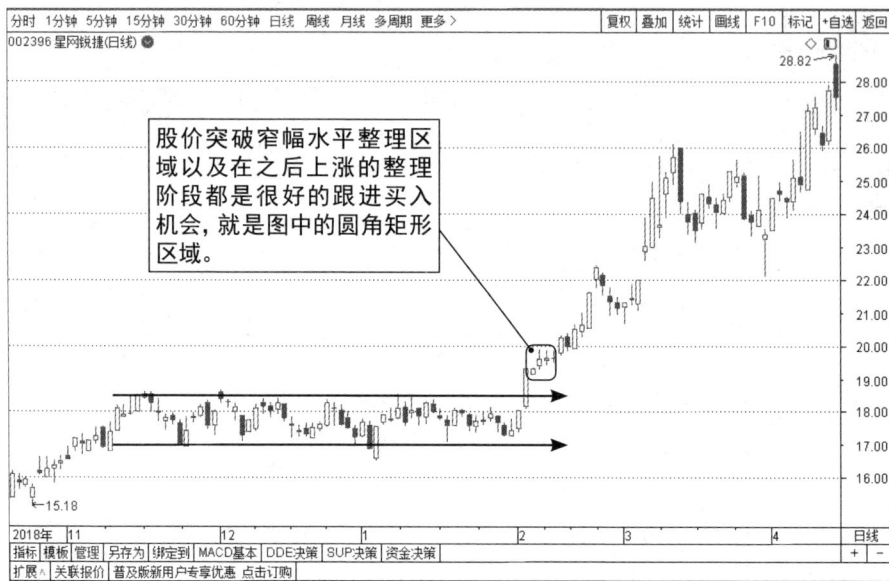

星网锐捷2018年10月至2019年4月的走势

从图中可以看出，在股价突破了窄幅水平整理阶段之后，股价逐步走强，由此形成了跟进买入的好机会；同时在之后的上涨阶段中，股价出现的小幅回调整理阶段也是很好的买入机会。

要点提示 **宽、窄水平走势的不同意义**

从前面两个小节可知，宽、窄水平走势都可以出现在股价的上升趋势中，同时都是主力庄家的刻意操盘所致，但是二者又有不同的意义。宽幅水平震荡走势重在震仓洗盘，使主力庄家减轻之后的拉升压力。而窄幅水平整理走势不是以上、下剧烈震仓来洗盘，相反更多的是在上涨途中的"空中加油"，表现在等待市场利好消息的放出、等待移动平均线的上移以及等待大盘的走强等。

读 者 意 见 反 馈 表

亲爱的读者：

感谢您对中国铁道出版社有限公司的支持，您的建议是我们不断改进工作的信息来源，您的需求是我们不断开拓创新的基础。为了更好地服务读者，出版更多的精品图书，希望您能在百忙之中抽出时间填写这份意见反馈表发给我们。随书纸制表格请在填好后剪下寄到：北京市西城区右安门西街8号中国铁道出版社有限公司大众出版中心 张亚慧 收（邮编：100054）。或者采用传真（010-63549458）方式发送。此外，读者也可以直接通过电子邮件把意见反馈给我们，E-mail地址是：lampard@vip.163.com。我们将选出意见中肯的热心读者，赠送本社的其他图书作为奖励。同时，我们将充分考虑您的意见和建议，并尽可能地给您满意的答复。谢谢！

- -

所购书名： _____

个人资料：

姓名： _____ 性别： _____ 年龄： _____ 文化程度： _____

职业： _____ 电话： _____ E-mail： _____

通信地址： _____ 邮编： _____

- -

您是如何得知本书的：

□书店宣传 □网络宣传 □展会促销 □出版社图书目录 □老师指定 □杂志、报纸等的介绍 □别人推荐
□其他（请指明） _____

您从何处得到本书的：

□书店 □邮购 □商场、超市等卖场 □图书销售的网站 □培训学校 □其他

影响您购买本书的因素（可多选）：

□内容实用 □价格合理 □装帧设计精美 □带多媒体教学光盘 □优惠促销 □书评广告 □出版社知名度
□作者名气 □工作、生活和学习的需要 □其他

您对本书封面设计的满意程度：

□很满意 □比较满意 □一般 □不满意 □改进建议

您对本书的总体满意程度：

从文字的角度 □很满意 □比较满意 □一般 □不满意
从技术的角度 □很满意 □比较满意 □一般 □不满意

您希望书中图的比例是多少：

□少量的图片辅以大量的文字 □图文比例相当 □大量的图片辅以少量的文字

您希望本书的定价是多少：

本书最令您满意的是：

1.
2.

您在使用本书时遇到哪些困难：

1.
2.

您希望本书在哪些方面进行改进：

1.
2.

您需要购买哪些方面的图书？对我社现有图书有什么好的建议？

您更喜欢阅读哪些类型和层次的理财类书籍（可多选）？

□入门类 □精通类 □综合类 □问答类 □图解类 □查询手册类

您在学习计算机的过程中有什么困难？

您的其他要求：